本书由国家社会科学基金一般项目"劳动者多维技能配置影响工业创新效率的机理与提升路径研究"（立项编号：23BJY049）、甘肃省哲学社会科学规划项目"数字经济发展背景下企业家精神对甘肃省工业创新绩效的影响机制与路径研究"（立项编号：2022YB007）、兰州大学人文社会科学类高水平著作出版经费资助出版。

# 创新环境变迁下的
# 企业家精神
# 创新效应研究

徐远华 ◎著

中国社会科学出版社

图书在版编目（CIP）数据

创新环境变迁下的企业家精神创新效应研究 / 徐远华著. -- 北京：中国社会科学出版社，2025. 5.
ISBN 978-7-5227-4732-3

Ⅰ. F279.23

中国国家版本馆 CIP 数据核字第 2025D8G544 号

| | |
|---|---|
| 出 版 人 | 赵剑英 |
| 责任编辑 | 戴玉龙 |
| 责任校对 | 周晓东 |
| 责任印制 | 郝美娜 |
| 出　　版 | 中国社会科学出版社 |
| 社　　址 | 北京鼓楼西大街甲 158 号 |
| 邮　　编 | 100720 |
| 网　　址 | http://www.csspw.cn |
| 发 行 部 | 010-84083685 |
| 门 市 部 | 010-84029450 |
| 经　　销 | 新华书店及其他书店 |
| 印　　刷 | 北京明恒达印务有限公司 |
| 装　　订 | 廊坊市广阳区广增装订厂 |
| 版　　次 | 2025 年 5 月第 1 版 |
| 印　　次 | 2025 年 5 月第 1 次印刷 |
| 开　　本 | 710×1000　1/16 |
| 印　　张 | 16.75 |
| 字　　数 | 275 千字 |
| 定　　价 | 158.00 元 |

凡购买中国社会科学出版社图书，如有质量问题请与本社营销中心联系调换
电话：010-84083683
版权所有　侵权必究

# 前　　言

改革开放四十多年来，中国政府一直致力于提高经济效率，特别是党的十九大报告关于中国经济发展的特点和阶段做出了科学论断[①]，提出以供给侧结构性改革为主线，推动经济发展质量变革、效率变革、动力变革，提高全要素生产率。作为经济增长的"火车头"，企业家是推动企业创新的主导力量。人力资源环境、市场化环境和信息化环境三类创新环境的变迁在很大程度上决定着企业家创新创业对中国工业绩效提升的效果。因此，本书对不同创新环境变迁下企业家精神影响中国工业绩效的机理进行理论和实证研究，无疑具有突出的理论意义和实践意义。

本书借鉴产业组织理论中哈佛学派提出的结构—行为—绩效（Structure-Conduct-Performance，SCP）分析范式，将企业家面临的创新环境划分为人力资源环境、市场化环境和信息化环境，进而分析不同创新环境变迁下对企业家精神知识溢出效应的影响。本书的内容可以概括为三个组成部分：第一部分在借鉴SCP分析范式的基础上，提出了一个创新环境—企业家精神—工业绩效的理论分析视角；第二部分运用多种计量经济学工具，从经验层面验证了专业人力资本、市场化进程和信息化程度对企业家精神创新的作用机理和影响程度，得出一系列有价值、可拓展、能解释的稳健性结论；第三部分在前述理论研究和经验检验的基础上，构建了促进企业家创新，更好发挥企业家作用的政策支撑体系。本书的主要发现是：（1）企业家创新创业活动日趋活跃，中国工业绩效整体上在迅速提高，内生创新动力在快速增强，企业家面临的人力资源环境、市场化环境和信息化环境均在显著改善，并且企业家精神的成长、创新环境的变迁、中国工业绩效的变化均存在显著的地域差异。（2）企业家

---

[①] 党的十九大报告指出，我国经济已由高速增长阶段转向高质量发展阶段，正处在转变发展方式、优化经济结构、转换增长动力的攻关期。

精神、专业人力资本均显著促进了中国工业绩效的提升，可二者在促进工业绩效增长方面却具有显著的替代效应。(3) 市场化进程的推进对中国工业绩效的提升具有显著的正效应，并且强化了企业家精神的知识溢出效应。(4) 信息化程度的提高显著促进了工业绩效的提升，并且进一步放大了企业家精神对工业绩效增长的积极作用。

与现有的研究相比，本书的边际贡献和创新之处集中体现在以下四个方面。

第一，在研究视角方面，基于传统产业组织理论中的 SCP 分析范式，本书尝试从创新环境—企业家精神—工业绩效（Environment - Entrepreneurship - Performance，EEP）的理论视角入手，为人们全面、系统地理解创新环境变迁背景下企业家精神对中国工业绩效的影响机理提供了一个新视角。SCP 分析范式以发达的工业化国家为研究对象，单纯地将市场行为及市场绩效的决定因素归结于市场结构，这显然对解释中国工业绩效的影响因素具有很大的局限性。专业人力资本水平的变化直接或间接地塑造着企业家精神发挥的人力资源环境；市场化进程构成企业家开展创新创业活动的市场化环境；信息化程度影响着企业家精神发展的信息化环境。因此，本书将人力资源环境、市场化环境和信息化环境归并为影响企业家精神发展的创新环境，认为创新环境决定企业家精神发展水平，企业家精神发展水平决定工业绩效，从创新环境—企业家精神—工业绩效的理论视角入手考察不同创新环境变迁下企业家精神发展对工业绩效的影响机理。

第二，在理论框架方面，本书借助内生增长理论构建了一般均衡理论分析框架，不仅揭示了企业家精神影响工业绩效的传导机制，同时刻画了创新环境的变迁对企业家精神的绩效提升效应的调节机制，从而拓展了企业家精神与工业绩效之间关系的影响因素的理论研究。这在一定程度上为新时代营造有利于企业家创新创业活动的营商环境，完善供给侧结构性改革、推动经济发展实现三大变革奠定了坚实的理论基础。

第三，在企业家精神指标设计方面，与以往文献只关注企业家精神所形成的数量效应不同，本书进一步考虑了企业家精神所引致的经济社会效应，因为后者才是企业家精神创新创业成功的重要标准。本书尝试采用各地区规模以上每万名从业人员拥有的私营企业单位数（数量效应）与私营企业从业人数的比重（社会效应）的乘积等方法构造指标进行全方位、多角度地测度企业家精神发展水平。

第四，在政策建议方面，与以往研究相比，本书在理论与实证研究的基础上进一步给出了一个激励企业家创新创业活动的更全面、更具操作性的政策支撑体系。特别在优化企业家创新创业活动面临的创新环境方面，本书分别考察了市场化改革及信息化建设的五个分项指标对企业家精神在中国工业绩效增长促进效果的调节作用，从其调节作用的估计系数的符号、显著性和数值综合性比较的视角提出了有关新一轮市场化改革与信息化建设的重点和方向的建议。

综上所述，无论是政府制定和实施营造企业家健康成长的营商环境与发挥企业家更大作用的政策，还是企业家作为技术创新的主导力量做出创新决策，抑或进一步开展企业家精神创新理论等领域的相关研究，本书的研究都具有重要的借鉴意义和较高的参考价值。

# 目　录

**第一章　绪论** ………………………………………………… 1

　　第一节　选题背景、问题提出和选题意义 …………………… 1
　　第二节　相关概念的界定与说明 ……………………………… 11
　　第三节　研究内容、方法和技术路线 ………………………… 17

**第二章　文献综述** …………………………………………… 21

　　第一节　增长理论中关于企业家精神的主要研究 …………… 21
　　第二节　企业家精神与工业绩效之间关系的主要机理研究 … 24
　　第三节　企业家精神与工业绩效之间关系的主要经验研究 … 28
　　第四节　企业家精神与工业绩效关系的主要影响因素的
　　　　　　研究 …………………………………………………… 36
　　第五节　总体评价与研究的切入点 …………………………… 41

**第三章　企业家精神影响工业绩效的理论框架** ………… 44

　　第一节　总体框架体系 ………………………………………… 44
　　第二节　企业家精神、专业人力资本影响工业绩效的理论
　　　　　　模型与假说 …………………………………………… 46
　　第三节　企业家精神、市场化进程影响工业绩效的理论
　　　　　　模型与假说 …………………………………………… 53
　　第四节　企业家精神、信息化程度影响工业绩效的理论
　　　　　　模型与假说 …………………………………………… 59
　　第五节　小结 …………………………………………………… 67

## 第四章 企业家精神发展及其对中国工业绩效影响的典型事实 ········ 68

- 第一节 企业家精神发展的典型事实 ·········· 68
- 第二节 创新环境变迁的典型事实 ············ 76
- 第三节 中国工业绩效变化的典型事实 ·········· 82
- 第四节 企业家精神与中国工业绩效关系的观察 ······ 86
- 第五节 创新环境与中国工业绩效关系的观察 ······· 95
- 第六节 小结 ························ 97

## 第五章 企业家精神、专业人力资本影响工业绩效的实证研究 ········ 99

- 第一节 研究设计 ····················· 99
- 第二节 实证结果及分析 ················· 109
- 第三节 省级面板数据下的时空差异检验 ········· 127
- 第四节 基于地区工业特征差异的异质性检验 ······· 134
- 第五节 小结 ······················· 147

## 第六章 企业家精神、市场化进程影响工业绩效的实证研究 ········ 148

- 第一节 研究设计 ····················· 148
- 第二节 实证结果及分析 ················· 152
- 第三节 省级面板数据下的时空差异检验 ········· 165
- 第四节 市场化分项指标的影响 ·············· 171
- 第五节 小结 ······················· 182

## 第七章 企业家精神、信息化程度影响工业绩效的实证研究 ········ 184

- 第一节 研究设计 ····················· 184
- 第二节 实证结果及分析 ················· 189
- 第三节 省级面板数据下的时空差异检验 ········· 205
- 第四节 信息化分项指标的影响 ·············· 211
- 第五节 小结 ······················· 222

## 第八章 基本结论与研究展望 ·················· 224

- 第一节 基本结论 ····················· 224

第二节　政策建议 …………………………………………… 227
第三节　可能的创新点 ………………………………………… 231
第四节　不足之处与研究展望 ………………………………… 234

**参考文献** ……………………………………………………………… 235

# 第一章 绪论

## 第一节 选题背景、问题提出和选题意义

### 一 选题背景

（一）现实背景

1. 国际背景

2016年下半年，全球经济开始呈现回暖趋势，发达经济体增长加速并带动了新兴市场和发展中经济体的复苏。可是，2018年下半年以来，主要经济体增长态势开始分化，全球经济扩张势头趋于回落，国际投资和贸易增速下降，新的增长动能尚未形成，一些具有长期性结构性的矛盾还未从根本上解决，经济面临的下行压力显著增大。

为了应对经济下行压力，各国纷纷加大科技创新力度，提高科技创新对经济增长的贡献率，抢占新一轮竞争制高点。不少发达国家正在推行"再工业化"战略，重塑制造业特别是高技术产业新的竞争优势，加快布局全球贸易投资。发展中国家积极出台新战略，承接发达经济体的产业及资本转移，力图在全球产业再分工体系中赢得主动，拓展全球市场空间。美国在2018年10月发布《先进制造业美国领导力战略》，重点支持未来智能制造系统等的发展，试图维持制造业的领先地位。欧盟于2010年公布"欧盟2020战略"，发展以知识和创新为主的智能经济，并在2014年全面部署"欧洲工业复兴战略"以拉动投资，提振经济，增加就业；日本推出"新经济增长战略"，重点支持大数据信息化技术等发展；韩国在2009年推出绿色增长战略，重点支持新能源等绿色产业的发展，培育新的增长引擎；印度重视发展电子产品制造业，支持风投资本投资高新技术产业，促进小型企业成长。

国际社会正大力发展高新技术和高端制造业，虽然这会深刻地重塑国际经济技术竞争的新格局，但并不会自动惠及所有经济体和个人，也不会自动渗透每一个国家、部门及生产要素（蔡昉，2019），因此这需要科技发展相对落后的国家制定有效措施加快发展，获取最大收益。

2. 国内背景

从改革开放之初到 2017 年，按照可比价格，GDP 年均增长 9.5%，国内生产总值占世界生产总值的比重由 1.8% 上升到 15.2%。多年来中国经济对世界经济增长贡献率超过 30%，成为全球经济增长的主要引擎。自 2010 年以来一直稳居世界第二大经济体，人均 GDP 年均增长 8.5%，全国居民人均可支配收入年均增长 8.5%。[①]

但是，发展不平衡不充分的一些突出问题尚未解决，发展质量还不高，创新能力不够强，中国经济增长模式仍然具有显著的粗放式增长特征（吴延兵，2017），这可从以下几个方面的数据得到证实。在固定资产投资方面，全社会固定资产投资占 GDP 的比重从 1980 年的 19.6% 增长到 2000 年的 32.8%，进一步激增到 2017 年的 77.5%；[②] 在资源能源消耗方面，中国石油、煤炭和电力消耗量占世界的比重一直高于 GDP 的比重（吴延兵，2017）；在创新投入方面，R&D 占全社会固定资产投资额的份额从 2000 年的 2.7% 上升到 2.9%，一直没有超过 3%，R&D 投入占 GDP 的比重从 2000 年的 0.89% 缓慢上升到 2016 年的 2.11%，[③] 这一比重不仅低于同期的美国、日本、德国等发达国家，而且低于韩国、中国台湾等新兴市场经济体。中国的创新投入指数和综合创新指数排名远远低于中国经济在世界的排名，与经济大国的位次相差太远。近年来中国本土企业的创新能力滞后于经济发展的需要，以致在全球价值链下被来自发达国家技术先进的企业所"俘获"，从而被锁定在代工依赖—微利化—低自主能力的低端循环路径（Perez et al., 2008）。

此外，人口老龄化导致的劳动力市场供求关系的变化致使劳动力成本的大幅度上升，加上资本、土地、资源能源等要素成本的不断攀升，严重削弱了中国制造业特别是劳动密集型产业的低成本优势（张杰、何

---

① 参见习近平《在庆祝改革开放 40 周年大会上的讲话》（http://www.xinhuanet.com/politics/leaders/2018-12/18/c_1123872025.htm）及《中国统计年鉴 2018》。
② 参见《中国统计年鉴 2018》。
③ 参见《中国科技统计年鉴 2018》。

晔，2014）。而2008年以来的国际金融危机、后发国家的追赶及不断升级的中美贸易摩擦等外部风险对中国高端制造业、出口导向型企业的可持续发展提出了更为严峻的挑战。在此背景下，通过大规模的资本积累和密集的劳动力投入的要素驱动型增长模式已经难以为继，逐渐转向以依靠人力资本和技术创新的"灵感方式"为主的增长模式已经非常迫切（程名望等，2019）。

（二）理论背景

自从重农主义的重要先驱——康潜龙将"企业家"这一术语引入经济学分析以来，许多经济学家都对企业家精神与经济增长、技术进步、就业创造等方面的关系进行了研究。但是，由于早期的正统经济学理论通常具有理性人、完全竞争市场、外生技术进步等苛刻的假设，而且将生产或投资的变化视为自动或自发的过程。边际学派强调"边际"这一概念，后来的新古典经济学分析范式侧重于静态均衡，企业的经营活动只是被视为根据边际收益等于边际成本这一最大化原则进行决策的过程。企业家作为异质性人力资本，是在发现不均衡和创造不均衡中体现价值。无法精确量化的企业家精神不能作为一种生产要素被纳入经济学分析，这导致企业家精神在经济增长和创新中所承担的角色和功能被日益占据主导地位的主流经济学所忽视。在现实中，拥有规模和范围经济的大型企业在经济发展中占有重要作用，被许多学者视为创新和技术进步的主要力量，并且当时增长并不是一个严峻和急迫的问题。因此，企业家精神在早期的理论文献中失去了踪影。

然而，20世纪70年代中期，西方世界在经历了一场石油危机后陷入了"滞胀"和高失业的困境，增长问题又成为经济学理论研究的焦点。随着内生增长理论取得新进展，"欧洲悖论"的出现与中小企业的崛起和企业家精神的复苏等，对企业家精神方面的研究重新引起了经济学家和决策者的重视。

目前企业家精神已经进入主流经济学的视野，并且企业家精神的研究已经非常丰富。经济学家们主要围绕着早期企业家精神领域、内生增长理论发展过程中的企业家精神、企业家精神与工业绩效增长之间关系的理论与经验研究、企业家精神与工业绩效之间关系的主要影响因素方面展开了卓有成效的研究并产生了丰富的研究成果，这成为本书重要的研究起点。但是，纵观以往大量的企业家精神创新理论的研究，目前有关企业家精神的研究在经济学领域还处于"一家之言"的状态，在科学系统的理论框架内提炼出的经济学规律仍然非常有限，还处于调整、总结、建构的阶段。具体来说，本书发现目前企业家精神与创新理论领域的研究主要存在以下不足。

第一，目前企业家精神创新理论领域鲜有文献研究企业家精神与工业绩效之间的关系。以往文献绝大部分文献几乎都得出企业家精神促进产出和就业增长，扩大国际贸易，改善生产率水平等类似的结论，这表明企业家精神与增长之间具有正向关系，这也启发我们应该将企业家精神创新理论的研究引向深入。最近的不少文献考察了企业家精神发挥的环境或条件，但是对企业家的创新创业活动促进经济增长和企业绩效所依赖的环境或条件，特别是创新环境缺乏系统的研究，更没有构建起科学的完整的理论分析框架，进而提炼出能得到普遍认可的经济学规律。

第二，鲜有文献在内生增长理论框架下探讨企业家精神影响工业绩效的传导机制，更鲜见文献将创新环境纳入内生增长理论框架考察创新环境的变迁对企业家创新效应的调节机理。一些研究尽管通过严格的理论推演论证了变量之间的因果关系，可是往往将国外的企业家精神创新理论生搬硬套地应用到中国的情形，事实上那些来自国外学者的企业家精神创新理论研究是以西方较高的人力资本积累水平、成熟的市场经济制度、发达的信息化社会为前提的，而对于人力资本水平相对较低、仍在市场化转型、正在步入信息化社会的中国来说，国外的企业家精神创新理论可能并不适用。目前中国企业家精神发挥的创新环境的变化主要表现在人力资本水平在不断提升，市场化改革尚未完成，信息化发展方兴未艾，因此，本书认为，应该从专业人力资本水平上升、市场化改革和信息化建设等三个方面考察创新环境的演变对企业家精神工业绩效的调节机理。

## 二　问题提出

回顾世界经济发展史，人类社会出现的每一次重大进展和创新成就，固然需要政治家、科学家及工程技术人员等的艰辛探索，但是往往离不开企业家精神这一主导力量的支撑作用（Urbano et al.，2019a）。1985年，欧洲货币基金会主办的关于世界经济变革问题的讨论达成一个重要共识："世界正处在一个新时代的开端，这个时代可称之为企业家时代"

（张维迎和盛斌，2004）。甚至有经济学家预言，在 21 世纪全球经济将由管理型经济向创业型经济过渡（Audretsch 和 Thurik，2000）。

在 1400 年以前，古代中国的经济科技成就领先于西方，然而，不可思议的是，近代科学革命和工业革命却没有发生在古代中国，而是发生在以英国为代表的西方，这被称为"韦伯疑问"或"李约瑟之谜"。林毅夫（2007）认为是科举制的推行导致中国的技术经济水平远远落后于同时期的西方。但是李约瑟（1990）却认为科举制推行后，中国古代的许多技术创新成果仍然来自当时的官员、平民等几乎各个阶层，但是科举制却直接抑制了技术创新成果的需求者——企业家活动的开展，导致中国古代的许多创新成果的供给者未能获得相应的经济补偿，从而阻碍了技术的持续进步。

在第一次工业革命中，瓦特并非蒸汽机的发明者，只是对蒸汽机做了一次重要的改进，蒸汽机是由两千前亚历山大城的 Heron 发明的，而且当时还有不少人对蒸汽机的改良做出了贡献，比如托里切利等（Baumol，2008）。不同的是，瓦特受到富有创造性的企业家伙伴马修·博尔顿的资助，提高了燃烧效率并广泛用于生产，于是产业链条形成了，工业革命开启了。这里重要的是，不是马修·博尔顿资助了瓦特，而没有资助别人，而是出现了像马修·博尔顿这样的企业家将技术发明用于社会生产，并给像瓦特这样的科技人员提供了激励，从而支撑技术创新能够长期持续开展。

受到内生增长理论的启发，不少欧洲国家纷纷加大对人力资本和研发的投资，但是这些欧洲国家却经历了令人失望的长，被称为"欧洲悖论"（Audretsch 和 Keilbach，2008）。"欧洲悖论"现象的产生表明，在知识经济时代，单纯的知识投入并不必然引致产出的增长，在技术创新与经济增长之间还存在着不可缺失的一环，这一环即是企业家精神（Braunerhjelm et al.，2010）。欧美主要发达国家都处于创新驱动阶段，而在这一阶段，需要以创业活动的增加为标志（Acs et al.，1994）。与美国相比，欧盟各成员国内的个体相对缺乏的企业家创业技能及较高的企业创业壁垒导致欧盟企业家精神水平发展的相对滞后，美国则激励科技人员和有经验的管理层的创业活动，企业家精神发展水平的差异导致两者增长绩效的巨大差异（Audretsch et al.，2008）。

中华人民共和国成立后，为了转变经济增长方式，决策者进行了不懈的探索和尝试。为了赶超发达国家，在资本稀缺、劳动相对丰裕的条件下，不得不采取"低消费、高积累"的方式进行资本积累（林毅夫和李志赟，2004）。但是，过度重视物质资本的积累和投入的传统战略并没有带来经济的健康持续增长（陈斌开和林毅夫，2013）。在认识到科技落后是导致我国经济发展水平低下的重要原因后，"重科技进步、重经济效益"的发展战略应运而生。要促进技术进步，提高对发达国家的技术吸收能力，必须加大教育投入，培养专业技术人才（邹薇和代谦，2003），但是花费巨大成本培养的专业技术人才在劳动力流动性不断增强的条件下却大量流失，进而降低了经济增长的效益（阮荣平和郑风田，2009；Bénassy 和 Brezis，2013；Ha et al.，2016）。严峻的现实使人们逐渐认识到企业家精神的缺失才是阻碍经济效率提升的深刻根源（陈剑，2006；Li et al.，2012；Erken et al.，2018）。

党的十八大以来，以习近平总书记为核心的党中央高度重视弘扬企业家精神，多次召开会议强调要激发和保护企业家精神。2014 年 11 月在亚太经合组织工商领导人峰会开幕式上，习近平指出，"市场活力来自于人，特别是来自于企业家，来自于企业家精神"，并强调要"让企业家有用武之地"。2017 年 9 月，中共中央、国务院发布的《关于营造企业家健康成长环境弘扬优秀企业家精神更好发挥企业家作用的意见》充分肯定了企业家的重要贡献，强调要营造企业家健康成长环境，更好发挥企业家作用。这是党中央和国务院发布的文件第一次聚焦企业家精神。党的十九大报告则明确提出"激发和保护企业家精神，鼓励更多社会主体投身创新创业"，这是企业家精神第一次出现在党的全国代表大会的纲领性文献中。2018 年 11 月，习近平总书记在民营企业家座谈会上强调，民营企业和民营企业家是我们自己人。2020 年 7 月，习近平总书记在企业家座谈会上强调"保市场主体就是保社会生产力"，并就如何弘扬企业家精神提出了殷切希望。2023 年 7 月，中共中央、国务院发布的《关于促进民营经济发展壮大的意见》指出民营经济是推进中国式现代化的生力军，在促进民营经济人士健康成长中再次强调培育和弘扬企业家精神。

习近平总书记关于企业家精神的论述既传承了中华优秀传统文化中丰富的经商理念，又体现了新时代中国情境下的企业家精神的鲜明时代特色，为一般意义上的企业家精神增添了新内涵，突破了西方经济学语境下企业家精神的局限性。这不仅表明在新时代我们党对企业家精神的内涵与作用的认识不断深化，还表明培育优秀企业家精神、更好发挥企业家作用已经成为习近平新时代中国特色社会主义思想的有机组成部分，因而具有重大的制度创新意义和现实意义。党中央将保护和激发企业家精神纳入党和国家的大政方针，进而围绕更好发挥企业家作用进行诸多制度变革，使企业家精神的力量的发挥从"必然王国"达到"自由王国"，可以看作是一个重大制度创新，这在党和国家历史上十分罕见、意义非凡、影响深远。

与其他类型的人力资本相比，企业家能够利用自己独特的能力吸引和整合各类生产要素，将科技创新的潜在生产力转化为现实的生产力，强化知识溢出效应，促进生产率提高（Lafuente et al.，2016）。从这个意义上讲，企业家是经济社会发展和变革的主要发起人和推动者，是最重要的人力资本，因而被称为"经济增长的国王"（Kor 和 Mahoney，2005；Sarkar，2018）。因此，无论是一个地区，还是一个行业，如何营造一个鼓励企业家创新创业的社会环境都是这个地区、行业提高生产效率首要考虑的战略，在此条件下，大力培养专业技术人才，才具有本质上的意义，才能真正地将人口优势转化为人力资源优势，实现经济社会健康发展（陈剑，2006；Hoppe，2016）。

专业人力资本塑造了企业家创新精神发挥的人力资源环境。一方面，改革开放以来特别是进入 21 世纪以来，社会成员的受教育程度普遍提高，接受新知识和学习新技能的能力在不断增强，企业家的创新活动所面临的人力资源环境持续优化。另一方面，在同一时期，企业家的构成发生了深刻变化。改革开放后，随着政府对非国有经济管制政策的宽松，中国大体经历了三次创业高峰期。在 1978—1988 年，以农民、城市无业者为代表的"草根式"创业为代表，乡镇企业异军突起。而到了 1989—1999 年，特别是在 1992 年以后，创业者主要为体制内政治精英下海经商。第三次是 2000 年以来，创业者以具有海外背景的留学生和科学家、工程师为主。可见，第三次创业高潮具有一个特点，就是几乎所有的企业家均由专业技术人才转变而来。人力资源环境这两个方面的变化很可能会影响企业家精神对中国工业绩效的提升效果。

市场化进程作为企业家精神发挥作用的制度环境，也会影响着企业家精神的工业绩效（Bosma et al.，2018）。市场化进程如何影响创新和增长自 20 世纪 90 年代以来一直受到转型经济学的高度关注。尽管中国的市场化改革曾经出现过放缓、停滞甚至倒退，但是市场化程度在整体上有了大幅度提高。① 市场化进程的推进，促使更多的个体选择成为企业家。市场化程度的提高能够推动以生产要素再配置为重要标志的帕累托改进，有助于企业家发现和识别市场机会，减少市场分割，促进公平竞争，激励企业家精神向生产和创新领域转移，这会进一步放大企业家精神的创新效应（Jovanovic，2014）。

信息化作为企业家精神发挥作用的技术环境，是转型期核心命题②，也调节着企业家精神提升工业绩效的效果（David et al.，2014）。进入21世纪以来，以人工智能等为重要特征的信息化发展方兴未艾，不仅改变着人们的生活方式和思维方式，也在深刻地重塑着工业产业创新发展的路径。中国的信息化起步虽晚，但发展迅猛，目前正处于由工业社会向信息社会过渡的加速转型期。③ 信息化通过降低交易成本、弱化市场风险，促进管理创新、提高决策效率，强化市场竞争、倒逼企业创新，促进市场发育、提高资源配置效率等途径来提升生产效率（Viollaz，2019）。

在创新环境变迁背景下，探讨企业家精神提升中国工业创新绩效的机理是当前面临的重要课题。企业家精神能否提高中国的工业绩效？是否存在明显的时空差异和异质传导机制？人力资源环境、市场化改革和信息化程度在企业家精神影响中国工业绩效的过程中发挥着怎样的作用？对这些问题的回答能为促进企业家创新创业提供完善的政策支撑体系，也能为推动中国工业的创新发展提供有力的理论支撑和经验证据。

### 三 选题意义

（一）理论意义

第一，构建了企业家精神的知识溢出理论的理论分析框架。在产业组织理论中，哈佛学派认为市场结构决定市场行为，市场行为又决定市场绩效，进而提出市场结构—市场行为—市场绩效（Structure-Conduct-Performance，SCP）的理论框架。哈佛学派提出的这个研究范式是以西方成熟的市场经济制度、清晰的产权制度、发达的信息化社会为前提的，而对于市场化改革、正在步入信息化社会的中国来说，国外的企业

---

① 党的十八届三中全会公报指出，经济体制改革是全面深化改革的重点，核心问题是处理好政府和市场的关系。
② 参见《中国信息年鉴2012》。
③ 参见《中国信息年鉴2015》。

家精神创新理论可能并不适用。目前，中国的人力资源环境正在发生深刻变化，市场化改革尚未完成，信息化进程方兴未艾，因此，本书认为应该考察人力资源环境变化、市场化改革和信息化进程对企业家精神的创新效应的影响。本书将该理论分析范式与中国的基本国情相结合，借鉴并扩展哈佛学派提出的理论分析范式，提出创新环境—企业家精神—工业绩效（Environment-Entrepreneurship-Performance，EEP）的理论分析视角，认为正是创新环境决定企业家精神，企业家精神又决定工业绩效。

第二，完善了企业家精神促进工业绩效提升的传导机制。企业家精神主要通过资源配置效应、知识溢出效应、组织变革效应、人力资本积累效应、学习效应、示范—竞争效应和产业关联效应等途径影响工业绩效。本书进一步认为，企业家创新创业活动一般需要经过三个过程，第一，企业家能够产生创意，即技术创新过程；第二，企业家能够将创意生产中间产品，即资源配置过程；第三，最终产品生产厂商能够对中间产品产生有效需求，即市场创新过程。这反映了企业家创新创业活动必然要经历一个漫长又充满风险的历程。为此，企业家必须提高自身的素质，才能配置创新资源，提升工业绩效。

第三，深化了创新环境影响企业家提升工业绩效的认识。本书借鉴内生增长理论，在市场均衡下推导出企业家精神分别与专业人力资本、市场化进程、信息化程度影响工业绩效的理论模型。专业人力资本质量的提升为企业家开展创新创业活动提供了良好的人力资源环境。市场化改革为企业家提供了一个自我尝试、社会发现的"显化"途径，促使企业家精神从非生产性活动转移到生产性活动特别是研发活动中去，对创新投入产生挤入效应，提高工业绩效。信息化通过降低交易成本，强化市场竞争，提高决策效率，从而提升企业家精神的工业绩效。

（二）现实意义

第一，加快知识的商业化进程，加速中国经济由高速增长转向高质量发展转变的步伐。近年来中国本土企业的创新能力滞后于现实经济发展的需要，以至于在全球价值链下被来自发达国家技术先进的企业所"俘获"，从而被锁定在代工依赖→微利化→低自主能力的低端循环路径（Perez—Aleman 和 Sandilands，2008）。在此背景下，寻找推动中国工业发展的新动力具有重要的现实意义。近年来中国的创新投入持续增长，以外观设计、实用新型专利和发明专利衡量的创新产出也在不断增加。我国的发明专利申请量连续 5 年雄踞全球首位，2015 年更是首次突破 100 万件大关，更为可喜的是，不仅国外公司在中国的专利申请量有较大幅度的增长，国内企业、高校及研究机构的申请量也是涨幅显著。但是，中国专利的转化率约为 10%，而专利资本化的比例也较低，大多数专利处于"闲置"状态。① 这表明，中国未能充分地将创新产出转化为现实的生产力。有理论研究表明，在通用知识和与经济相关的知识之间存在着一种过滤器，这种过滤器阻碍着通用知识（比如创新产出）向与经济有关的知识的转化，而企业家通过创办新企业，重新组合生产要素，向市场推出新产品新服务，能够降低知识过滤器的这种阻碍作用，促进知识溢出（Braunerhjelm et al., 2010）。本书的理论和经验研究均表明企业家精神的成长显著促进了知识的商业化进程，这为促进通用知识转为现实生产力提供了一条新路径。

第二，促进企业成为技术创新的真正主体。在西方发达国家，企业家已经成为研发活动的投入主体和知识创新及其商业化应用的重要主体。与发达国家不同，中国的市场化程度相对较低，这导致企业家将大量的资源投入非生产性领域，进而会显著弱化企业家从事技术创新的激励。大量的事实和理论研究表明，一个国家的创新不能单纯地依靠政府主导，必须依靠企业家作为技术创新的微观主导力量。只有企业成为技术创新的真正主体，一个国家的科技创新才具有内生动力。

第三，能够将中国庞大的人口就业压力转化为巨大的人力资源优势。一方面，由于农村的生产效率提高导致大量农民进入城市成为农民工，另一方面，随着高校扩招，毕业生逐年增加，2020 年的毕业生达到 874 万名。② 可见，这两大群体都面临着沉重的就业压力，如果不能妥善解决，将会导致巨额的教育投入转变为沉淀成本。企业家创办劳动密集型企业，如服务业能够吸纳劳动力就业，创办高新技术企业可以让高校毕业生具有用武之地。企业家的创新创业活动还能够引导人力资本投资，优化人力资源的配置，减少人力资本流失和浪费（Hoppe, 2016）。本研

---

① 陈建民：《专利转化率比数量更值得关注》，《光明日报》2017 年 3 月 30 日第 2 版。
② https://www.chinanews.com.cn/m/edu/shipin/cnsd/2020/02-19/news848468.shtml，2020 年 2 月 19 日。

究将为中国的人口就业压力转变为巨大的人力资源优势找到一条崭新的路径,即支持企业家创新创业来带动就业。

第四,为新一轮市场化改革、信息化建设提供了相关的政策建议。本书对市场化分项指标对企业家精神的创新绩效的调节作用的检验表明,只有要素市场的发育程度虽然能起到正向调节作用,但是不显著。因此,应该选择推进深化要素市场的改革,构建更加完善的要素市场化配置体制机制作为新一轮市场化改革的着力点。本书对信息化分项指标对企业家精神的创新效应的调节作用的检验表明,知识支撑、发展效果、信息基础设施建设、产业技术、应用消费均显著增强了企业家精神的创新效应,但这种积极作用依次减弱。应用消费、信息技术和信息基础设施三个方面本应在信息化建设中发挥着重要作用,但本书的实证结论却表明三者对企业家精神知识溢出的正向调节作用相对较弱,因此应该将优先推动信息应用消费优化升级、支持信息技术跨越式发展、进一步加快信息基础设施建设作为新时代信息化建设的重点。

## 第二节 相关概念的界定与说明

对概念进行定义是开展学术研究的逻辑起点。在对研究主题进行系统研究前,本书首先对企业家精神、市场化进程、信息化程度以及工业绩效进行界定,尽可能消除对基本概念理解的分歧,从而有助于读者更好地理解本书的研究。

### 一 企业家精神

自从 Cantillon(1755)年第一次将企业家精神引入经济学分析范式中以来,不同流派的学者从各自的研究视角进行定义,从而形成了有关企业家精神的各种理论。(1)以 Schumpeter 和 Baumol 为代表的德国学派,注重企业家的创新精神。Schumpeter(1912)第一次系统地考察了企业家的创新精神,将企业家精神定义为"实施生产要素的新组合",即开发新产品、引入新生产方法、开辟新市场、获取原料的新来源以及建立新的组织形式,强调创新是企业家精神的核心,企业家是经济运行中的破坏性力量。Baumol(1990)进一步将企业家活动从生产性领域扩展到非生产性领域,从而为企业家精神创新理论的发展做出了重要贡献。

(2) 以 Schultz 为代表的芝加哥学派，侧重于企业家精神的风险承担能力、冒险精神及识别和应对市场失衡的能力。Knight（1921）认为企业家是处理不确定性环境并进行决策的主体，并承担决策及其后果。Schultz（1961）指出，从长期看，经济增长的均衡是短暂的、局部的，而失衡才是常态的、整体的，从而认为企业家精神即是"成功应对经济体系中发生的各种失衡"，配置各类可替代资源应对失衡的个体，并期望获得各种租金。（3）以 Mises 和 Kirzner 为代表的奥地利学派则关注企业家精神对市场机会的识别和套利能力。Mises（1949）指出，由于市场的不完善以及人类行为自身的非完全理性，市场运行难免会出现非均衡，而这些非均衡为企业家提供了获利的机会，企业家即是努力妥善处理市场主体经济行为中引致的不确定性的市场主体。Kirzner（1973）认为，企业家精神始于市场机会的出现，完整的企业家活动通常会经历市场机会的产生、识别、开发和利用等过程。与 Schumpeter（1912）的观点不同的是，Kirzner（1973）强调机会识别这一环节集中体现了企业家精神的核心内涵——市场机会洞察力、风险感知能力、先验知识、社会网络等。（4）Leibenstein（1968）则将企业家精神定义为"填补空白（Gab-Filling）"和"投入补齐（Input-Completing）"，前者指企业家通过引入新产品以填补其能够观察到的市场空缺，后者指企业家通过有效配置来降低企业组织中的"X-非效率"。（5）Lazear（2004，2005）认为企业家是对稀缺性资源的统筹协调做出判断性决策的人，关注企业家的决策能力和管理效率。（6）习近平总书记分别在 2018 年 11 月和 2020 年 7 月亲自主持民营企业家和企业家座谈会，特别是在 2020 年 7 月的企业家座谈会上发表讲话，这篇讲话结合中华民族优秀传统文化和独特的经商理念，从爱国、创新、诚信守法、履行社会责任、拓展国际视野等角度对新时代中国企业家精神提出了几点希望。在新时代情境下，习近平总书记有关企业家精神的论述对准确把握企业家精神的理论内涵提供了新的视角。

通过梳理上述经济学家、党和国家领导人关于企业家精神的六种定义或论述发现，企业家精神是一个多维度的概念。本书认为，企业家精神是一种人们竞相选择企业家职业的经济行为和经济现象，是企业家这个特殊群体在创建新企业和企业经营管理活动中形成的，在适宜的政策环境、市场环境、技术环境和文化环境中产生的，以创新精神和创新能力为核心,以发现市场机会为起点,以风险承担为主线,以资本可获得性为物质支撑,以资源配置为抓手,以追逐收益为目标,并通过开办企业和创新实现个人目标、满足社会需求的经济行为。

### 二 专业人力资本

专业人力资本水平的高低决定着企业家精神面临的人力资源环境的优劣。专业人力资本是指具有某种特殊技能的人力资本,一般都接受过高等教育,再通过职业培训和实践而获得的稀缺的专业知识和技能(Schultz,1961)。在现实中,专业人力资本承担的社会角色是专业技术人才,如科学家、工程师等。专业人力资本作为生产要素投入生产过程中直接促进经济增长。进一步地,专业人力资本能够相对快速地接受新理论、新思想和高新技术,并且在促进新技术模仿、扩散和传播的同时,还能实现技术创新和技术进步,间接促进经济增长(Bénassy 和 Brezis,2013)。正如陈剑(2006)所认为的那样,作为技术进步和产业创新的骨干力量,专业人力资本主要承担研发工作,以智力和创造性劳动为主。专业人力资本还能够吸引外来投资者,从而促进产业融合和升级,提高全要素生产率。从人力资本运用角度看,专业人力资本的运用可以提升生产力、拓展生产可能性边界,不仅能够提高自身的生产效率,还能够提高其他要素的生产效率。可以预见,随着知识经济时代的到来,专业人力资本在技术创新中发挥着日益重要的作用。

### 三 市场化

作为改善企业家创新创业外部环境的重要一环,加快市场化进程、改善市场化环境已经是绝大部分国家改革和转型的重要突破口,因此许多国际组织及学者都对市场化的内涵和量化进行了大量的探索。欧洲复兴开发银行发布的《转型报告》从价格自由化、外汇和外贸自由化、竞争性政策等方面的改革进展来衡量 27 个转型国家的市场化程度。在全球范围内,美国智库 Heritage Foundation 发布最新的《2018 年经济自由度指数》,通过采用影响国家经济自由的四大政策领域及 12 项指标度量和评价全球各国主要经济体的市场化程度,该指数虽然具有一定的代表性,但是没有考虑中国的特殊国情及各地区经济发展的差异性。阎大颖(2007)认为,理想的市场经济应该实现政府行为规范化、经济主体自由化、要素资源市场化、产品贸易公平化、市场制度完善化。王小鲁等(2017)从政府与市场的关系、非国有经济的发展、产品市场的发育程度、要素市场的发育程度、市场中介组织发育和法律制度环境等方面来衡量市场化的进展。本书倾向于认为,市场化是指从计划经济体制向市场经济体制过渡的体制改革和变迁的历史阶段和过程,不是简单的一项规章制度的变化,而是一系列经济、法律乃至政治体制的变革。

#### 四 信息化

作为企业家精神发挥的重要技术环境,信息化环境的优劣在很大程度上取决于信息化程度的高低。学者和机构从不同的角度提出了信息化的概念。Bell(1973)从社会视角来定义信息化,强调信息的处理和利用,认为信息社会是以信息的收集、整理、传递和过滤等活动为主的后工业化社会。基于经济视角,徐长生(2001)认为,信息化不是工业化的一个替代性概念,但是两者相容的,信息化的实质仍然是一场社会生产力的变革,是工业化的深化与扩展。Lee等(2009)从技术视角强调信息化是现代信息技术手段和技术装备(如计算机、通信设施等)对传统产业甚至社会结构的升级改造,侧重于ICT产业向非ICT产业的扩散和渗透作用。更多的学者和机构从过程的角度来定义信息化。孙琳琳等(2012)强调信息化一般指通信技术(Information and Communication Technology,ICT)的广泛应用,导致应用对象或领域发生改变的过程。所谓的"化",是指在历史特定的转变阶段,人类社会生活中发生的全面的、根本性的变革。信息化不是仅限于技术层面的改变,而且包括了人们的工作方式、分工格局、管理体制甚至是思想观念的全面变革。曾任中国信息经济学会理事长的陈禹认为,信息化是指在现代信息技术迅速发展和广泛普及的基础上,人类社会和经济生活的各个领域普遍发生的深刻变革,使得社会和经济活动的效率大幅度提高,从而达到物质文明和精神文明的新阶段的过程。[1] 2006年10月,中办、国办发布的《2006—2020国家信息化发展战略》指出,"信息化是充分利用信息技术,开发利用信息资源,促进信息交流和知识共享,提高经济增长质量,推动经济社会发展转型的历史进程"。[2] 本书倾向于从过程视角来理解信

---

[1] 陈禹:《信息化和工业化双重时代》,《科学决策》2002年第6期。
[2] http://www.chinanews.com/news/2006/2006-05-08/8/726880.shtml,2006年5月8日。

息化的内涵。

**五 工业绩效**

(一) 工业绩效的内涵

创新（Innovation）的概念最早起源于 Schumpeter（1912）的研究，其认为是企业家对生产要素的新组合。工业绩效在国内外文献中常被翻译为"Industrial Performance"，是企业创新水平的一个衡量指标，是指对企业开展创新或研发活动的效率和效果的评价（Lane et al.，2006）。相对于创新绩效，工业绩效的内涵更广，不仅是对企业家创新成果的衡量，也是对企业家经营管理业绩的衡量。为了保持竞争优势，企业家需要加大技术创新投入，开拓新市场，满足消费者多样化和多层次需求，引领消费趋势。

(二) 工业绩效的评价指标

目前学术界对工业绩效的测算和评价还没有形成统一的指标。不少学者采用基于创新投入、创新产出、创新投入及产出综合的角度来评价工业绩效。

第一，创新投入视角。在实证研究中，不少文献从创新投入的角度衡量工业绩效，如 R&D 支出和 R&D 存量（白俊红，2011）、研发资金密度（张杰等，2011）、企业从业人员人均科技活动经费（孙早和宋炜，2012）。

第二，创新产出视角。更多文献从创新产出的角度衡量产出绩效，如新产品开发数目（冯根福等，2006）、专利申请数量（温军和冯根福，2012）、专利授权数量和发明专利授权数量（蔡红星等，2019）、企业授权发明专利的质量（陈强远等，2020）、新产品销售收入（吴延兵，2012）。

第三，创新投入与产出综合的视角。根据工业绩效的内涵，单纯地从创新投入或产出的视角难以准确地衡量工业绩效，因此更多的文献从创新投入与产出综合的视角来度量测算工业绩效，如创新效率（戴魁早和刘友金，2016；孙早和徐远华，2018）、全员劳动生产率（孙早等，2014）、全要素生产率（郭家堂和骆品亮，2016）。

(三) 本书对于工业绩效指标的选取

本书认为从投入的角度不如从产出的角度来衡量工业绩效，因为创新投入多不一定带来相应的创新产出。一个企业从事的新产品开发数目不一定都能开发成功，所以该指标不适合用于衡量工业绩效。新产品销售收入并不是工业绩效的直接度量指标，使用该指标反映创新产出时噪音较大，因为影响该指标的因素包括企业的市场预测评估能力、营销能力等（吴延兵，2012）。全要素生产率不仅反映一个企业的技术创新能力，还包括企业组织的管理创新、市场创新能力、规模经济优势等，因此该指标适合用于衡量企业家创新的工业绩效（Curtis，2016）。企业的专利申请量不一定都能获得授权，从《中国科技统计年鉴》公布的专利申请和授权的数据看，专利申请量通常多于专利授权量，专利申请量多于专利授权量的部分仅仅反映了企业家的创新意愿，通常难以显示出企业家创新的工业绩效（李小平和李小克，2017），因此采用专利申请量不是衡量工业绩效的良好显性指标。有效发明专利比发明专利更能衡量企业家创新的工业绩效。有效发明专利是受到知识产权保护的那部分发明专利，与当年被授予的发明专利一样都可以作为企业家的创新产出，因此往年授予的没有失效的发明专利仍然是企业家的创新产出，而且发明专利的授权时间越长，代表发明专利的技术含量和企业家创新的工业绩效就越高。因此，有效发明专利能够准确地测度企业家创新的工业绩效。全员劳动生产率直接反映了企业研发过程中的投入产出效率，也是工业绩效的重要衡量指标。

本书兼顾数据的可得性，采用全要素生产率和人均有效发明专利用于基准分析，同时采用全员劳动生产率、人均发明专利进行稳健性检验。本书在计算全要素生产率时使用全部从业人员数和固定资本存量作为投入变量，实际工业增加值作为产出变量。第一，索罗将全要素生产率定义为不能用劳动、资本来解释经济增长的"剩余"部分，本书的创新绩效主要指的就是这个"剩余"部分。第二，企业家在能力、资源禀赋约束下支配一切能够支配的资源，不仅限于R&D人员（全时当量）和R&D资本存量，还包括非R&D要素来实现"生产要素的新组合"，其他非创新要素在创新过程中即使不能发挥主要作用，也至少发挥着辅助的作用。第三，企业家的创新活动不仅限于基础科学研究和技术进步，还包括组织制度变革等方面的管理创新以及新市场的开辟，这些同样可以促进全要素生产率增长。

## 第三节 研究内容、方法和技术路线

### 一 研究内容

结合本书的研究目标，以人力资源、制度环境和技术环境构成的创新环境影响企业家精神的工业绩效为主要研究内容，探索不同类型的创新环境变迁对企业家精神作用于工业绩效的影响机理，并为促进中国企业家创新创业提供完善的政策支撑体系。各章安排如下。

第一章绪论，主要论述本书的选题背景（现实背景与理论背景）、问题提出、相关概念的界定与说明、研究内容、研究方法、技术路径，从而引出全文的分析和论证。

第二章文献综述，主要围绕早期企业家精神领域的研究、内生增长理论发展过程中的企业家精神、企业家精神与工业绩效增长之间关系的主要机理与经验研究、企业家精神与工业绩效之间关系的主要影响因素研究进行回顾及评价，并提出了本书研究的切入点，从而为接下来的理论模型的构建和实证研究奠定坚实的基础。

第三章企业家精神影响工业绩效的理论框架。首先论述研究的总体框架体系，然后借鉴相关的内生增长理论，分别将专业人力资本、市场化进程和信息化程度纳入统一的企业家精神影响知识和绩效增长的理论框架，其次在一般市场均衡下推导出企业家分别与专业人力资本、市场化进程、信息化程度影响企业工业绩效的理论模型，最后在此基础上提出了待检验的若干个基本命题。

第四章企业家精神发展及其对中国工业绩效影响的典型事实。主要包括转型期企业家创业和创新精神的总体发展趋势及企业家精神配置的地区差异、创新环境的变迁、中国工业绩效的总体变动趋势及地区差异，基于时间差异、地区差异、不同创新环境绘制了企业家精神与中国工业绩效之间关系的散点图及拟合线，最后绘制了创新环境变迁与中国工业绩效之间关系的散点图及拟合线。

第五章企业家精神、专业人力资本影响工业绩效的实证研究。通过设定一个含有企业家精神、专业人力资本及其交互作用的创新增长决定方程，使用中国31个省份2000—2016年的面板数据从经验层面考察企家、专业人力资本及其交互作用的创新效应，进行了一系列的稳健性检验及内生性检验，并在省级面板数据下进行了时期和区域差异检验、地区工业特征差异的异质性检验，得出了可靠性结论。

第六章企业家精神、市场化进程影响工业绩效的实证研究。通过设定一个含有企业家精神、市场化进程及其交互作用的创新生产方程，使用中国 31 个省份 2000—2016 年的面板数据从经验层面考察市场化程度及其与企业家精神的交互作用的创新效应，并在省级面板数据下进行了时空差异检验，并进一步考察信息化的五个分项指标即政府与市场的关系、非国有经济的发展、产品市场的发育程度、要素市场的发育程度及市场中介组织的发育和法律制度环境对企业家精神影响工业绩效的调节作用。

第七章企业家精神、信息化程度影响工业绩效的实证研究。通过设定一个含有企业家精神、信息化程度及其交互作用的创新决定方程，使用中国 31 个省份 2000—2016 年的面板数据从经验层面考察信息化程度及其与企业家精神的交互作用的创新效应，在省级面板数据下分别进行了分时间和分区域考察，并进一步检验了市场化的五个分项指标即信息基础设施建设、产业技术、应用消费、知识支撑以及发展效果对企业家精神的知识溢出的调节作用。

第八章基本结论与研究展望。研究结论、政策建议、可能的创新点、不足与研究展望，对全文的研究内容进行总结，提出完善企业家创新创业的政策支撑体系。

## 二　研究方法

总体上看，本书在理论分析中做出一系列假设，进而采用逻辑演绎的方法推导出本书待检验的假说，而实证分析与理论分析密切衔接，将理论分析内容数量化、形式化，进而采用中国省级面板数据进行经验检验。本书涉及的研究方法主要有以下几点。

（1）规范—实证分析方法。在借鉴内生增长理论最新进展的基础上，围绕企业家创新创业活动所面临的人力资源环境、制度环境和技术环境的变化，并将其纳入创新环境—企业家行为—工业绩效分析框架中，是对企业家知识溢出理论的一大拓展。除了规范分析外，本书还采用实证分析方法，利用中国 2000—2016 年的省级面板数据检验人力资源环境、制度环境、技术环境对企业家精神的工业绩效的影响。

（2）演绎—归纳分析方法。本书对企业家与产出、企业家影响创新依赖的条件和环境等采用了演绎与归纳方法。本书对企业家精神、专业人力资本影响经济增长的理论模型推导同样采用了演绎与归纳方法。本书使用对工业绩效、企业家精神、市场化进程、信息化程度等变量进行指标替换，进而对基准估计结果进行稳健性检验，寻找工具变量进行内生检验来论证假说也同时使用了演绎—归纳方法。

（3）静态—动态分析方法。本书在经验研究中采用了静态分析方法，按金融危机发生前后进行分时间考察，在内生性检验中加入被解释变量的滞后项构造动态面板数据模型，并使用sys-GMM进行估计，使用分位数回归方法进行检验则使用了动态分析方法。本书使用静态—动态分析方法有助于全面深入系统地理解变量之间的因果关系。

（4）结构主义分析方法。结构主义方法认为，系统的行为是系统的结构所决定的，因此可以按照系统的成分之间的结构关系加以分析。本书并没有止步于论证市场化改革、信息化程度对企业家的创新能力的影响，而是进一步研究市场化总指数和信息化总指标的五项分指标对企业家精神的知识溢出的调节作用，从实证结论中得到新一轮市场化改革、新时代信息化建设的重点与方向。

除以上几种方法以外，本书的研究还采用了文献回顾法和政策分析方法，以达到对企业家精神创新理论等研究主题的发展脉络和趋势的全面梳理及对多个层面的创新环境的准确把握。

### 三　技术路线

本书不仅在研究方法上采用科学性、严谨性、内在逻辑一致和具有一定创新性的分析范式，在结构安排上也尽可能地体现主流经济学特别是内生增长理论方面的规范性分析方法。在结构上，本书的研究内容可以划分为五个层次：一是选题背景和问题的提出，二是根据本书的研究目标，通过对国内外相关文献的梳理和评述提出本书研究的出发点，三是属于理论分析范畴，构建了一个创新环境的变化影响企业家精神对工业绩效作用效果的总体框架体系，形成待检验的理论假说，四是相关的经验研究，主要包括典型事实，检验了专业人力资本、市场化改革、信息化建设对企业家精神的创新绩效的影响，五是结束语，包括本书研究的基本结论、政策建议和研究展望。技术路线如图 1-1 所示。

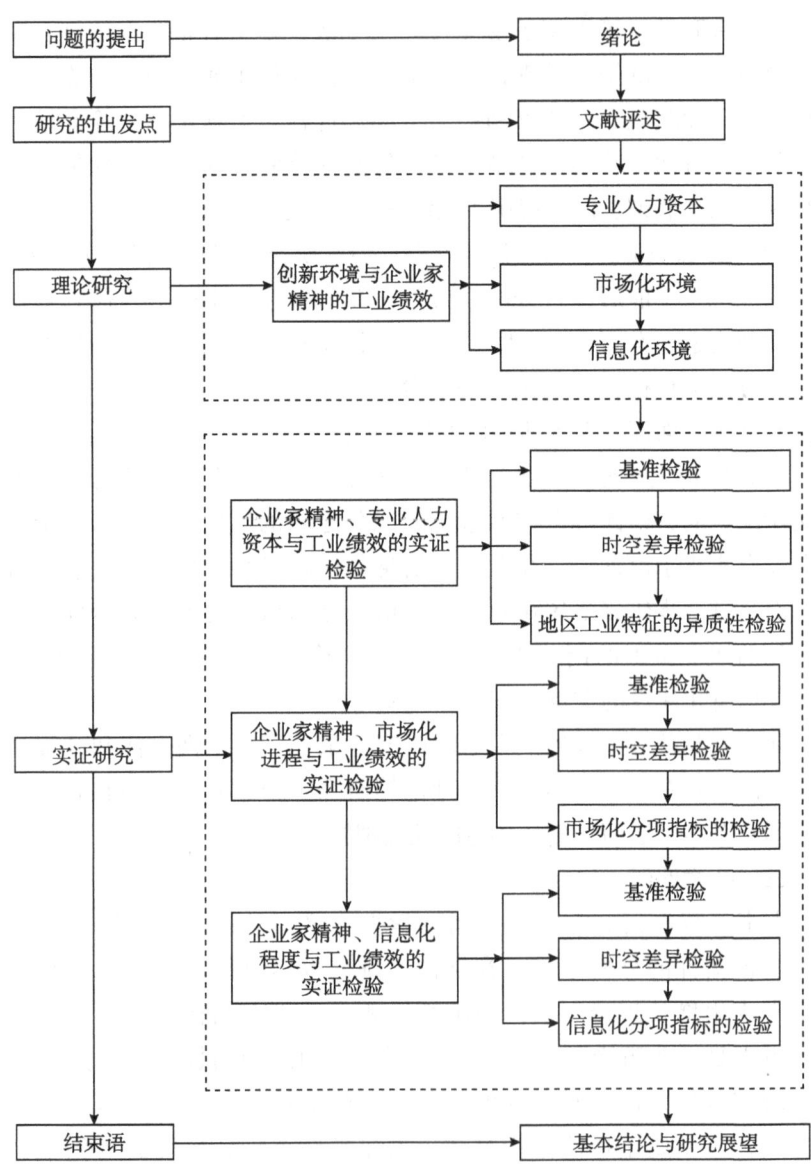

图 1-1　本书的技术路线

# 第二章 文献综述

## 第一节 增长理论中关于企业家精神的主要研究

### 一 早期关于企业家精神的研究

在早期研究中曾做出突出贡献的经济学家包括 Cantillon、Smith、Say、Ricardo、Marshall、Knight 等。Cantillon（1755）在自己的著作 *Essay on the Nature of Commerce in General* 中认为企业家是利用竞争市场进行套利，并在商业经营风险中主要承担个人金融风险的市场主体。Smith（1776）将资本家职能与管理者职能分离开来，强调资本家的利润不应包含"作为监督和指挥工人劳动的工资"，把企业家与"计划者"和"承担者"等同，这为英国古典经济学提供了研究范式。Say（1964）将利润分为两个相互独立的部分，使用资本所付的租金，即利息；使用资本的劳动所产生的利润，是对企业家从事冒险、监督和管理企业的报酬。

Ricardo（1817）将生产和资本投资的变化视为一种自动或自发的过程，因此难以寻觅到企业家精神的踪影。Marshall（1890）扩展了 Say（1803）的研究，将企业家才能列为与传统意义上的劳动、土地、资本并列的第四种生产要素，将均衡价格理论应用到每一种生产要素价格的决定上，提出"四位一体"的要素分配理论，即劳动获得工资、土地收取地租、资本产生利息、企业家才能拥有利润，利润是企业家风险承担、经营管理取得的收益——来自"工业组织"的收益。Knight（1921）聚焦企业家精神内涵，认为企业家应该具有敏锐的风险洞察力和应对不确定环境的能力。

在早期企业家精神创新理论研究中，Schumpeter（1912，1939，1942）的研究可以说是影响最大的。Schumpeter 的观点主要包括以下几点。

(1) 重新定义了创新的基本内涵。创新就是建立一种新的生产函数，即把一种从来没有过的关于生产要素和生产条件的"新组合"引入生产体系。这种新组合包括五种情况：①采用一种新产品或一种产品的新特征；②采用一种新的生产方法；③开辟一个新市场；④掠取或控制原材料或半制成品的一种新的供应来源；⑤实现任何一种工业的新的组织。因此，"创新"不是一个技术概念，而是一个经济概念。

(2) 全面阐明了企业家、发明家和资本家三者之间的内在逻辑联系。在创新过程中，企业家可能会利用发明家的发明成果或生产工具，配置资源，使用资本家提供的风险资本投入生产经营过程。可见，发明家为企业家提供技术基础，而资本家为企业家提供物质基础。

(3) 企业家是推动经济发展的主体。Schumpeter 认为是企业家的创新行为导致经济呈现周期波动。企业家的创新引起模仿，模仿打破垄断，刺激了大规模的投资，促进经济繁荣，当创新扩展到相当多的企业之后，盈利机会趋于消失，经济开始衰退，期待新的创新行为出现。整个经济将在繁荣、衰退、萧条和复苏四个阶段构成的周期性运动中前进。

(4) 创新的主导力量来自企业家精神。Schumpeter 指出，企业家与只想赚钱的普通商人或投机者不同，个人致富仅是部分目的，而最突出的动机来自"个人实现"的心理，即"企业家精神"。Schumpeter 认为"企业家精神"包括建立私人王国、对胜利的热情、创造的喜悦、坚强的意志。

(5) 创新成功的可能性取决于企业家的能力和素质。这些能力包括预测能力、说服能力和组织能力。企业家能够预测潜在的市场机会，善于说服人们，并动员和组织社会资源实现生产要素的新组合。

早期的正统经济学理论通常具有理性人、完全竞争市场等苛刻的假设，而且将生产或投资的变化视为自动或自发的过程。企业家作为异质性人力资本，是在发现和创造不均衡中体现作用和价值的（Héber 和 Link，2007）。无法精确量化的企业家不能作为一种生产要素被纳入经济学分析中，这企业家精神从理论文献中失去了踪影。

二　内生增长理论中关于企业家精神的研究

随着内生增长理论取得新进展，"欧洲悖论"的出现、中小企业崛起和企业家精神的复苏，企业家精神方面的研究重新引起了学者的兴趣。

基于熊彼特企业家精神创新理论的研究，Aghion 和 Howitt（1992）

在内生增长模型的基础上引入企业家创新活动增加研发投入进行研发竞赛，构建垂直创新模型来考察企业家的创新精神对经济增长的影响。Acemoglu 等（2012）则通过引入企业家的创业活动，即增加企业的数量，建立横向竞争创新模型以探讨企业家创业精神的的增长效应。

Schmitz（1989）较早将企业家精神引入内生增长理论，研究表明内生性的企业家活动是经济增长的关键决定因素，强调了企业家模仿的重要作用。Minniti 和 Lévesque（2010）认为企业家活动既可以采取模仿的形式，又可以从事研发活动的形式，在原始技术创新成本比较高的条件下，企业家从事模仿活动也足以支撑增长，可见，该文的研究因适用于类似发展阶段和特征的任何国家而具有普遍意义。Vandenbussche 等（2006）指出，当一个经济体离技术前沿较远时，技术模仿是全要素生产率增长的主要动力；随着该经济体的技术水平提高，逐渐接近技术前沿时，生产率的增长就必须越来越依赖自主创新。Braunerhjelm 和 Henrekson（2013）全面考察了当今富裕国家企业家活动的范围、特点和目标，认为在处于技术前沿的发达国家，以研发为基础的企业家创新活动推动了宏观层面的经济增长。

企业家精神与经济增长之间可能并不是单纯的线性关系，还可能存在着非线性关系。根据 Carree 等（2002）的研究，企业所有者和经济发展阶段之间存在着长期均衡关系，且为倒"U"形关系。沿着 Carree 等（2002）的研究，Stel 等（2014）进一步区分了自我雇用型企业家和雇主型企业家，检验发现前者的变化独立于经济发展水平，而后者的均衡水平与经济发展负相关。前者企业家相对于均衡的偏离会降低经济增长，而对于后者，这种"增长的惩罚"的机制并不存在。

企业家精神还能加速结构变革，促进经济增长方式转变。根据 Dias 和 McDermott（2006）的观点，企业家创办新企业，雇用符合门槛要求的人力资本，这会鼓励工人增加教育投资促进人力资本积累以转移到现代生产部门，从而加速结构变革。Gries 和 Naudé（2010）沿着刘易斯模型的研究思路，提出一个含有传统部门和现代部门的内生增长模型来阐述企业家在经济结构转型中的重要作用，该文区分了传统部门的生存型的企业家精神和现代部门的机会推动型企业家精神，机会推动型企业家精神在家庭之外创办新企业，吸收传统部门的剩余劳动力，在制造部门加强专业化分工，通过提高生产率和就业量来推动经济向现代部门过渡。

## 第二节 企业家精神与工业绩效之间关系的主要机理研究

### 一 资源配置效应

经济学界已经形成普遍共识，资源配置的合理化促进增长和技术进步，反之，资源的误配会损害经济增长，导致创新效率下降（Hsieh 和 Klenow，2009；Jovanovic，2014）。企业家实现"生产函数的重新组合"的过程就是进行资源配置的过程，因此，资源配置是企业家的基本职能。从企业家的创新程序上看，企业家在敏锐地感知到市场机会或技术机会后，创办新企业，引进高水平人才，招聘生产工人，购进原材料，引进新技术和新设备，建立完善的经营管理制度，组织生产，开拓新市场，实现新产品或新服务价值，这就是企业家进行资源配置的主要过程，因此，企业家的技术创新职能就寓于资源配置的过程之中（Noseleit，2013）。可见，资源配置及其优化过程都是在企业家主导下完成的，企业家是生产要素配置的决定性力量，这就是宏观层面上关于市场在资源配置中起决定性作用的观点在微观层面上的体现（焦斌龙和冯文荣，2007）。在现实中，各种资源既具稀缺性，又有一定的替代性，各类生产要素的使用与消耗都需要付出成本①，资源配置效果的优劣是企业家决策能力与创新能力高低的试金石（Bjørnskov 和 Foss，2013）。获取利润的内在动机和外在竞争压力促使企业家持续创新，不断以投入产出效率高的资源组合方式代替效率低的组合方式。企业家进行要素资源的再配置是企业家精神提高企业技术创新绩效的重要抓手（Lentz 和 Mortensen，2005）。

### 二 知识溢出效应

Romer（1990）设计的内生增长模型实现了技术进步的内生化，凸显了知识和人力资本在长期增长中的重要作用，但是该文将知识溢出视为自动发生的。对知识和人力资本的投资并不一定能够带来预期的增长，如"欧洲悖论"现象的出现。在新知识和经济增长之间还存在缺失的一

---

① 即使是自己拥有的生产要素，也是需要支付机会成本的，这被称为隐成本。

环——企业家精神,只有当新知识转化为经济上有用的知识才能产生经济增长,企业家精神被称为能将新知识转化为经济上有用的知识的重要机制(Audretsch 和 Keilbach,2008)。在通用知识和与经济相关的知识之间存在着一种过滤器,这种过滤器阻碍着通用知识向与经济有关的知识的转化,企业家通过创办新企业降低知识过滤器的这种阻碍作用,促进知识溢出(Braunerhjelm et al.,2010)。Acs 和 Sanders(2013)认为,存在着两条途径能够将知识转化为经济上有用的知识:第一条途径是企业雇用研发人员从事研发活动,体现为发明;第二条途径是企业家通过创立新企业,促进知识溢出,体现为创新。存在第二条路径,是企业开发的新知识并不能被其自身所全部利用,会溢出到现有知识存量中,从而对行业内的其他企业具有潜在的利用价值,加上知识具有非竞用性和部分的排他性,这为寻求市场不均衡和追求创新租金的企业家提供了潜在的机会,企业家通过创办新企业来开发利用没有被完全商业化的知识从而加快了知识的商业化进程(Audretsch,2007)。可见,企业家通过创办新企业,抓住技术机会,加速知识的商业化进程,促进知识溢出,能够提高创新绩效。

**三 组织变革效应**

各类生产要素要转化为现实中的生产力,就必须按照一定的比例组合和组织起来,需要企业家领导才能的发挥。企业家必须依靠自身的领导能力创立企业,建立规章制度及协同创新的企业文化和价值观(Amin,2018)。在不断变化的环境中,企业家主导的组织创新在增强竞争优势、提高组织绩效方面起着关键作用,令其竞争对手难以模仿(Ma et al.,2017)。组织创新被定义为组织开发新产品和新服务的倾向,并将这些新产品和新服务成功推向市场,转化为市场的有效需求(Calantone et al.,2002)。人力资本与其他生产要素之间(如 R&D 资本投入等)在企业的合理配置对创新绩效的提升效果依赖于企业家对企业组织的变革(Hamilton et al.,2003)。为了适应技术革命和市场需求的变化,企业家推动组织创新才能够生存发展(Ramadani et al.,2017)。特别是 21 世纪以来,随着标准化产品市场趋于饱和,消费需求日益多样化和个性化,加上信息技术的广泛应用,导致企业的科层式组织形态发生改变,去中心化、扁平化日益灵活的组织应运而生(Acemoglu et al.,2007)。可见,企业家主导的每一次变革都适应了市场形势和科学技术的发展动态,促进了隐性知识向通用性的显性知识转化，有助于识别创新机会，引入新产品和新技术，开发新市场，从而提高企业的创新绩效（Jakubik，2008）。

**四　人力资本积累效应**

人力资本是企业家创新成功的关键资源，人力资本积累不足会导致企业家创新缺乏骨干力量（Unger et al.，2011）。换句话说，企业应该成为各类高素质人才的荟萃之地。企业家通过选聘符合条件的各类人才，特别是创新人才，加快了人力资本的积累（Dias和McDermott，2006）。可见，企业家创新创业精神的发挥引领人力资本积累的模式和方向，为各类人才提供了用武之地。企业家在创新创业活动中一方面精心营造创新文化，健全创新激励机制，激发人全体员工的创造性；另一方面，在信息化转型的背景下，企业家扩大人力资本数量，提升人力资本质量，为企业的创新活动提供有力的人才支撑（Baumann和Kritikos，2016）。人力资本作为一种生产要素直接投入生产过程中，企业创新的骨干力量从事技术创新和技术模仿，还可以作为高技能人力资本，吸引其他生产要素，如FDI等促进企业创新。企业内受教育程度、技能水平、承担不同角色的人力资本之间产生的知识溢出效应会提高企业创新绩效（McGuirk et al.，2015）。人力资本之间产生的知识溢出效应依赖于企业家对各类人力资本拥有的知识进行融合式创造能力（Sandhawalia和Dalcher，2011）。各类专业技术人才也会向企业家提供合理化建议，有助于企业家进行组织创新，提高创新绩效（Collins，1997）。

**五　学习效应**

作为"经济增长的国王"，企业家应该具有多方面的能力，如评估市场潜力、组织协调能力、承担风险能力等，因此需要通过不断的学习获取这些能力。从纵向看，企业家的学习可以分为"短期"和"长期"。企业家的学习效应可以通过以下两种渠道来逐渐强化。（1）"短期"学习。这里的"短期"是指企业家创办经营一家企业的时间。企业家通过"短期"学习能够对消费者偏好和行业技术发展动态的把握更加准确，积累R&D投资、营销战略等方面的经验，从而提高投资和创新成功的概率（Zahra，2012）。（2）"长期"学习。这里的"长期"是指企业至少创办经营过两家企业的时间。企业家可以从自己过去开办企业的经历中吸取经验教训，学习到有用的经验技能，调整投资方向和领域，提高成功的可能性（Lafontaine和Shaw，2014）。根据Lafontaine和Shaw（2014）的研究，过去的创业经验会提高个体以后成为企业家的可能性，延长下次所创办企业的生存时间，企业家开办的新企业与以往开办企业的类型越接近，成功的可能性越高。从横向看，不同行业间、地区间甚至国内外企业之间的学习效应可以通过集聚、贸易和 FDI 等途径获得，也可以从其他企业家的创业经历中学到对自身有用的经验，所谓"它山之石可以攻玉"，还可以参加培训，学习创业知识技能，促进自身的人力资本的积累（Huggins 和 Thompson，2015）。企业家选择集聚的方式进行创业，技术水平相对落后的企业更容易学习到领先的生产技术、管理经验等，即获得知识溢出，从而提高自身的创新绩效（Guiso 和 Schivardi，2011）。

### 六 示范—竞争效应

对企业家精神的创新效应的机理分析还应该从动态的角度来考察企业家精神的示范—竞争效应。示范效应（Domensreation Effects）又被称为传染效应（Contagion Effects）。企业家成功的创业创新活动激发了经济中其他个体成为企业家的欲望，促进企业家阶层的形成，从而触发一个"企业家呼唤企业家"正反馈机制，进而不断增强企业家精神的创新效应，甚至会加速转变经济增长方式（张小蒂和姚瑶，2011；He et al.，2019）。当前中国经济新旧动能正在有序转换，营商环境明显改善，经济长期向好的发展态势不会改变，而且决策者普遍认识到企业家对经济增长的重要作用，因而会出台有利于营造企业家健康成长环境的政策措施，企业家对当前宏观经济形势持谨慎且乐观的态度，企业家的创新潜力强劲，创新投入意愿强烈，企业进入创新活跃期，示范效应进一步增强（中国企业家调查系统，2015、2016）。

企业家选择进入一个行业，一方面，增加了市场上产品和服务的多样化，促进市场发现，挖掘增长潜力，增进社会福利；另一方面，企业数量的上升加剧了市场竞争（Zhang et al.，2010），而竞争被称为市场经济的基本特征及其发展的重要动力。新企业为了市场上存活并进一步发展，会采用更先进的技术和发明成果，推出价格更低的产品和服务或者是具有很强替代性的新产品和新服务，在很大程度上改变原有市场竞争格局，导致现有的技术、产品和服务过时，威胁到在位企业的优势地位，稀释在位企业的创新租金；为了不被超越和淘汰，维持一定的垄断优势，增强竞争力，即使是技术力量领先的企业也要加大创新投入，继续获取创新租金（Bylykbashi et al., 2016）。

### 七 产业关联效应

产业关联（Industrial Linkage）是指产业间以各种投入品和产出品为连接纽带的技术经济联系（苏东水，2010）。产业关联效应是指上下游之间的企业家通过投入产出品的技术水平的变化所引发的一种溢出效应。上游厂商的技术突破会为下游企业提供新的资本品，在客观上会诱导下游厂商采用新技术新工艺，提高自身的技术水平，分享上游厂商的技术溢出。基于东欧转型经济体捷克企业层面的数据，Arnold 等（2011）检验了上游服务业的自由化与下游制造企业的生产率的关系，结果表明上游服务业的自由化提高了国内下游制造企业的创新绩效。Wang 和 Shin（2015）则关注上下游厂商之间签订的三类合同对下游厂商创新绩效的影响，只有收入分成合同能够促使下游厂商增加创新投资，批发价格合同、质量依赖的批发价格合同反而导致下游厂商创新投资的不足。

下游厂商也会影响上游厂商的创新活动。下游厂商通过向上游厂商提供技术规格、人员交流等途径帮助上游企业提升技术水平改善中间投入品的质量（Chu et al., 2019）。上游企业也需要增加 R&D 投资来设计定制化产品，增强产品的独特性，提高市场竞争力（Dou、Hope 和 Thomas, 2013）。Peters 和 Becker（1997）认为下游制造厂商会加剧上游供应商之间的竞争，缩短开发中间品的时间，激励上游供应商增加 R&D 投资，提高自身创新成功的概率，特别是战略性的组内知识溢出将会改善组内创新绩效。Bönte 和 Wiethaus（2007）认为供应商通常与更多的下游厂商维持商业往来，下游厂商的知识公开要承受使自己的竞争对手受益的风险，在一锤子买卖中，下游厂商不会向上游供应商公开技术知识；当双方具有重复交易关系时，下游厂商才会公开知识。

## 第三节 企业家精神与工业绩效之间关系的主要经验研究

有关企业家精神与工业绩效的经验研究主要可以划分为企业家精神与产出、企业家精神与就业、企业家精神与出口、企业家精神与生产率增长四个方面，本书从这些方面进行回顾。

## 一 企业家精神与产出

### （一）正相关

企业家精神水平的提高促进了产出的增长获得了大量的经验研究的支持。Carree 和 Thurik（2008）采用 1972—2002 年 21 个 OECD 国家的数据检验了企业家精神与经济增长之间的关系，采用企业所有者人数度量企业家精神，发现企业家精神的发展对经济增长的作用具有滞后效应，第一阶段为正作用，第二阶段为负作用，最后又转为正，且净作用为正。以往的研究大多关注企业家精神对大都市地区经济增长的促进作用，似乎意味着企业家精神对偏远农村地区的经济增长的积极影响较弱。Stephens 和 Partridge（2011）基于阿巴拉契亚地区 420 个县 1990—2006 的面板数据的回归结果发现，企业家精神的发展与偏远农村地区的收入增长正相关。Cumming 等（2014）采用来自世界银行的 2004—2011 年 125 个国家的数据，在综合考虑了企业家精神对产出的直接效应和中介效应后，发现企业家精神上升一个标准差，单位资本 GDP 提高 38.44 个百分点。Liargovas 和 Repousis（2015）基于希腊 2000—2009 年 51 个地区的面板数据的经验分析的结果表明，企业精神对经济增长的促进效果比知识资本更大。得出类似结论的经验研究还有 Aparicio 等（2016）、Bosma 等（2018）、Nurmalia 等（2020）等。

### （二）负相关/不相关

也有少数的经验研究发现企业家精神水平的提高与产出之间具有负相关或不相关的关系。Blanchflower（2000）采用 1966—1996 年 23 个 OECD 国家的跨国面板数据，并没有发现两者存在相关关系的证据。Cumming 等（2014）采用 24 个 OECD 国家 2004—2007 年的面板数据，发现企业家精神与单位资本 GDP 之间具有负向关系，但不显著。

### （三）"U"形关系

一些研究还考察了企业家精神对产出的非线性影响机制。Audretsch（2015）使用欧洲 127 个城市 1994—2007 的面板数据，以新企业注册比率量化企业家精神水平，研究发现，企业家精神对不同规模城市的经济增长都具有显著的直接效应，但是，企业家精神只对大城市的经济增长具有间接的正效应，并且两者之间存在着"U"形关系。

表 2-1　有关企业家精神与产出的主要经验研究（国外部分）

| 作者（出版年） | 样本层面 | 时间跨度（年） | 测度指标 | 结论 |
| --- | --- | --- | --- | --- |
| Carree 和 Thurik（2008） | 21 个 OECD 国家 | 1972—2002 | 企业所有者数量//GDP | 正相关 |
| Stephens 和 Partridge（2011） | 美国 Appalachian 地区 420 个县 | 1990—2006 | 自我雇用率//单位资本收入 | 正相关 |
| Cumming 等（2014）[①] | 125 个国家 | 2004—2011 | 每千人新注册有限责任公司数//单位资本 GDP | 正相关 |
| Cumming 等（2014） | 24 个国家 | 2004—2007 | 新成立企业比率//单位资本 GDP | 负，不显著 |
| Liargovas 和 Repousis（2015） | 希腊 51 个地区 | 2000—2009 | 每千人拥有的创业企业数量//GDP | 正相关 |
| Aparicio 等（2016） | 43 个国家 | 2004—2012 | 机会型 TEA[②]//GDP 增长率 | 正相关 |
| Bosma 等（2018） | 欧盟 25 个国家 | 2003—2014 | TEA//单位资本 GDP | 正相关 |
| Nurmalia 等（2020） | 印尼 33 个省 | 2008—2013 | 自我雇用率和企业所有权比率//单位资本 GDP | 正相关 |
| Blanchflower（2000） | 23 个 OECD 国家 | 1966—1996 | 自我雇用率//实际 GDP 增长率 | 不相关 |
| Audretsch 等（2015） | 127 个欧洲城市 | 1994—2009 | 新注册企业比率//单位资本 GDP | 直接效应为正，间接效应为"U"形关系 |

## 二　企业家精神与就业

（一）正相关

绝大部分的经验研究证实了企业家精神水平提高能够促进就业的结论。Blanchflower（2000）基于 1966—1996 年 23 个 OECD 国家的数据，采用自我雇用率度量企业家精神的研究表明，企业家精神的发展降低了失业率。得到类似结论的还有 Stephens 和 Partridge（2011）、Bunten（2015）等。

不少研究还对企业家精神的创造就业效应进行了量化。Malchow-Møller 等（2011）使用丹麦 1994—2003 年新成立企业的面板数据得出新成立企业可以解释就业净增量的约 30%，创业企业可以解释 25%，企业家精神的成长可以解释丹麦就业净增加总数的 8%，但是新成立的企业在

---

[①] Cumming 等（2014）分别使用来自世界银行和 OECD 的两套数据得出不同的结论。

[②] TEA 是总体创业活动（Total Entrepreneurial Activity）的缩写，数据来源于全球创业观察（Global Entrepreneurship Monitor，GEM），是衡量企业家精神水平的常用指标。

进入后的几年比创业企业的就业创造效应更大。Noseleit（2013）采用德国 1983—2002 年 19 个加总行业的面板数据，考察了企业家精神的发展对就业的影响，结果表明，新企业形成率的提高促进了就业增长，系数估计值在 0.17—0.19。Stephens（2013）则关注美国落后的阿巴拉契亚地区企业家精神成长的状况，使用该地区 420 个县 1990—2007 年的面板数据检验了自我雇用率（企业家精神）对就业的影响，结果表明，1990 年自我雇用率上升一个百分点，将会使 1990—2007 年的就业增长累计上升 12 个百分点。Cumming 等（2014）采用 2004—2011 年 125 个国家的数据，在综合考虑了企业家精神对产出的直接效应和中介效应后，发现企业家精神上升一个标准差，失业率下降 20.02 个百分点。

（二）负相关/不相关

少数研究表明企业家精神的成长并一定有利于就业的增加。Cumming 等（2014）采用 24 个 OECD 国家 2004—2007 年的面板数据，发现企业家精神与失业率之间存在着负向关系，但是不显著。Conroy 和 Weiler（2016）使用美国 2000—2007 年县级面板数据的研究发现，较高的男性企业家拥有的企业密度和女性企业家拥有的企业密度（在较小程度上）都对未来就业增长具有显著的抑制作用。

表 2-2　有关企业家精神与就业的主要经验研究（国外部分）

| 作者（出版年） | 样本层面 | 时间跨度（年） | 测度指标 | 结论 |
| --- | --- | --- | --- | --- |
| Blanchflower（2000） | 23 个 OECD 国家 | 1966—1996 | 自我雇用率//失业率 | 负相关 |
| Stephens 和 Partridge（2011） | 美国 Appalachian 420 个县 | 1990—2006 | 自我雇用率//非农场就业比例 | 正相关 |
| Bunten 等（2015） | 美国 356 个都市统计区 | 2000—2007 | 每千雇员中企业进入和退出数量//就业增长率 | 正相关 |
| Malchow-Møller 等（2011） | 丹麦新成立企业 | 1994—2003 | 自我雇用率//就业人数 | 正相关 |
| Noseleit（2013） | 德国 19 个加总行业 | 1983—2002 | 新企业形成率//就业增长率 | 正相关 |
| Stephens 等（2013） | 美国 Appalachian 地区 420 个县 | 1990—2007 | 自我雇用率//就业增长率 | 正相关 |
| Cumming 等（2014） | 125 个国家 | 2004—2011 | 每千人新有限责任公司数//失业率 | 负相关 |

续表

| 作者（出版年） | 样本层面 | 时间跨度（年） | 测度指标 | 结论 |
|---|---|---|---|---|
| Cumming 等（2014） | 24个国家 | 2004—2007 | 新成立企业比率//失业率 | 负相关，不显著 |
| Conroy 和 Weiler（2016） | 美国10000人口以上城市核心区的县 | 2000—2007 | 企业所有权比率//就业增长 | 负相关，也与雇佣者类型有关 |

### 三 企业家精神与出口

（一）正相关

绝大部分研究认为企业家精神的成长对企业出口具有正向影响。Mostafa 等（2006）使用英国中小企业的数据，将具有创业导向的所有者（管理者）视为企业家精神的载体，结果表明，企业家借助于电子商务平台，能够增加出口销售额，提升出口绩效。Lederman 等（2011）使用哥斯达黎加1997—2007年出口企业的数据的研究显示，进入和退出出口市场的企业的出口额往往低于在位企业，但是在长期新产品企业的出口额几乎占到2007年出口总额的60%，幸存的新出口企业积极采用新产品，结果这些出口企业在1999—2005年的出口增长率非常高。Cumming 等（2014）采用来自世界银行的2004—2011年125个国家的数据，结果表明企业家精神上升一个标准差，出口额提高了5.33个百分点。李小平和李小克（2017）的实证结果发现，企业家精神的成长显著增强了地区出口比较优势，企业家创业精神对地区出口比较优势具有非线性影响，企业家创新精神对地区出口比较优势的增强具有单调递增的影响。

企业家精神的出口增长效应的影响还受到企业家自身的个体经验和性格倾向的影响。Debrulle 和 Maes（2015）的研究发现，企业家管理经验和创业经验的积累有利于扩大专业网络，企业家的专业网络提高了出口密度。Ganotakis 和 Love（2012）、Robson 等（2012）也分别证实了企业家管理经验与创业经验的积累能够提高出口密度。Otaghsara 和 Hosseini（2017）考察了企业家的前瞻性、创新性和竞争性三个创业导向对出口绩效的影响，发现企业家的前瞻性、创新性创业导向的标准系数均大于0.3，且在5%的水平上显著，而企业家的竞争性创业导向的标准化系数尽管为正，但不显著。Giotopoulos 和 Vettas（2018）考察了经济危机阶段企业家的个体特征对出口的影响，发现在经济危机开始时，害怕失败和生存动机对企业家的出口活动似乎非常重要，随着经济危机的深化，企业家的受教育程度在扩大出口决策中发挥着关键作用。

（二）负相关/不相关

尽管企业家精神水平的提高与就业具有负相关关系或不具有相关关系不符合经济学直觉，但是这种关系也得到了极少数经验研究的证实。比如 Cumming 等（2014）采用 24 个 OECD 国家 2004—2007 年的面板数据，发现企业家精神的成长能够增加出口，但是不显著。

表 2-3　有关企业家精神与出口的主要经验研究（国外部分）

| 作者（出版年） | 样本层面 | 时间跨度（年） | 测度指标 | 结论 |
| --- | --- | --- | --- | --- |
| Mostafa 等（2006） | 英国中小企业 | — | 创业导向的所有者或管理者/出口绩效 | 正相关 |
| Lederman 等（2011） | 哥斯达黎加出口企业 | 1997—2007 | 进入出口市场的企业数量变化/出口额 | 正相关 |
| Cumming 等（2014） | 125 个国家 | 2004—2011 | 每千人新有限责任公司数/出口/GDP | 正相关 |
| Debrulle 和 Maes（2015） | 比利时调查企业 | 2003—2009 | 开办企业者//出口密度 | 正相关 |
| Ganotakis 和 Love（2012） | 英国 4000 家高技术企业 | — | 创业者及其团队//出口倾向及密度 | 正相关 |
| Robson 等（2012） | 加纳企业调查数据 | — | 432 位创业者//出口倾向及密度 | 正相关 |
| Cumming 等（2014） | 24 个国家 | 2004—2007 | 新成立企业比率/出口/GDP | 正，不显著 |
| Otaghsara 和 Hosseini（2017） | 伊朗马赞德兰省 87 家出口企业 | 2014—2015 | 创业导向//出口额 | 正相关 |
| Ciotopoulos 和 Vettas（2018） | 希腊 912 家创业企业 | 2008—2014 | 创业者//出口密度 | 与创业者的个体特征和阶段有关 |

注："//" 表示间隔，"/" 表示除号。

## 四　企业家精神与生产率增长

（一）正相关

大部分研究肯定了企业家精神对生产率增长的积极作用。Callejón 和 Segarra（1999）使用西班牙 1980—1992 年制造企业的面板数据考察了企业家精神的变化对产业和地区的 TFP 增长的影响，发现新企业的进入和退出率对地区、产业的 TFP 增长均具有显著的贡献。得出类似结论的文献有 Aghion 等（2004）、Audretsch 和 Keilbach（2004）、Aghion 和 Bessonova（2006）、Jeong 和 Townsend（2007）、Erken 等（2018）。

不少研究还对企业家精神的生产率提升效应进行了量化。Jeong 和 Townsend（2007）通过构建 DSGE 模型估计了泰国 1976—1996 年转换对 TFP 增长的影响，结果发现企业家数量的增多与金融深化一起解释了 TFP 增长的 73%。Audretsch 等（2008）的研究表明，企业家精神对生产率水平的直接效应为 0.07，企业家的创新努力对生产率水平的总效应为 0.30。Block 和 Wagner（2010）研究发现，机会型企业家的劳动生产率要比生存型企业家高 15.7%。Alon 等（2018）使用美国 1996—2012 年的非农企业数据的研究表明，新企业进入率不足及其伴随的在位企业的老化导致了产业总体生产率增长从 1980—2014 年累计下降 3.1%。

也有研究考虑了企业家的性别、类型、制度环境及企业区位对企业家精神的生产率提升效应的影响。Verheul 等（2009）使用荷兰 1994 年 1158 个样本考察企业家的性别对劳动生产率水平的影响，结果显示，女性企业家的生产率水平低于男性。Lafuente 等（2019）的研究表明熊彼特式企业家精神通过技术进步将生产函数向上平移，从而促进 TFP 增长，而柯兹纳式企业家精神却没有起到这种作用。Bjørnskov 和 Foss（2013）的研究结论不仅表明，企业家精神的发展对 TFP 增长具有显著的积极影响，还证实制度变量对企业家精神的提升效果起着正向调节作用。Bosma 等（2011）以荷兰 40 个地区的制造业和服务业为研究对象，以企业的进入和退出代表企业家精神的变动，结果表明企业家精神只对服务业 TFP 的上升具有显著的影响。Fritsch 和 Changoluisa（2017）使用新企业形成率度量企业家精神的研究表明，在产出市场和区域投入市场，新企业的成立通过增强竞争来改善在位制造企业的劳动生产率。Lööf 和 Nabavi（2014）将新成立企业按照成立背景划分为全新企业（Genuinely New Entrants，GNEs）和在位企业衍生企业（Spinoffs from Incumbent Firms，Spinoffs），结果表明，制造业领域位于大都市的 Spinoffs 比所有 GNEs 具有显著更高的增加值；在服务业领域内，与 GNEs 相比，Spinoffs 的平均增加值明显较高。

（二）负相关/不相关

少数学者发现了企业家精神的成长与生产率增长存在着负相关或不相关关系。Aghion 和 Bessonova（2006）使用俄罗斯 1996—2002 年 15000

家大型制造企业的面板数据的经验研究发现，外资企业的进入显著抑制了在位企业 TFP 的上升。Anokhin 和 Wincent（2012）的研究结果表明，企业家精神对 TFP 增长的影响还受到经济发展阶段的调节作用，企业家精神在早期发展阶段，抑制了 TFP 增长，而在发达国家则转为正向影响，但总体来说企业家精神与 TFP 增长存在着微弱的负相关关系。

基于 1972—2002 年 21 个 OECD 国家的跨国面板数据，Carree 和 Thurik（2008）发现企业家精神的发展对劳动生产率没有影响。得出类似结论的研究还有 Fritsch 和 Changoluisa（2017）、Osotimehin（2019）。

（三）"U" 形关系

也有研究发现了企业家精神与生产率增长之间存在着 "U" 形关系。Wang（2019）使用中国 2004—2013 年微观企业面板数据检验了企业家精神对 TFP 增长的影响，结果发现企业家精神与生产率之间具有显著的 "U" 形关系。得出类似研究结论的还有徐远华（2019）等。

表 2-4　有关企业家精神与生产率的主要经验研究（国外部分）

| 作者（出版年） | 样本层面 | 时间跨度（年） | 测度指标 | 结论 |
| --- | --- | --- | --- | --- |
| Callejón 和 Segarra（1999） | 西班牙制造企业 | 1980—1992 | 企业的进入和退出率//TFP | 正相关 |
| Aghion 等（2004） | 英国 32339 家企业 | 1980—1993 | 外资企业的进入/国内企业的 TFP | 正相关 |
| Audretsch 和 Keilbach（2004） | 西德 327 个地区 | 1989—1992 | 新企业数占人口比重//LP | 正相关 |
| Aghion 和 Bessonova（2006） | 英国制造业 | 1987—1993 | 外企进入率//TFP | 正相关 |
| Jeong 和 Townsend（2007） | 泰国代表住户调查数据 | 1976—1996 | 自我雇用和雇主人数//TFP | 正相关 |
| Erken 等（2018） | 20 个 OECD 国家 | 1969—2010 | 企业所有权比率//TFP | 正相关 |
| Audretsch 等（2008） | 西德 310 个县 | 2000 | 企业家密度//LP 和 CP | 正相关 |
| Block 和 Wagner（2010） | 德国住户调查数据 | 1984—2004 | 创业人数//LP | 机会型企业家比生存型高 15.7% |
| Alon 等（2018） | 美国全部非农企业部门 | 1996—2012 | 新企业进入率//LP | 正相关 |
| Verheul 等（2009） | 荷兰 1158 个企业家 | 1994 | 企业家人数//LP | 男性企业家高于女性 |

续表

| 作者（出版年） | 样本层面 | 时间跨度（年） | 测度指标 | 结论 |
|---|---|---|---|---|
| Lafuente 等（2019） | 45 个国家 | 2002—2013 | GEI//TFP | 正相关 |
| Bjørnskov 和 Foss（2013） | 25 个国家 | 1980—2005 | 自我雇用率//TFP | 正相关 |
| Bosma 等（2011） | 荷兰 40 个地区的制造业、服务业 | 1988—2002 | 企业变动率//TFP | 服务业正相关；制造业正，不显著 |
| Fritsch 和 Changoluisa（2017） | 西德 71 个计划区域 | 1993—2011 | 新企业形成率//LP | 对在位企业正相关 |
| Lööf 和 Nabavi（2014） | 瑞典 23000 多家新企业 | 2000—2008 | 新成立企业//增加值及其增长率 | 与新企背景及选址有关 |
| Aghion 和 Bessonova（2006）① | 俄罗斯制造业 | 1996—2002 | 外企进入率//TFP | 负相关 |
| Anokhin 和 Wincent（2012） | 35 个国家 | 1996—2002 | TEA//TFP | 与经济发展阶段有关，但总体为微弱的负相关 |
| Carree 和 Thurik（2008） | 21 个 OECD 国家 | 1972—2002 | 企业所有者人数//LP | 不相关 |
| Fritsch 和 Changoluisa（2017） | 西德 71 个计划区域 | 1993—2011 | 新企业形成率//LP | 对上游企业和创新产业不相关 |
| Osotimehin（2019） | 法国制造业和服务业 | 1989—2007 | 企业的进入、退出//TFP | 不相关 |
| Wang（2019） | CGSS | 2004—2013 | 新成立私营企业数量、就业人数及其比率//TFP | "U" 形关系 |

注：LP 代表劳动生产率，CP 代表资本生产率，CGSS 代表中国综合社会调查数据（Chinese General Social Survey）。

## 第四节 企业家精神与工业绩效关系的主要影响因素的研究

经过回顾和归纳，本书认为影响企业家精神及其工业绩效的主要因

---

① Aghion 和 Bessonova（2006）在同一篇论文中使用不同的数据得出了不同的结果。

素包括企业家自身技能、高技能人力资本、制度环境、技术环境（信息技术）、互补性资本、融资约束、外商直接投资等。

### 一 企业家自身的技能

作为新企业的创建者，企业家需要完成重大的任务和责任，如企业家必须能够在合理的成本约束条件下获取资金、雇用工人等，因此企业家自身必须具备一定的技能。作为企业家的个体应该成为一位通才，而为别人工作的个体应该是一名专家，这意味着，不同的职业目标需要不用的人力资本积累和投资模式（Lazear，2004）。Murphy 等（1991）强调，只有最有才干的人才能成为企业家，才能对资源配置和技术进步产生显著的影响进而提高生产率。Plehn-Dujowich（2009）将信息不对称导致的逆向选择纳入熊彼特内生增长模型后发现，企业家技能水平的提高能够引致更高的投资，企业家技能的分散会损害增长，如果不存在逆向选择问题，增长率将提高一倍。Liang 等（2014）不仅论证了企业家才能对于企业家精神成长的重要性，还认为企业家才能依赖于年轻优势和商业头脑两个因素，前者随年龄增长而下降，后者随经验积累而提升。

### 二 高技能人力资本

企业家创新活动的开展还受到高技能人力资本的支持。Michelacci（2003）发展了一个内生增长模型，理论分析表明，创新活动既需要提供发明技术成果的研究人员，又需要使用这些发明技术成果的企业家，当企业家从 R&D 活动获得的租金减少时，企业家创新活动水平会随之降低。在租金共享和跨期溢出的情形下，研发方面努力的增加会挤出创业技能，从而会损害增长。Michelacci（2003）还指出，创新是一个复杂的过程，单一个体不能同时拥有科学知识和创业技能，因此需要专业技术人员和企业家等各类人员的共同努力。进一步地，租金的分配不仅影响人们资源配置的方向如接受教育还是积累工作经验，而且影响人们的职业选择。人力资本对创业活动的重要性还表现在人力资本的积累可以增强一个企业对于新技术、新知识的吸收能力，有助于企业家发现和把握技术机会，从而放大企业家的知识溢出效应（Qian et al.，2013）。

### 三 制度环境

制度环境的演进通过重塑经济中个体经济行为所获得的社会报酬结构来决定企业家活动的配置，因此，一个经济体中企业家的创新增长效应的高低还受到特定的制度环境的影响（Urbano et al.，2019b）。

Baumol（1990）认为"游戏规则"（制度环境）在企业家选择从事生产性活动还是非生产性活动的相对报酬的决定过程中扮演着重要角色，从而影响一个经济体的生产率增长，并且公共政策影响企业家活动方向的效果要大于影响企业家供给量的效果。Bajona 和 Locay（2009）提出了含有企业家精神的内生增长模型来解释中央计划经济体和市场经济体之间的长期增长绩效的差异。长期产出和生产率增长决定于管理知识存量，而后者依赖于从事创业活动的人口比例及其花费在创业活动的时间。模型显示中央计划经济体的制度特征降低了创业人口的比例及其管理努力，进而降低了生产率增长。Acs 和 Sanders（2012）进一步区分了发明者和创新者，认为发明者从事知识创造，创新者如企业家负责知识的商业化，考察了知识产权保护强度与经济增长之间的关系。理论分析显示，知识产权保护和经济增长存在倒"U"形关系。

不少学者从经验层面探讨了制度环境对企业家精神及其创新效应的影响。陈刚（2015）认为政府对市场的管制过度会扭曲市场机制，提高创业成本，从而抑制潜在的企业家精神的成长，政府管制指数每提高一个标准差会导致个体的创业概率下降 1.68 个百分点。Angulo-Guerrero 等（2017）检验了经济自由度对机会型和生存型企业家精神的影响，结果发现，经济自由化鼓励前者的成长，抑制了后者的成长，并且前者能从法律等的完善中获益，国际贸易自由化会损害后者的成长。

### 四　技术环境

进入 21 世纪以来，以人工智能等为代表的信息化迅猛发展，加上信息化资本具有技术密集、高渗透率和外部性强的特征，正在很大程度上重塑工业企业发展的路径和企业家决策的环境，从而影响工业绩效（Jorgenson et al.，2007）。第一，ICT 的广泛应用有利于企业家精神的产生及发展。通信技术的发展大幅度降低了通信产品的成本，拓宽了信息传递渠道，提高了信息传递的速度和效率，降低了交易成本，同时也催生了一大批新型企业组织（Hanoteau 和 Rosa，2019）。第二，ICT 的广泛应用为企业家精神的进一步发挥及创新能力的提高创造了便利条件和良好环境。Tiarawut（2013）认为增加通信等信息技术领域的投资可以提高企业家的收益，因为像因特网、移动手机等的价格更为低廉，为地理上分散的企业家个体等之间的信息交流节约了时间，提供了方便，降低了交易成本。ICT 的应用降低了信息资源的获取难度，有利于企业家增强识别市场机会、开拓市场空间的能力，从而提高决策效率（Chen et al.，2015）。ICT 的应用方便知识信息等在企业、行业的流动性，增强知识的融合式创造能力，放大企业家精神的工业绩效（Simsek et al.，2009；Tiarawut，2013）。Edquist 和 Henrekson（2017）揭示出信息技术影响企业家提高工业绩效的两条机制：ICT 的使用促使企业家变革企业的自身结构，提高组织创新绩效；ICT 产品的研发需要企业家加大 R&D 投资力度。此外，信息基础设施的完善有利于企业家与高等院校等建立研发平台以发挥协同创新效应（孙早和徐远华，2018）。

**五　互补性资本**

互补性资本也是影响企业家精神的职能配置，进而影响企业家对工业绩效提升的效果。Nasution（2011）的研究证实企业家精神和人力资本之间的互动作用是促进创新活动和提升顾客价值的重要力量。Lehmann 等（2012）将不完全契约和产权法分析框架置于所有权变化匹配背景下，来考察高技术创业公司兼并成功的可能性，被兼并公司的所有者—管理者即使将技术转让给兼并企业，但是被兼并公司中的人力资本这样的无形资产对兼并后企业的业绩增长仍然具有重要作用，不能被低估，否则会导致惨淡的业绩。Acosta 等（2015）的研究证实企业家不仅通过 R&D 活动促进生产率增长，也通过提高投资密度提升生产率水平。Colombo 和 Dawid（2016）分析了互补性资产对于企业的创建和 R&D 投资的影响，互补性资产具有直接效应和策略性效应，前者指互补性资产的可获得性提高便利了企业的创建，增加了企业创建者的利润，后者指互补性资产可获得性的提高弱化了在位企业的 R&D 投资激励，因为新企业的创建增加了知识损失的风险。

**六　融资约束**

企业家从事创新活动需要持续的巨额资金投入，这就需要金融体系的完善，而金融体系不完善导致的融资约束常常会制约企业家的创新活动。King 和 Levine（1993）认为，金融体系通过区分创新活动面临的风险以评估最有前景的企业家，将储蓄流向有前景的生产率提升活动中，因此，企业家开展创新活动离不开完善的金融体系的支持，相反，金融部门扭曲将会导致企业家的创新活动缺乏资金支持而终止，从而降低创新绩效。Kerr 和 Nanda（2009）认为融资约束是潜在创业者开办企业和促进企业成长的一个最大障碍。Naudé 等（2017）的研究认为，移民比当地人在获取信贷方面面临着更严重的困难，降低了成为企业家的机会，成为工薪阶层。Czarnitzki 和 Hottenrott（2011）的研究表明，受到融资约束的企业家可能会在次优水平上开展 R&D 活动，放弃某些项目或者不从事 R&D 活动，并进一步指出，融资约束对企业家开展的物质资本投资和 R&D 投资的影响均在差异，内源融资的可获得性对 R&D 投资更具决定意义，小企业比大企业在 R&D 投资面临着更严峻的融资约束。Vegetti 和 Adăscăliței（2017）基于 25 个欧盟国家 2006—2012 的面板数据的多层 Logit 模型的回归结果显示，在中小企业融资比较困难的国家，经济危机后企业家活动减少幅度更大。

由于中国信贷市场和金融体系的不完善，资金稀缺和融资途径的单一性导致成立不久的中小企业面临着融资困难、融资成本高的困境，这会抑制企业家的创新活动，当企业遭遇信贷寻租时，融资约束和流动性困难对企业家的创新活动的负面影响更大（张璇等，2017）。

**七　外商直接投资**

企业国际化程度的提升引起了学者对 FDI 影响企业家精神创新效应的关注。根据 Javorcik（2004）的观点，外商投资企业为东道国提供新产品和新服务，有利于本土企业家寻找新的市场机会，因此 FDI 对本土企业具有水平效应。Albulescu 和 Tămășilă（2014）认为新企业通过承接外资企业的外包业务等形式与外企合作，从而 FDI 对本土企业家活动具有垂直效应。Pitelis 和 Teece（2010）认为由于国内新企业能从外资企业满足国内客户的失败中认识到客户所具有的文化特征，生产具有吸引力的替代品满足国内客户，因此 FDI 的流入对本土企业具有示范效应。Fu（2012）认为就职于外企的管理人员和工人转到本地企业工作促进了技术和管理知识的扩散，因而能够促进本土企业家创新能力提升。

可是，FDI 对企业家精神的成长也具有负面影响。Ayyagari 和 Kosová（2010）的研究表明，在转型经济体，尽管服务业能从 FDI 涌入中获得溢出效应，但是制造业企业却没有获得相应的技术溢出效应，这是因为，制造业领域的外资企业常常比本土企业拥有更高的技术水平，而且能更好利用规模经济优势，因此通过抬高技术门槛对本土制造业企业产生挤出效应，从而产生负向溢出效应。Akpor-Robaro（2012）认为全球化对企业家精神的发展具有正面和负面的双重影响，并且后者大于前者。

文献中 FDI 对企业家创新绩效的影响产生不一致的结果的原因可能

在于缺乏对企业家精神产生动机的进一步研究。Albulescu 和 Tămăşilă（2014）按照企业家产生的动机将企业家划分为机会型和生存型企业家后发现，内向 FDI 促进了机会型企业家精神的成长，而外向 FDI 对生存型企业家具有正面影响。

## 第五节　总体评价与研究的切入点

通过研读和归纳国内外相关文献发现，国内外学者对企业家精神的增长与创新效应已经进行了全面、细致的研究。可是，这些研究至少还存在以下几个方面的问题。

第一，目前企业家精神创新理论领域的大部分研究并未在科学系统的理论框架内研究企业家精神与工业绩效的关系。以往文献考察了企业家精神与产出增长、就业创造、国际贸易和生产率水平之间的关系，绝大部分文献几乎都得到了企业家精神促进产出增长，有助于就业增长，扩大国际贸易，改善生产率水平等类似的结论，这表明企业家精神与增长之间具有正向关系，也启发我们应该将企业家精神创新理论的研究引向深入。最近的研究考察了企业家精神发挥的环境或条件，但是对企业家创新创业活动作用于工业绩效所依赖的创新环境缺乏系统的规范研究，更没有构建起科学且完整的理论框架。

第二，鲜有文献在内生增长理论框架下探讨企业家精神影响工业绩效的传导机制，更鲜见文献将创新环境纳入内生增长理论框架考察创新环境的变迁对企业家创新创业工业绩效的调节机理。不少研究没有通过深入的理论分析而仅仅通过简单的实证分析就武断地研判变量之间的因果关系，这未免有失严谨。一些研究尽管通过严格的理论推演论证了变量之间的因果关系，可是往往将国外的企业家精神创新理论硬套到中国的情形，事实上那些理论研究是以西方较高的人力资本积累水平、成熟的市场经济制度、发达的信息化社会为前提的，而对于人力资本水平相对较低、正处于市场化转型、正在步入信息化社会的中国来说，国外的企业家精神创新理论可能并不适用。目前的中国人力资本水平在不断提升，市场化改革尚未完成，信息化发展方兴未艾，因此，本书认为应该从专业人力资本水平上升、市场化改革和信息化建设等三个层面考察创新环境的演变对企业家精神创新绩效的调节机理。

第三，现有文献对企业家精神水平的指标选取不尽科学合理，难以准确衡量企业家精神的发展水平。虽然熊彼特指出企业家精神的基本内涵，但是企业家精神的指标设计存在着相当的难度。鉴于企业家精神内涵的高度抽象化及外延的广泛性，经济学家往往通过外在的企业家活动特别是企业家的创业活动来间接量化企业家精神的发展水平，如自我雇佣比率、从业人员人均企业单位数、TEA（Total Entrepreneurial Activity，总体创业活动）、企业所有权比率、新增企业数量、企业所有权比率、企业进入率和退出率等来间接衡量企业家精神发展水平。这些指标的共同特征是侧重于企业家精神所形成的数量效应，虽然可以捕捉到企业家精神的直接效应，可是对中国来说，仅仅采用企业数量来衡量可能会导致企业家精神的有偏性，如市场准入制度或登记制度的改变造成的企业数量的变化并非意味着企业家精神水平发生了相应变化。另一方面，这些衡量方法无法有效识别企业家创新创业的结果，从而可能会将一些无效甚至多余的部分纳入进来，进而导致对企业家精神发展水平的高估。因此，本书认为对企业家精神的量化不能止步于关注企业家创新创业所形成的数量效应，还有必要其所引致的经济社会效应，而后者却是企业家是否成功的重要标准。

第四，鲜有研究为营造企业家精神的创新环境提出具有针对性和操作性的政策支撑体系。不少研究表明市场化进程的加快有利于企业家精神的成长，因而提出推进市场化改革的建议，这似乎是常识，而对如何推进市场化改革没有进一步深入地探讨。尽管市场化改革不能一蹴而就，但是在特定的时期推进市场化改革应该具有一定的优先次序。对于信息化建设也存在着类似的不足，许多研究的思路是，信息化程度的提高能够促进企业创新，进而提出加快信息化建设的对策，但是在特定的时期找到信息化建设的重要着力点才能加快信息化发展。本书在对市场化改革与信息化建设分项指标影响企业家精神的知识溢出效应机理进行经验检验的基础上，分别提出了有关在新时代进行新一轮推进市场化改革与信息化建设的重点和方向方面的政策建议。

基于以上考虑，本书借鉴哈佛学派提出的 SCP 范式，着眼于创新环境—企业家精神—工业绩效（Environment-Entrepreneurship-Performance，EEP）的研究视角，认为创新环境决定企业家精神，企业家精神决定工业绩效。创新环境主要包括人力资源环境、市场化环境和信息化环境。

市场化进程制度是企业家所面临的制度环境。企业能否真正成为技术创新的主体，也是技术创新能不能真正在中国开展起来的关键一环。从外部环境来说，这主要取决于企业是否生存于一个公平竞争的市场化环境。而后者决定于市场化改革的进程。在技术创新领域，制度的重要性往往大于技术创新本身。

信息化程度影响着企业家精神发挥，也是企业所面临的技术环境的重要组成部分。进入 21 世纪以来，信息化的发展正在重塑着世界政治、经济等领域发展与竞争的新格局，已经成为生产力发展水平、综合国力高低的重要标志。信息化程度的提高可以通过加快技术扩散、降低交易成本、提高决策效率、促进产业融合、增强渗透效应等途径推动企业家开展创新创业活动。

基于以上分析，本书将专业人力资本、市场化进程及信息化程度纳入科学系统的理论框架，并且借鉴相关研究，构造了企业家精神分别与专业人力资本、市场化进程、信息化程度影响工业绩效的理论模型，提出若干个有待检验的基本假说，并进一步采用中国工业的数据进行实证检验，得到一系列能拓展的结论，从而为进一步推动人才强国战略、新一轮市场化改革和信息化发展战略，发挥企业家创新潜力提供了科学的理论基础、可靠的经验证据、完善的政策支撑体系。

# 第三章　企业家精神影响工业绩效的理论框架

## 第一节　总体框架体系

在产业组织理论中，哈佛学派认为市场结构决定市场行为，市场行为又决定市场绩效，进而提出市场结构—市场行为—市场绩效（Structure-Conduct-Performance，SCP）的分析范式。本书借鉴并扩展这个范式，在转型背景下从创新环境—企业家精神—工业绩效（Environment-Entrepreneurship-Performance，EEP）的理论研究视角入手，认为创新环境决定企业家精神，企业家精神决定工业绩效，人力资源环境、市场化环境和信息化环境一起构成企业家创新创业活动所依赖的创新环境。

市场化进程是企业家精神创新所处的制度环境的重要组成部分。市场化进程如何影响工业绩效和经济增长，自20世纪90年代以来一直受到转型经济学的高度关注。实现从传统的计划经济体制转向市场经济体制，使市场在资源配置中起决定性作用，也是中国经济转型的重要内容。为了转变经济发展方式，中国致力于构建以企业为主体、市场为导向、产学研深度融合的技术创新体系。在技术创新领域，制度的重要性往往大于技术创新本身。市场化改革为企业家提供了一个自我尝试、自我甄别、社会发现的"显化"途径，决定着企业家活动配置的方向和结构，激励企业家精神配置从非生产性活动转移到生产性活动特别是研发活动中去，对创新投入具有挤入效应，进而提高工业绩效。

信息化程度影响着企业家精神发挥的信息化环境，也是技术环境的重要组成部分。信息化是中国经济增长动力能否顺利转换的重要决定因素。21世纪以来，以大数据和人工智能为主要特征的信息化在全球迅猛发展，也在重塑世界政治、经济发展与竞争的新格局，信息化发展水平因而成为决定生产力发展水平、综合国力高低的重要标志。党的十九大报告提出网络强国、数字中国和智慧社会战略，推动互联网、大数据、人工智能和实体经济深度融合。信息化程度的提高通过加快技术扩散、降低交易成本、提高决策效率、促进产业融合、增强渗透效应等途径推动企业家开展创新创业活动。

首先，综合以上分析，本书循着 Acs 等（2012）的研究，推导出一个企业家精神和专业人力资本共同影响企业绩效的内生增长模型。与以往文献不同，在该模型中，研发部门不仅包括在位企业研发人员（专业人力资本）通过研发活动影响知识生产，从而促进绩效增长，还包括企业家通过创办新企业，整合企业研发人员（专业人力资本）生产但未被完全商业化的知识，推进知识的商业化进程，促进知识溢出，从而提高绩效水平。与简单劳动能力在人口中呈均匀分布不同，企业家才能在人口中不是均匀分布的，因此企业家活动对企业绩效增长的影响被假定为规模报酬递减，进而导致企业家精神的成长与专业人力资本存量水平的提高对绩效增长存在着一定的替代效应。但是本书认为如果企业家具备优秀的企业家才能，那么企业家精神的成长就能够突破规模报酬递减的假定，有效整合专业人力资本，企业家精神的成长与专业人力资本的提升对企业绩效的提高会转变为正的协同效应。

其次，本书将扩展 Lucas（1988）、Ehrlich 等（1994）与 Ehrlich 等（2017）的模型，构建了一个包含企业家创新活动和市场化进程的内生增长模型。在该模型中，本书将企业家活动分为管理活动和创新活动，前者用于监管最终产品的生产，后者用于企业家人力资本的积累，促进知识从基础科学形态转变为商业化形态，市场化改革促使企业家将更多的时间和资源配置到创新活动中从而加快企业家人力资本的积累（企业家精神的成长），间接提升企业绩效水平。换句话说，市场化进程的加快对企业家精神创新能力提升具有积极的调节效应。

最后，本书以 Barro 和 Sala-i-Martin（2004）的产品种类增加型技术变革模型为基础，考察了信息化的发展促进居民选择成为企业家进而作用于企业家工业绩效的机制。在该模型中，经济中每一个个体都有成为雇员和企业家两种职业选择。个体根据自身的风险偏好和收入对比来决定从事何种职业。信息化建设带来的包括研发成本在内的交易成本的降低不仅直接提高经济绩效，还会促进有利于企业家职业的社会报酬结构的形成，吸引着更多的个体选择成为企业家，推动企业家阶层的形成，促进企业家精神的成长，间接提升经济绩效水平。信息化程度的提高对企业家精神创新效应起着正向调节作用。

图3-1中的理论框架表明，企业家精神既能够单独、直接影响工业绩效水平，企业家精神对工业绩效水平的这种影响效果也受到专业人力资本、市场化进程和信息化程度三个方面的创新环境变迁的调节作用。

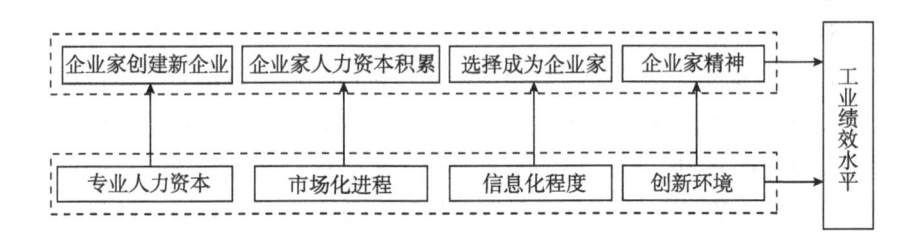

图3-1 本书的理论分析框架

## 第二节 企业家精神、专业人力资本影响工业绩效的理论模型与假说

### 一 基本假设

与以往的内生增长模型不同，本书通过构建一个包含研发部门、最终产品部门、资本品生产部门和居户在内的简单内生增长模型，并借鉴Acs等（2012）的研究，在知识生产部门中引入将通用知识转化为经济上有用的知识的机制——企业家精神，来考察企业家精神对知识增长的作用机理。

与Romer（1990）的内生增长模型中将知识溢出视为自动发生的过程不同，本书重点关注知识的商业化过程及其对创新增长的影响。Acs和Sanders（2013）认为，存在着两条途径能够将知识转化为经济上有用的知识：一条是在位企业雇用研发人员从事研发活动（如在实验室进行科学研究等），体现为发明；二是企业家通过创立新企业，促进知识溢出，体现为创新。企业家并不直接从事研发活动但是能调配生产要素组织生产，开发新产品和新商业模式。可见，企业家精神也能影响知识存量。之所以存在第二条路径，是因为在位企业开发的新知识并不能被完全商业化而溢出到现有总体知识存量中从而对行业内的其他企业具有潜在的利用价值，加上知识具有非竞用性和部分的排他性的特点，这为寻求市场不均衡和追求创新租金的企业家提供了潜在的机会，企业家通过创办新企业来开发利用未被商业化的知识从而加快了知识的商业化进程（Audretsch，2007）。因此，企业家精神的成长水平越高，则企业家的生产组织活动越是能够加速带动知识商业化，知识增长率也越高，企业家精神作为知识溢出的一种渠道或机制构成知识商业化的第二条途径进而影响知识存量（Agarwal et al.，2007）。上述两条途径生产的知识既表现为新发明的出现，中间品种类的增加，也可以表现为最终产品生产所使用的蓝图或商业模式。这意味着，在位企业和企业家从事知识生产活动所使用的现存知识在不断增长。本书假设经济中存在研发、最终产品生产、资本品生产部门和居户四个部门，研发部门生产知识，最终产品部门使用资本品生产部门提供的中间投入品来生产最终产品，居民在不变替代弹性效用函数假定下追求效用最大化。

（一）研发部门

1. 在位企业研发部门的知识生产

在位企业的研发部门使用研究人员作为唯一的生产投入要素，研究活动也会受到可获取的知识存量（$A$）和效率参数 $\rho_R$（$0<\rho_R<1$）的影响，本书遵循 Acs 等（2012）的假定：

$$S_R(L_R)=\rho_R L_R A \quad (3-1)$$

在式（3-1）中，$S_R(L_R)$ 代表在位企业从事研发活动的知识生产函数。可见，研究人员越多，知识存量越大，将现存知识转化为新发明的效率越高，$S_R(L_R)$ 越大。

2. 代表性企业家的知识生产

为了引入熊彼特式的企业家精神，本书采用 Braunerhjelm et al.（2010）的理论假设，与同质的简单劳动不同，包含在劳动中的企业家能力在人口中并非服从均匀分布，因此，企业家能力是规模报酬递减的（$\varepsilon<1$），意味着当人口增长一倍时，企业家能力的增长小于一倍。遵循 Braunerhjelm et al.（2010）的研究，企业家活动的生产函数设定为：

$$S_E(L_E)=\rho_E L_E^{\varepsilon} A \quad (3-2)$$

在式（3-2）中，$S_E(L_E)$ 为企业家活动的知识生产函数。与在位企业的研究人员生产知识类似，代表性企业家利用现存知识，另外，企业家生产知识的技术不同且并不直接参与生产，而是将自身的企业家能力与现有知识相结合引入新产品和新的商业模式（组织生产）。$\rho_R$（$0<\rho_R<1$）代表企业家运用企业家能力将现存知识转化为新产品的转化效率。式（3-2）意味着，企业家数量越多，知识存量越大，将现存知识转化为新发明和资本品的效率越高，$S_E(L_E)$ 越大。

因此，研发部门中知识存量变化的基本微分方程可以设定为式（3-3）：

$$\dot{A}=S_R(L_R)+S_E(L_E) \tag{3-3}$$

将式（3-1）、式（3-2）代入式（3-3），得到：

$$\dot{A}=\rho_R L_R A+\rho_E L_E^\epsilon A \tag{3-4}$$

式（3-4）意味着，知识存量的变化不仅与从事 R&D 活动的研究人员有关，还取决于企业家数量。在式（3-4）中，$\dot{A}$（$A$ 对时间的导数，下同）代表知识增量。式（3-4）经过整理，得到研发部门的创新增长方程：

$$\dot{A}/A=\rho_R L_R+\rho_E L_E^\epsilon \tag{3-5}$$

（二）最终产品生产部门

最终产品部门使用简单劳动（$L_F$）、知识生产部门生产的知识、不同种类的资本品 $[X(i)]$ 来生产最终产品（$Y$），且具有扩展的 C-D 生产函数形式：

$$Y=L_F^\alpha \int_0^A X(i)^{1-\alpha} di \tag{3-6}$$

在式（3-6）中，$\alpha$（$0<\alpha<1$）是规模参数。式（3-6）表明生产函数具有规模不变的性质。按照 Barro 和 Sala-i-Martin（2004）的假定，中间品可以用同一种实物单位计量，且在稳态时，对所有中间品的需求都是对称的，即 $X(i)=\bar{X}$，当 $i<A$，于是得到：

$$Y=L_F^\alpha A \bar{X}^{1-\alpha} \tag{3-7}$$

（三）资本品生产部门

假定资本品生产使用与最终产品生产相同的技术，$v$ 单位中间品生产一单位资本（Romer，1990），于是有：

$$K=v A \bar{X} \tag{3-8}$$

将式（3-8）代入（3-7）式得到：

$$Y = L_F^\alpha A^\alpha K^{1-\alpha} \nu^{1-\alpha} \tag{3-9}$$

式（3-9）表示，资本品生产厂商使用三种要素，简单劳动、物质资本和可获取的知识存量，当劳动力市场均衡（出清）时，三类劳动的加总等于劳动供给总量，满足：

$$L = L_F + L_E + L_R \tag{3-10}$$

将式（3-10）代入式（3-9），得到：

$$Y = (L - L_R - L_E)^\alpha A^\alpha K^{1-\alpha} \nu^{1-\alpha} \tag{3-11}$$

为简化分析过程，突出研究目的，假定资本增量等于产出与消费的差额，因此可用式（3-12）表达经济中的资本积累方程：

$$\dot{K} = Y - C = (L - L_R - L_E)^\alpha A^\alpha K^{1-\alpha} \nu^{1-\alpha} - C \tag{3-12}$$

（四）居户

为了简单，假定人口增长为零，居户的消费偏好为常见的不变替代弹性效用函数：

$$U = \int_0^\infty \frac{C^{1-\theta}}{1-\theta} e^{-\varphi t} dt \tag{3-13}$$

在式（3-13）中，$\varphi$ 为折现率，$\varphi$ 越大，未来消费的现值越小；$\theta$ 为相对风险厌恶系数，也是不变跨期替代弹性的导数，$\theta$ 越大，居户越不愿意偏离在时间序列上的均匀消费。

**二　理论模型推导**

居户的效用最大化问题可以用式（3-14）表示：

$$\max_{C, L_E, L_R} \int_0^\infty \frac{C^{1-\theta}}{1-\theta} e^{-\varphi t} dt \tag{3-14}$$

$$\text{s.t.} \begin{cases} \dot{A} = \rho_R L_R A + \rho_E L_E^\epsilon A \\ \dot{K} = (L - L_R - L_E)^\alpha A^\alpha K^{1-\alpha} \nu^{1-\alpha} - C \end{cases}$$

这个问题的汉密尔顿函数是：

$$H_C = \frac{C^{1-\theta}}{1-\theta} + \mu_A(\rho_R L_R A + \rho_E L_E^\epsilon A) + \mu_K[(L - L_R - L_E)^\alpha A^\alpha K^{1-\alpha} \nu^{1-\alpha} - C] \tag{3-15}$$

横截条件是：$\lim\limits_{t \to \infty} e^{-\varphi t} \mu_A = 0$ 和 $\lim\limits_{t \to \infty} e^{-\varphi t} \mu_K = 0$

在这个最优化问题中，$C$ 为控制变量，$A$、$K$ 为状态变量，$u_A$、$u_K$ 为协状态变量，记 $\nabla = (L - L_R - L_E)^\alpha A^\alpha K^{1-\alpha} \nu^{1-\alpha}$，式（3-15）关于 $C$ 的一阶条

件是：

$$\frac{\partial H_C}{\partial C}=C^{-\theta}-\mu_K=0$$

对上式取对数，再关于时间求导数，得到：

$$\frac{\dot{\mu}_K}{\mu_K}=-\theta\frac{\dot{C}}{C} \tag{3-16}$$

式（3-16）分别关于 $L_R$、$L_E$ 的一阶条件是：

$$\frac{\partial H_C}{\partial L_E}=\mu_A \epsilon \rho_E L_E^{\epsilon-1}A-\mu_K\alpha(L-L_R-L_E)^{-1}\nabla=0 \tag{3-17}$$

$$\frac{\partial H_C}{\partial L_R}=\mu_A \rho_R A-\mu_K\alpha(L-L_R-L_E)^{-1}\nabla=0 \tag{3-18}$$

由式（3-17）、（3-18）联立得到：

$$L_E=\left(\frac{\rho_R}{\epsilon\rho_E}\right)^{\frac{1}{\epsilon-1}} \tag{3-19}$$

式（3-19）表明，在平衡增长路径上，R&D 和企业家活动都能获取收益，参与企业家活动的资源独立于消费者的不变跨期替代弹性（$\varphi$），因为 $\epsilon<1$，所以企业家数量随 $\rho_E$ 递增，而随 $\rho_R$ 递减。

从（3-17）还可以得到：

$$\frac{\mu_K}{\mu_A}=\frac{\rho_R A(L-L_R-L_E)}{\alpha\nabla} \tag{3-20}$$

根据 Hoy 等（2011）提供的求解方法，将式（3-15）最大化分别得到资本（$K$）和知识（$A$）的影子价格的变化率为：

$$\dot{\mu}_A-\varphi\mu_A=-\frac{\partial H_C}{\partial A}=-\mu_A(\rho_R L_R+\rho_E L_E^{\epsilon})-\mu_K\alpha A^{-1}\nabla$$

整理得到：$$\frac{\dot{\mu}_A}{\mu_A}=\varphi-(\rho_R L_R+\rho_E L_E^{\epsilon})-\frac{\mu_K}{\mu_A}\alpha A^{-1}\nabla \tag{3-21}$$

$$\dot{\mu}_K-\varphi\mu_K=-\frac{\partial H_C}{\partial K}=-\mu_K(1-\alpha)K^{-1}\nabla$$

整理得到：$$\frac{\dot{\mu}_K}{\mu_K}=\varphi-(1-\alpha)K^{-1}\nabla \tag{3-22}$$

将式（3-20）代入式（3-21）得到：

$$\frac{\dot{\mu}_A}{\mu_A}=\varphi+\rho_R L_E-\rho_R L-\rho_E L_E^\epsilon \tag{3-23}$$

式（3-15）关于 $u_A$、$u_K$ 求导得到：

$$\frac{\partial H_C}{\partial \mu_A}=\dot{A} \tag{3-24}$$

$$\frac{\partial H_C}{\partial \mu_K}=\dot{K} \tag{3-25}$$

在平衡增长路径上须满足下式：

$$\frac{\dot{Y}}{Y}=\frac{\dot{C}}{C}=\frac{\dot{K}}{K}=\frac{\dot{A}}{A} \tag{3-26}$$

式（3-26）成立意味着：

$$\frac{\dot{\mu}_K}{\mu_K}=\frac{\dot{\mu}_A}{\mu_A} \tag{3-27}$$

将式（3-5）、（3-16）和（3-26）联立得到：

$$\frac{\dot{\mu}_K}{\mu_K}=-\theta\frac{\dot{C}}{C}=-\theta\frac{\dot{A}}{A}=-\theta(\rho_R L_R+\rho_E L_E^\epsilon) \tag{3-28}$$

将式（3-28）与式（3-23）代入式（3-27）得到：

$$-\theta(\rho_R L_R+\rho_E L_E^\epsilon)=\varphi+\rho_R L_E-\rho_R L-\rho_E L_E^\epsilon \tag{3-29}$$

求解式（3-29）得到：

$$L_R=\frac{1}{\theta\rho_R}(\rho_R(L-L_E)+(1-\theta)\rho_E L_E^\epsilon-\varphi) \tag{3-30}$$

将式（3-19）、式（3-30）代入式（3-5）得到平衡增长路径上的知识增长率：

$$g=\frac{\dot{A}}{A}=\frac{1}{\theta}\left\{\rho_R L-\varphi+(1-\epsilon)\epsilon^{\epsilon/(1-\epsilon)}\left(\frac{\rho_E}{\rho_R^\epsilon}\right)^{1/(1-\epsilon)}\right\} \tag{3-31}$$

式（3-31）表明，在平衡增长路径上的知识增长率取决于企业家活动的转化效率（$\rho_E$）、在位企业研究人员的转化效率（$\rho_R$）、企业家生产知识的规模报酬参数（$\epsilon$）、劳动力总量（$L$）、消费者的不变跨期替代弹性（$\varphi$）和跨期替代意愿（$\theta$）。

### 三 假说的提出

对式（3-31）求解关于 $\rho_E$ 的一阶导数，并将式（3-19）代入得到：

$$\frac{\partial g}{\partial \rho_E} = \frac{\partial(\dot{A}/A)}{\partial \rho_E} = \frac{1}{\theta}\left(\frac{\rho_R}{\epsilon\rho_E}\right)^{\frac{\epsilon}{\epsilon-1}} = \frac{1}{\theta}L_E^\epsilon > 0 \qquad (3-32)$$

式（3-32）表明，知识增长率与企业家精神存在单调递增的关系，随着企业家精神的不断培育和成长，该经济的知识增长率越高。知识增长率越高，技术进步越快，创新效率越高，那么该经济的绩效水平也越高（Solow，1957），因此本书得到假说1。

假说1：在其他条件相同的情形下，企业家精神的成长能够促进绩效水平的提高；或者企业家精神的不足或缺失导致绩效水平的下降。

假说1表明，企业家通过创办新企业，产生知识溢出效应，能够促进技术进步，提高企业绩效。不断改善企业家成长的社会环境，激发企业家创新创业的创造性，促使更多企业家的"潜在才能"得以显化。在此背景和条件下，企业家通过生产要素的再配置，加速知识的商业化进程，就能大幅度提高绩效水平（Hsieh和Klenow，2009）。

对式（3-31）求解关于$\rho_R$的一阶导数，并结合式（3-19）得到：

$$\frac{\partial g}{\partial \rho_R} = \frac{\partial(\dot{A}/A)}{\partial \rho_R} = \frac{1}{\theta}\left[L - \left(\frac{\rho_R}{\epsilon\rho_E}\right)^{\frac{1}{\epsilon-1}}\right] = \frac{1}{\theta}(L - L_E) > 0 \qquad (3-33)$$

式（3-33）表明，绩效水平与在位企业的研发人员[①]的研发活动存在单调递增的关系，随着研发人员的增加，该经济的绩效水平越高，因此得到本书的假说2。

假说2：在其他条件不变的情形下，在位企业专业人力资本的增长能够提高一个经济的绩效水平。

假说2说明，作为知识、技能的载体，专业人力资本是激发创新潜能的关键力量。专业人力资本不仅可以作为直接的生产要素投入生产过程，还可以进行技术创新与技术模仿，开发出新技术、新产品和新服务。此外，专业人力资本的增加还可以吸引其他生产要素，如FDI等（Lucas，1988）。本书在强调企业家精神的知识溢出效应的同时，也注意到企业家创业创新活动的开展还受到专业人力资本存量高低的影响。

进一步求解式（3-32）关于$\rho_R$的一阶导数，并将式（3-19）代入得到：

---

① 在位企业的研发人员属于专业人力资本的范畴。

$$\frac{\partial^2 g}{\partial \rho_E \partial \rho_R} = \frac{\partial^2 (\dot{A}/A)}{\partial \rho_E \partial \rho_R} = \frac{1}{\theta} \frac{\epsilon}{\epsilon-1} \frac{1}{\rho_R} \left(\frac{\rho_R}{\epsilon \rho_E}\right)^{\frac{\epsilon}{\epsilon-1}} = \frac{1}{\theta} \frac{\epsilon}{\epsilon-1} \frac{1}{\rho_R} L_E^\epsilon < 0 \qquad (3-34)$$

式（3-34）表明，随着专业人力资本的增加，企业家精神的发展降低了经济的绩效水平。换句话说，专业人力资本的积累抑制了企业家创新精神的进一步发挥，弱化了企业家精神对绩效增长的边际贡献。因此，企业家精神与专业人力资本对绩效增长并没有表现为互相促进和相辅相成的关系，而是表现出替代关系，这与 Michelacci（2003）的研究基本一致。因此得到假说 3。

假说 3：在其他条件保持不变的条件下，专业人力资本的增长降低了企业家精神的知识溢出效应，企业家精神与专业人力资本对绩效增长的影响存在着替代效应。

从理论上看，式（3-34）为负的原因在于文中的基本假设，与简单劳动能力在人口中呈均匀分布不同，企业家才能在人口中不是均匀分布的，因此企业家活动对企业绩效增长的影响被假定为规模报酬递减，即 $\varepsilon<1$。虽然企业家才能的分布不是均匀分布，但是如果企业家人数增长一倍导致企业绩效提高大于一倍，则有 $\varepsilon>1$，式（3-34）为正。随着专业人力资本的积累，企业家精神的知识溢出效应随之增强，企业家精神与专业人力资本对知识增长的影响表现为正向的协同效应。可见，企业家与专业人力资本对绩效增长的影响是具有替代效应还是协同效应取决于企业家精神对绩效增长是具有规模报酬递减还是递增的特征，这从根本上决定于企业家的能力和素质的高低（中国企业家调查系统，2014）。企业家凭借自身的人格魅力、人际沟通能力、一流的组织协调能力能够有效整合专业人力资本等各类稀缺资源以发挥整体协同创新的效能。在这种条件下，企业家精神和专业人力资本才能实现技能互补、相辅相成，进而对知识生产产生协同效应（Baptista et al.，2014）。

## 第三节 企业家精神、市场化进程影响工业绩效的理论模型与假说

### 一 基本假设

为了探讨市场化进程影响企业家精神的知识溢出效应的机制，本书

将扩展 Lucas（1988）、Ehrlich 等（1994）与 Ehrlich 等（2017）的理论模型，构造一个包含创新型企业家活动和市场化变量的内生增长模型。本书将企业家精神视为一种特定类型的机制，这种机制通过配置企业一定份额的生产能力到该企业特定资产的投资活动中，将市场创意、基础知识转变为商业化知识，生产最终产品和服务，并为市场所接受。

考虑一个封闭的、完全竞争的经济，没有政府干预和人口规模及生育率给定。为了简便，本书假定代表性个体只有两种职业选择：成为一个企业家或雇员。因为每一个体都经营一家生产型企业，因此人口规模（$L$）也代表厂商的数量。所有个体都拥有无限寿命，没有单独的闲暇需求，需要在成为生产工人和企业家之间做出决策，在选择成为生产工人时都能实现充分就业。

（一）最终产品的生产

本书假定每一个个体都拥有具有积累特征的企业家人力资本存量（$E$），$E$ 是一种蕴含在企业家或企业的特定的商业知识。本书假定这种商业知识被用于两大领域，第一用于当前生产管理，第二用于将基础科学知识转化为能够出售的产品和服务。反过来，$E$ 也会被投资于创新性的创业资本的那部分所增强。特别地，每一个企业家都会分配一定份额（$\tau$）的企业资源和生产能力（被标准化为 1）来管理和监督当前生产活动（简称为管理活动）和剩余份额的（$1-\tau$）投入能产生商业性创新活动（简称为创新活动或创新知识的生产或积累），于是，经济中有效劳动力数量为 $L(t)E(t)[1-\tau(t)]$，每一个个体都蕴含成为企业家的人力资本，最终产品部门代表性企业的生产函数形式如下：

$$Y(t)=A(X)K(t)^{\alpha}\{L(t)E(t)[1-\tau(t)]\}^{1-\alpha} \tag{3-35}$$

在式（3-35）中，$0<\alpha<1$，$K(t)$ 表示物质资本存量，$A$ 表示能够放大所有生产投入的生产率的外生技术因素，本书假定 $A$ 的大小受到一列外生环境因素（$X$）的影响，能够影响代表性企业的经营方式（合意或不利的方式）。本书将人口中的受教育程度、私有经济活动受到政府干预的程度和经济发展阶段等作为环境因素处理。从式（3-35）容易得到人均形式的生产函数形式：

$$y(t)=A(X)k(t)^{\alpha}\{E(t)[1-\tau(t)]\}^{1-\alpha} \tag{3-35a}$$

在式（3-35a）中，$y(t)=Y(t)/L(t)$，人均产出 [$Y(t)$] 是企业家人力资本 [$E(t)$] 和劳均资本 [$k(t)=K(t)/L(t)$] 的函数。

### (二) 企业家人力资本的生产

与 Ehrlich 等（2017）的研究保持一致，本书还将企业家精神视为一种在代表性企业内产生并既能够影响企业现有产出水平又能够影响自我维持长期增长潜力的特定形式的人力资本，同时企业家精神的成长被视为创新知识的生产或动态积累过程。这种特定形式的人力资本生产函数可以被设定为式（3-36）。在式（3-36）中，企业家人力资本的生产受到市场化进程（$M$）、企业家受教育程度（$h$）、投资到创新知识生产的份额 [$\tau(t)$]、企业家人力资本存量 [$E(t)$] 的函数，$\lambda$ 是企业家人力资本积累的规模参数。企业家人力资本具有规模报酬递增的特征，因此能够满足 $\lambda>1$，主要理由如下：（1）作为异质性人力资本，企业家能够促进分工的深化、技术创新和技术模仿，加快科技进步和生产率增长（Schultz，1980）；异质性人力资本具有溢出效应，能够提高自身和其他生产要素的生产率，实现规模报酬递增（Lucas，1988）。（2）作为"经济增长的国王"，企业家能够突破知识过滤的障碍，引入一种新的更加具有效率的生产函数，对生产要素以全新的方式进行有机组合，大力推进知识从基础理论形态向商业形态转变，加快知识的流动性，促使经济体系中新的主导部门的出现，促进经济持续长期增长，因此，作为稀缺性的异质性人力资本，企业家甚至是最高层次的人力资本形态，对创新和经济增长具有边际收益递增的贡献（Acs 和 Sanders，2013；陈剑，2006；Morimoto，2018）。这意味着，作为企业家创新活动积累的知识的非线性函数，知识生产过程因没有受制于规模报酬递减的约束而成为自我维持长期增长的特别引擎。

$$\dot{E}(t) = dE(t)/dt = Mh[E(t)\tau(t)]^{\lambda} \tag{3-36}$$

在方程（3-36）中，企业家投入创新活动中资源份额 $\tau(t)$ 是决定企业家人力资本积累和经济增长速度的关键变量。$\tau(t)=0$ 代表没有任何努力来积累企业家人力资本，经济就会回到新古典标准形式的静态均衡，单位资本产出的增长率为 0；$\tau(t)<1$ 以确保在平衡增长路径上有正的产出增长。$\tau(t)$ 的大小区分了两种企业家活动：管理活动和创新活动。管理活动注重使用现有资源促进现有产出、销售和利润的增长。企业家的创新活动是受创新思想驱动的。企业家创新的任务就是发现或吸收基础技术创新成果并将其转化新的生产过程或新产品，创造或满足消费者的需求，因此，为了更好地完成这一任务，企业家必须将更大份额的资源投入

R&D 活动中，甚至以失去现有销售额和利润为代价。

方程（3-36）清楚地表明了市场化变量（$M$）和企业家的关键个性特征对新知识生产的强化。市场化程度的变化能改变不同经济活动的社会报酬结构，进而影响企业家活动的职能配置（庄子银，2007）。认知能力和非认知能力的提升够增强企业家推进知识商业化的能力，促使企业家精神成为市场知识与市场产品之间的一个有效媒介（Coase, 1974; Djankov et al., 2006）。

### （三）资本品的生产

本书假定经济中不存在资本折旧，资本的增量等于产出与消费的差额，因此可以用式（3-37）表示。

$$\dot{k}(t) = y(t) - c(t) = Ak(t)^{\alpha}\{E(t)[1-\tau(t)]\}^{1-\alpha} - c(t) \tag{3-37}$$

### （四）居户的消费决策

假定不存在人口增长，每一个体都在个体无限生命期间内消费单一商品，都对实际消费 $c(t)$ 进行决策。代表性个体的单位资本的消费偏好由下式给出：

$$U = \int_{0}^{\infty} e^{-\rho t} \frac{1}{1-\sigma}[c(t)^{1-\sigma} - 1] dt \tag{3-38}$$

在式（3-38）中，$\rho$ 表示时间偏好率，$\rho > 0$ 意味着，越晚获得的效用，效用值越低；$\sigma$（$\sigma > 0$）表示相对风险厌恶系数，也是跨期不变替代弹性的倒数，$\sigma$ 越小，表明跨期替代弹性越大，居户越倾向于在未来消费。

## 二 理论模型推导

居户的效用最大化问题可以用式（3-39）表示：

$$\max_{c(t),\tau(t)} U = \int_{0}^{\infty} e^{-\rho t} \frac{1}{1-\sigma}[c(t)^{1-\sigma} - 1] dt \tag{3-39}$$

$$\text{s. t.} \begin{cases} \dot{E}(t) = Mh[E(t)\tau(t)]^{\lambda} \\ \dot{k}(t) = Ak(t)^{\alpha}\{E(t)[1-\tau(t)]\}^{1-\alpha} - c(t) \end{cases} \tag{3-39.1}$$

居户效用最大问题的现值汉密尔顿函数可以表述如下：

$$H(k, E, \eta_1, \eta_2, c, \tau, t) = \frac{1}{1-\sigma}(c^{1-\sigma} - 1) + \eta_1\{Ak^{\alpha}[E(1-\tau)]^{1-\alpha} - c\} + \eta_2 Mh(E\tau)^{\lambda} \tag{3-40}$$

横截条件是：$\lim_{t \to \infty} e^{-\rho t} \eta_1(t) = 0$ 和 $\lim_{t \to \infty} e^{-\rho t} \eta_2(t) = 0$。

在这个最大问题中，$\eta_1$ 和 $\eta_2$ 分别是物质资本投资和企业家人力资本投资的影子价格，控制变量是劳均消费（$c$）和企业家人力资本投资份额（$\tau$）。

方程（3-40）关于劳均消费（$c$）的一阶条件是：

$$\frac{\partial H}{\partial c} = c^{-\sigma} - \eta_1 = 0 \tag{3-41}$$

对上式进行对数化处理，并求解关于时间的导数：

$$-\sigma \frac{\dot{c}}{c} = \frac{\dot{\eta}_1}{\eta_1} \tag{3-42}$$

同理，方程（3-40）关于企业家人力资本投资份额（$\tau$）的一阶条件是：

$$\frac{\partial H}{\partial \tau} = -\eta_1(1-\alpha)Ak^\alpha E^{1-\alpha}(1-\tau)^\alpha + \eta_2 Mh\lambda E^\lambda \tau^{\lambda-1} = 0 \tag{3-43}$$

也即是：

$$\frac{\eta_1}{\eta_2} = \frac{\lambda Mh E^{\alpha+\lambda-1}}{(1-\alpha)Ak^\alpha(1-\tau)^\alpha} \tag{3-44}$$

对方程（3-40）求解关于企业家人力资本（$E$）的一阶导数，得到企业家资本的影子价格（$\eta_2$）的变化率：

$$\dot{\eta}_2 = \rho\eta_2 - \frac{\partial H}{\partial E} = \rho\eta_2 - \eta_1(1-\alpha)Ak^\alpha(1-\tau)^{1-\alpha}E^{-\alpha} - \eta_2 Mh\lambda \tau^\lambda E^{\lambda-1} \tag{3-45}$$

式（3-45）两端同时除以整理 $\eta_2$，得到：

$$\frac{\dot{\eta}_2}{\eta_2} = \rho - \frac{\eta_1}{\eta_2}(1-\alpha)Ak^\alpha(1-\tau)^{1-\alpha}E^{-\alpha} - Mh\lambda \tau^\lambda E^{\lambda-1} \tag{3-46}$$

将（3-44）代入式（3-46），整理得到：

$$\frac{\dot{\eta}_2}{\eta_2} - \rho - M\lambda\left[(1-\tau)+\tau^\lambda\right]E^{\lambda-1} \tag{3-47}$$

式（3-40）分别求解关于 $\eta_1$、$\eta_2$ 的一阶导数，得到：

$$\frac{\partial H}{\partial \eta_1} = \dot{k} \tag{3-48}$$

$$\frac{\partial H}{\partial \eta_2} = \dot{E} \tag{3-49}$$

在平衡增长路径上，人均产出、消费、物质资本、企业家人力资本的增长率满足：

$$\frac{\dot{f}}{f} = \frac{\dot{c}}{c} = \frac{\dot{k}}{k} = \frac{\dot{E}}{E} \tag{3-50}$$

根据 Barro 和 Sala-i-Martin（2004）、Braunerhjelm 等（2010）的研究，式（3-50）成立意味着：

$$\frac{\dot{\eta}_1}{\eta_1}=\frac{\dot{\eta}_2}{\eta_2} \tag{3-51}$$

将式（3-42）、式（3-47）、式（3-50）和式（3-51）联立得到：

$$\frac{\dot{f}}{f}=\frac{\dot{c}}{c}=\frac{\dot{k}}{k}=\frac{\dot{E}}{E}=g=\frac{Mh\lambda\left[(1-\tau)+\tau^\lambda\right]E^{\lambda-1}-\rho}{\sigma} \tag{3-52}$$

式（3-52）表明，经济在平衡增长路径上的人均产出、消费、物质资本和企业家人力资本的增长率取决于市场化进程变量（$M$）、企业家广义的受教育程度（$h$）企业家人力资本规模参数（$\lambda$）、企业家投入创新活动份额（$\tau$）、企业家人力资本存量（$E$）、时间偏好率（$\rho$）和相对风险厌恶系数（$\sigma$）。根据西方宏观经济理论，在平衡增长路径上，人均产出、消费、物质资本的稳态增长率等于技术进步率，也决定了该经济的绩效水平（高鸿业，2011）。本书重点关注平衡增长路径上企业家资本存量（$E$）和市场化进程变量（$M$）的变化对经济绩效水平的影响。

### 三 假说的提出

对式（3-52）关于市场化进程变量（$M$）求一阶偏导，得到：

$$\frac{\partial g}{\partial M}=\frac{h\lambda\left[(1-\tau)+\tau^\lambda\right]E^{\lambda-1}}{\sigma}>0 \tag{3-53}$$

式（3-53）表明，在平衡增长路径上，市场发育程度（$M$）的提高，经济的绩效水平也随之提高。于是得到假说4：

假说4：在其他条件不变的条件下，市场化进程的加快能够促进经济绩效的提高。

对式（3-52）关于企业家人力资本变量（$E$）求一阶偏导，得到：

$$\frac{\partial g}{\partial E}=\frac{Mh\lambda(\lambda-1)\left[(1-\tau)+\tau^\lambda\right]E^{\lambda-2}}{\sigma}>0 \tag{3-54}$$

进一步对式（3-54）求解关于市场化进程变量（$M$）的一阶偏导：

$$\frac{\partial^2 g}{\partial M\partial E}=\frac{h\lambda(\lambda-1)\left[(1-\tau)+\tau^\lambda\right]E^{\lambda-2}}{\sigma}>0 \tag{3-55}$$

在式（3-54）和式（3-55）中，由于 $0<\tau<1$ 且 $\lambda>1$，因此 $\frac{\partial g}{\partial E}>0$，$\frac{\partial^2 g}{\partial M\partial E}>0$。

式（3-55）表明，在其他条件不变的情形下，市场化程度的提高放大了企业家精神促进绩效增长的效果。于是由式（3-54）和式（3-55）得到假说5：

假说5：在其他条件不变的条件下，在市场化程度较高的地区，企业家精神的成长对绩效增长的促进效果趋于增强。

假说4和假说5表明，一个地区如果推动技术创新和经济发展，提高经济绩效水平，不但要培育企业家精神，而且要促进市场化转型，为企业家创新精神的进一步发挥营造一个良好的外部制度环境。随着市场化程度的提高，企业家资源得以进一步显化。在这种条件下，不仅企业家阶层逐渐形成和壮大，并且企业家会将更多的时间、精力和资源配置到创新创业活动中，因而企业家的创新创业活动对绩效增长的提升效应不断增强。

## 第四节 企业家精神、信息化程度影响工业绩效的理论模型与假说

### 一 基本假设

本部分以Barro和Sala-i-Martin（2004）的产品种类增加型技术变革模型为基础，同时进一步扩展了孙早和刘李华（2019）关于研发成本影响因素的理论分析，考察了信息化的发展影响居民选择成为企业家进而影响创新和增长的机理。模型由最终产品部门、研发部门和居民三个部门组成，相应地，模型中有最终产品生产者、研发部门的创新型企业家和居民三类行为主体。第一，最终产品的生产者雇用劳动、购买中间产品，利用最优生产技术将其有机组合生产以价格为1销售的最终产品。第二，居民有且仅有两种职业选择：工人和企业家。社会成员通过对比两种职业的风险和收入来选择职业类型，选择成为工人的居民进入最终产品部门，生产最终产品并在完全竞争市场中销售；选择成为企业家的居民进入研发部门从事创新创业活动并承担相应风险。居民选择成为企业家的比例越高意味着经济中企业家精神的发育水平越高。第三，不存在人口增长和人口流动，居民均具有相同的时间偏好率，面临着相同的不变跨期替代弹性效用偏好以最大化效用。

## (一) 最终产品部门

结合 Barro 和 Sala-i-Martin (2004) 的研究,本书将代表性最终产品生产者的生产函数设定为:

$$F_i = A L_{iF}^{\alpha} \int_0^N [M_i(j)]^{1-\alpha} dj \tag{3-56}$$

其中,$0<\alpha<1$,$F_i$ 为产出,$L_{iF}$ 为劳动投入,$M_i(j)$ 是厂商 $i$ 购买的第 $j$ 种专门的中间品,$N$ 是中间品的种类数量,参数 $A$ 是生产率或效率的总体量度。式 (3-56) 表明投入 $L_{iF}$ 和 $M_i(j)$ 都服从边际生产力递减规律,且所有投入都具有不变规模报酬。$[M_i(j)]^{1-\alpha}$ 的加性可分的形式意味中间品 $j$ 的边际产出与所使用的其他种类的中间品的数量无关。因此,一种新的中间品既不是已有中间品的直接替代品,也不是它的直接互补品,本书刻画的是这种创新。

## (二) 研发部门

在某个时点,现有的技术能够生产 $N$ 种产品。$N$ 的数量增加要求企业家进行创新活动以生产出新的中间品。与 Sala-i-Martin (2004) 不同的是,研发部门面临一个三阶段的决策过程。一是,社会成员通过对比风险和收入来选择成为一名工人还是成为一名企业家。二是,企业家做出进入研发领域的决策,并决定研发投入,生产新的中间品。三是,企业家根据市场供求决定新的中间品销售给最终产品部门的最优价格。本部分依次逆向考察这三个阶段。

1. 第一阶段:中间产品定价

当第 $j$ 种中间的相关技术实现突破并投入生产,企业家设计出中间品并被市场所接受,企业家享有对中间品的相关技术、生产销售等方面的垄断权。为了推导方便,又不影响结论,本书仿照 Sala-i-Martin (2004) 的研究,将中间品的边际成本和平均成本假定为一个常数,且被标准化为 1,因此,代表性企业家获得的利润流是:

$$\pi_j(v) = [p_j(v) - 1] M_j(v) \tag{3-57}$$

其中,$M_j(v)$ 为 $v$ 时所有最终产品生产厂商对中间品 $j$ 的总需求,即为对 $i$ 取遍所有整数,并进行积分得到:

$$M_j(v) = \int_1^N M_{ij}(v) di = \sum_{i=1}^N M_{ij}(v) \tag{3-58}$$

2. 第二阶段:研发投入

本书认为居民选择企业家职业获得成功通常至少需要经历三个过程。

第一，企业家能够产生创意，即创造过程。第二，企业家能将创意转化为中间产品，即创新过程。第三，最终产品生产厂商能够对企业家生产设计的中间产品产生有效需求，即创业过程。这三个步骤反映了企业家创新创业历程的艰难，而且从直觉上看这三个子过程应该不是独立的，而是后一个子过程均必须以前一个子过程为基础和条件的。因此设定第一阶段、第二阶段和第三阶段分别记为事件 $\Theta$、$\Phi$ 和 $\Omega$，三个阶段同时发生的事件记为 $\Theta \cdot \Phi \cdot \Omega$，概率记为 $P(\Theta \cdot \Phi \cdot \Omega)$，且满足：

$$P(\Theta \cdot \Phi \cdot \Omega) = P(\Theta) \cdot P(\Theta \mid \Phi) \cdot P[\Omega \mid (\Theta \cdot \Phi)] \qquad (3-59)$$

式（3-59）表明，企业家创新创业成功的概率 $P(\Theta \cdot \Phi \cdot \Omega)$ 等于创造成功的概率 $[P(\Theta)]$ 乘以创造发生条件下创新成功的概率 $[P(\Theta \mid \Phi)]$ 再乘以创造和创新均成功的前提下创业成功的概率 $[P(\Omega \mid (\Theta \cdot \Phi))]$，全面深刻地描述了居民选择企业家职业并且创业获得成功的过程。

假定居民 $\Psi$ 选择成为企业家并产生 $d_\Psi$ 个创意，每一个创意均能转化为一种中间品 $j$。假定企业家对每个创意的研发投入为 $R_{d\Psi}$，它与该中间品带来的产出的增加成正比，即与 $F/N$ 成正比，因为在短期内，新的创意会越来越少，提出能够成功转化为新的中间品且能实现商业化的创意会越来越难（Sala-i-Martin，2004）。同时随着市场化程度的不断提高和对外开放的不断深入，鼓励创新、宽容失败的社会氛围的形成，导致企业家精神持续成长，经济中企业家从事创业创新活动日趋集中，从而产生知识溢出和规模经济效应，这会降低单个中间品的研发投入成本。在创造过程中，企业家需要获取信息把握本行业科技发展的前沿，站在巨人的肩上有所创新，才能产生创意。在创新过程中，为了适应新的中间产品的设计及生产，企业家需要收集信息，改变企业的科层组织，提高知识信息传递、共享的效率，提高各类人员间的协同创新和整体行动效能（Lu 和 Ramamurthy，2011）。企业家将基础科学知识转化为经济上有用的知识，实现知识的商业化。在创业过程中，市场机会是瞬息万变的，企业家需要掌握丰富准确及时的有关该中间品的需求信息。信息化建设会弱化技术风险、市场风险，减少交易费用，降低进入壁垒，全面且正向影响企业家获得成功的可能性，有利于企业家精神的成长（Barnett et al.，2019）。为了简化过程，本书假定信息化程度只通过降低研发成本来影响企业家的创新创业成功。综合以上分析，本书设定如下的研发投入成本函数：

$$R_{d\psi}=\zeta(F/N)/[(1-b)Ld_\psi]I^\varphi \qquad (3\text{-}60)$$

在式（3-60）中，$\zeta>0$ 为外生参数，与市场环境、基础研究水平有关。$F/N$ 表示单个中间品所能带来的产出增加，$b$ 为社会成员中成为工人的比例，在平衡增长路径上，人们的职业相对稳定，不存在职业转换，所以 $b$ 保持不变。$(1-b)$ 为企业家的比例，$(1-b)L$ 企业家人数，$(1-b)Ld_\psi$ 代表经济中产生的创意的数量，处于分母位置代表知识溢出和规模经济效应。$I$ 代表信息化程度。$\varphi>0$ 是外生参数，代表信息化提高1%，研发成本会降低 $\varphi\%$，即信息化的发展降低研发成本的幅度。

根据式（3-57）可知，代表性企业家 $j$ 在 $v$ 时从每种中间品获得的利润流的现值为：

$$V(t)=\int_t^\infty \pi_j(v)\cdot e^{-\bar{r}(t,v)\cdot(v-t)}dv \qquad (3\text{-}61)$$

其中，$\bar{r}(t,v)=[1/(v-t)]\cdot\int_t^v r(t)dt$ 代表从 $t$ 到 $v$ 的平均利润率，在平衡增长路径上为常数，则式（3-61）转化为：

$$V(t)=\int_t^\infty \pi_j(v)\cdot e^{-r\cdot(v-t)}dv \qquad (3\text{-}62)$$

假定研发领域可以自由进入，因此每一个社会成员可以通过支付研发成本 $R_{d\psi}$ 进入研发领域。当新中间品带来的期望收益的现值大于其研发成本时，即 $E[V(t)]>R_{d\psi}$ 时，将会有新的社会成员选择进入研发领域，从而降低了新中间品带来的期望收益的现值 $E[V(t)]$，直到 $E[V(t)]=R_{d\psi}$，反之亦然。因此，在均衡增长路径上，需要满足下式：

$$E[V(t)]=R_{d\psi} \qquad (3\text{-}63)$$

其中：$E[V_\psi(t)]=d_\psi E[V_{d\psi}(t)]=\int_t^\infty P(\Theta)\cdot P(\Theta|\Phi)\cdot P[\Omega|(\Theta\cdot\Phi)]\pi_j(v)e^{-r\cdot(v-t)}dv \qquad (3\text{-}64)$

将式（3-64）代入（3-63）并对时间求导，得到：

$$r(t)=\frac{P(\Theta)\cdot P(\Theta|\Phi)\cdot P[\Omega|(\Theta\cdot\Phi)]\pi_j(v)}{E[V(t)]}+\frac{E[\dot{V}(t)]}{E[V(t)]} \qquad (3\text{-}65)$$

式（3-65）表示，债券利率 $[r(t)]$ 等于期望利润率加上研发企业的价值变化所带来的收益率或者损失率 $\left(\dfrac{E[\dot{V}(t)]}{E[V(t)]}\right)$。在平衡增长路径上，因为 $\dfrac{E[\dot{V}(t)]}{E[V(t)]}=0$，因此有：

## 第三章 企业家精神影响工业绩效的理论框架

$$r(t) = \frac{P(\Theta) \cdot P(\Theta|\Phi) \cdot P[\Omega|(\Theta \cdot \Phi)]\pi_j(v)}{E[V(t)]} = R_{d\psi}^{-1} P(\Theta) \cdot$$
$$P(\Theta|\Phi) \cdot P[\Omega|(\Theta \cdot \Phi)]\pi_j(v)$$
$$= \{\zeta(F/N)/[(1-b)Ld_\psi]\Gamma^{-\varphi}\}^{-1} P(\Theta) \cdot P(\Theta|\Phi) \cdot P[\Omega|(\Theta \cdot \Phi)]\pi_j(v) \qquad (3-66)$$

令 $E[\pi_j(v)] = P(\Theta) \cdot P(\Theta|\Phi) \cdot P[\Omega|(\Theta \cdot \Phi)]\pi_j(v)$，表示企业家从每个创意中获得的预期收益。

3. 第三阶段：职业选择

居民 $\Psi$ 如果成为工人，受雇于企业家，将获得劳动工资收入 $w_{\Psi F} = w_F$ 以及资产利息收入 $rK_\Psi$；如果成为企业家，将获得预期利润：

$$E\pi_\Psi = E\pi_{\Psi v} d_\Psi P(\Theta) \cdot P(\Theta|\Phi) \cdot P[\Omega|(\Theta \cdot \Phi)]\pi_j(v) \qquad (3-67)$$

企业家获得预期利润的现值为：

$$E[V_\psi(t)] = d_\Psi E[V_{d\psi}(t)] = \int_t^\infty d_\Psi \cdot P(\Theta) \cdot P(\Theta|\Phi) \cdot P[\Omega|(\Theta \cdot \Phi)]\pi_j(v) e^{-r \cdot (v-t)} dv \qquad (3-68)$$

因此，鉴于企业家是风险承担者的内涵，居民选择企业家职业的条件是：

$$\vartheta_\Psi EV_\Psi \geq w_{\Psi F} + rK_\Psi \qquad (3-69)$$

在式（3-68）中，$\vartheta_\Psi$ 代表居民 $\Psi$ 的风险偏好程度，该居民对风险越厌恶，企业家的期望收益的现值必须远远高于工人的收入时才会选择企业家，因此从这个角度讲，不愿承担风险的居民不会成为企业家。在同等条件下，当一个行业的收益的现值非常高，而风险较高时，只有风险偏好较强的居民才会选择成为企业家。在现实经济实践中，一个行业具有可观的收益往往伴随着较高的风险，因此具有勇于直面风险、化解风险、渴望成功和获取财富精神（企业家精神）的居民才能成为企业家从事创新创业活动。

（三）居民

居民仍在无限视界的情况下最大化其效用：

$$U = \int_0^\infty e^{-\rho t} \frac{1}{1-\theta} [c(t)^{1-\theta} - 1] dt \qquad (3-70)$$

其中，经济中不存在人口增长，所以消费增长率等于人均消费的增长率，居民选择成为工人所获得的资产收益率为 $r$，且从固定不变的劳动总量中获得的工资率为 $w_{\Psi F}$ ($w_{\Psi F}=w_F$)，资产收入为 $rk_{\Psi}$。因此，居民面临的人均水平的预算约束是：

$$\dot{k}_{\psi}=w_F+rK_{\psi}-c \tag{3-71}$$

## 二 理论模型推导

假定最终产品部门的生产厂商 $i$ 面临的最终产品的价格为 1，工资率为 $w_{\Psi F}=w_F$，最终产品生产者的利润为：

$$\pi_{iF}=F_i-w_{iF}L_{iF}-\sum_{j=1}^{N}p_jM_{ij} \tag{3-72}$$

对式（2-71）关于第 $j$ 种中间品求偏导：

$$\frac{\partial \pi_{iF}}{\partial M_{ij}}=A(1-\alpha)L_{iF}^{\alpha}M_{ij}^{-\alpha}-p_j=0 \tag{3-73}$$

因此，最终产品生产者对第 $j$ 种中间品的需求为：

$$M_{ij}=[A(1-\alpha)/p_j]^{1/\alpha}L_{iF} \tag{3-74}$$

同理，对式（3-72）关于最终产品部门的劳动投入 $L_{iF}$ 求偏导：

$$\frac{\partial \pi_{iF}}{\partial L_{iF}}=A\alpha L_{iF}^{\alpha-1}\sum_{j=1}^{N}M_{ij}^{1-\alpha}-w_{iF}=0 \tag{3-75}$$

因此，最终产品部门工人的工资为：

$$w_{iF}=A\alpha L_{iF}^{\alpha-1}\sum_{j=1}^{N}M_{ij}^{1-\alpha} \tag{3-76}$$

将（3-74）代入式（3-58），得到：

$$M_i=[A(1-\alpha)/p_j]^{1/\alpha}\sum_{j=1}^{N}L_{iF}=[A(1-\alpha)/p_j]^{1/\alpha}L_F \tag{3-77}$$

将式（3-77）代入（3-57）得到：

$$\pi_j(v)=[p_j(v)-1]\cdot[A(1-\alpha)/p_j]^{1/\alpha}L_F \tag{3-78}$$

研发部门的利润最大化问题需要对式（2-78）关于 $p_j(v)$ 求偏导，得到：

$$\frac{\partial \pi_j(v)}{\partial p_j(v)}=\left[\left(1-\frac{1}{\alpha}\right)p_j(v)^{-\frac{1}{\alpha}}+\frac{1}{\alpha}p_j(v)^{-\frac{1}{\alpha}-1}\right][A(1-\alpha)]^{\frac{1}{\alpha}}=0 \tag{3-79}$$

得到 $p_j(v)=\dfrac{1}{1-\alpha}>1$ \hfill (3-80)

将式（3-80）代入式（3-77），得到最终产品生产者 $i$ 对中间品的总需求为：

$$M_i=A^{1/\alpha}(1-\alpha)^{2/\alpha}L_F \tag{3-81}$$

将式（3-80）代入式（3-78）得到每种中间品的利润流为：
$$\pi_j(v) = \alpha A^{1/\alpha}(1-\alpha)^{(2-\alpha)/\alpha} L_F \tag{3-82}$$

所有最终产品生产者对中间品的需求总量为：
$$M = NM_i = A^{1/\alpha}(1-\alpha)^{2/\alpha} L_F N \tag{3-83}$$

在平衡增长路径上，最终产品部门的生产厂商对所有中间品的都是对称的，式（3-56）可以表示为：
$$F_i = A L_{iF}^{\alpha} N M_i^{1-\alpha} = A L_{iF}^{\alpha} (NM_i)^{1-\alpha} N^{\alpha} \tag{3-84}$$

因此，最终产品部门的总产出形式为
$$F = A L_F^{\alpha} M^{1-\alpha} N^{\alpha} \tag{3-85}$$

将式（3-83）代入式（3-85）得到最终产品部门的总产出为：
$$F = A^{1/\alpha}(1-\alpha)^{2(1-\alpha)/\alpha} L_F N \tag{3-86}$$

将式（3-82）和（3-86）代入式（3-66）得到：
$$r = P(\Theta) \cdot P(\Theta|\Phi) \cdot P[\Omega|(\Theta \cdot \Phi)]\alpha(1-\alpha)(1-b)Ld_\psi I^\varphi/\zeta \tag{3-87}$$

居民最大化其效用的汉密尔顿函数为：
$$H = \frac{c(t)^{1-\theta}-1}{1-\theta} + \lambda(w_F + rk_\psi - c) \tag{3-88}$$

横截条件是：$\lim_{t \to \infty} e^{-\rho t}\lambda(t) = 0$，在式（3-88）中，$c$ 为控制变量，$k_\psi$ 为状态变量，对式（3-88）关于 $c$ 求偏导得到：
$$\frac{\partial H}{\partial c} = c^{-\theta} - \lambda = 0 \tag{3-89}$$

对式（3-89）先取对数，再关于 $t$ 求偏导得到：
$$0\frac{\dot{c}}{c}\frac{\dot{\lambda}}{\lambda} \tag{3-90}$$

对式（3-88）关于状态变量 $k_\psi$ 求偏导得到：
$$\dot{\lambda} = \rho\lambda - \frac{\partial H}{\partial k_\psi} = \rho\lambda - r\lambda \tag{3-91}$$

整理得到：$\dfrac{\dot{\lambda}}{\lambda} = \rho - r \tag{3-92}$

由式（3-90）和（3-92）平衡增长路径上的消费水平的增长率（产出增长率和技术进步率）得到：

$$g=\frac{\dot{A}}{A}=\frac{\dot{F}}{F}=\frac{\dot{c}}{c}=\frac{r-\rho}{\theta} \tag{3-93}$$

将（3-87）代入（3-93）得到：

$$g=\frac{\dot{A}}{A}=\frac{\{P(\Theta)\cdot P(\Theta|\Phi)\cdot P[\Omega|(\Theta\cdot\Phi)]\alpha(1-\alpha)(1-b)Ld_\Psi I^\varphi/\zeta-\rho\}}{\theta}$$

$$\tag{3-94}$$

根据西方宏观经济学基本理论，在平衡增长路径上，经济的人均消费增长率、人均产出增长率，都等于技术进步速度，从而最终决定了经济的绩效水平的高低 Barro 和 Sala-i-Martin（2004）。式（3-93）表明，在平衡增长路径上，经济的绩效增长水平决定于经济中企业家比重（1-b）和信息化程度（I）等变量有关，本书侧重于考察经济中企业家精神和信息化程度对经济绩效增长的影响机理。

### 三　假说的提出

对式（3-94）关于信息化程度（I）求偏导，得到：

$$\frac{\partial g}{\partial I}=\frac{\partial g(\dot{A}/A)}{\partial I}=(\alpha\varphi/\theta\zeta)P(\Theta)\cdot P(\Theta|\Phi)\cdot P[\Omega|(\Theta\cdot\Phi)](1-\alpha)$$
$$(1-b)Ld_\Psi I^{\varphi-1}>0 \tag{3-95}$$

式（3-95）表明，在平衡增长路径上，随着信息化程度的提高，企业家开展创新活动需要支付的交易成本会随之下降，经济的增长率也会在不断提高，会推动技术进步，也从而促进经济的绩效水平的改善。于是得到假说6：

假说6：在其他条件不变时，信息化程度的提高对处于稳态时的经济绩效水平的提升具有积极影响。

对式（3-94）关于经济中企业家比重（1-b）求偏导，得到：

$$\frac{\partial g}{\partial(1-b)}=\frac{\partial g(\dot{A}/A)}{\partial(1-b)}=(\alpha/\theta\zeta)P(\Theta)\cdot P(\Theta|\Phi)\cdot P[\Omega|(\Theta\cdot\Phi)]\cdot$$
$$(1-\alpha)Ld_\Psi I^\varphi>0 \tag{3-96}$$

进一步对式（3-96）关于信息化程度（I）求偏导，得到：

$$\frac{\partial^2 g}{\partial(1-b)\partial I}=\frac{\partial^2(\dot{A}/A)}{\partial(1-b)\partial I}=(\alpha\varphi/\theta\zeta)P(\Theta)\cdot P(\Theta|\Phi)\cdot P[\Omega|(\Theta\cdot\Phi)]$$
$$(1-\alpha)Ld_\Psi I^{\varphi-1}>0 \tag{3-97}$$

式（3-96）和（3-97）表明，随着信息化程度的提高，经济中企业家比重的提高所带来的技术进步效应和增长效应会进一步增强，即，信息化程度的提高和企业家精神的成长对处于平衡增长路径上的绩效水平的提高具有互动强化作用。于是得到假说7。

假说7：在其他条件不变时，信息化程度的提高能够强化企业家精神的成长对经济的绩效提升的促进作用。

假说6和假说7表明，在信息技术快速发展的今天，处于转型背景下的经济在鼓励个体创新创业、激发企业家精神创新创业潜力的同时，还要大力研发和推广信息技术以降低交易成本等，加快向企业家职业倾斜的激励机制的形成，进一步释放企业家精神的知识溢出效应。

## 第五节　小结

在借鉴哈佛学派的市场结构—市场行为—市场绩效（Structure-Conduct-Performance，SCP）的分析范式，本书提出创新环境—企业家精神—工业绩效（Environment-Entrepreneurship-Performance，EEP）的理论视角。接下来，本书分别将专业人力资本、市场化进程和信息化程度作为企业家精神产生、成长和企业家开展创新创业活动中做出决策的环境因素纳入创新环境—企业家行为—工业绩效的理论框架。然后借鉴并扩展相关的理论研究，在一般市场均衡下推导出企业家分别与专业人力资本、市场化进程、信息化程度三类创新环境影响工业绩效的理论模型，最后在此基础上提出了待检验的若干个基本假说，为后文的实证检验做好了理论上的准备。

# 第四章 企业家精神发展及其对中国工业绩效影响的典型事实

## 第一节 企业家精神发展的典型事实

**一 测算方法与数据处理**

由于企业家精神的内涵和外延都具有高度抽象性，并没有统一的标准，因此大多数研究往往通过企业家的外在活动特别是创业活动来间接度量企业家精神。在第二章的文献综述中，国外的研究较多采用自我雇用比率、企业所有权比率、TEA、企业进入退出比率、创业人数等指标。需要注意的是，国外的这些指标可能并不适用于中国的情形，且数据的可获得性较差。本书将借鉴中国企业家调查系统（2015）的研究，从更广的角度来考察企业家精神配置的总体变化趋势和区域差异。本书初步使用企业家丰度（企业单位数）特别是企业家密度（各省份每万名从业人员的企业单位数）来度量企业家精神的发展水平及趋势。

**二 总体变动趋势**

（一）企业家创业活动日趋活跃

从图 4-1 可以得到两个基本事实：首先，代表企业家精神的企业家丰度和密度具有几乎相同的变化趋势，其次，两者在 2000—2016 年的变化可以大致划分为快速增长、急速下降和恢复性增长为三个阶段。

第一阶段 2000—2008 年为快速增长阶段。20 世纪 90 年代，中国政府出台的一系列鼓励创业的政策和法规为企业家精神的快速成长创造了良好条件，如党的十四大报告提出建立市场经济体制，在发展公有制的同时，允许个体经济、私营经济和外资经济以补充的方式发展，各种经济成分之间还可以实行不同形式的联营。公司法、合伙企业法和个人独资企

第四章 企业家精神发展及其对中国工业绩效影响的典型事实 | 69

法的实施鼓励、规范了企业的创立和经营活动。2001年年末中国加入世贸组织导致大量港澳台和外商投资企业涌入，2002—2004年每年大约增长了10%。中小企业促进法规定任何机关团体不得违法向中小企业乱收费乱罚款乱摊派，从而鼓励保护了中小企业的发展。2005年修订的公司法降低了公司特别是有限责任公司的成立门槛，从而减少了企业家的创业成本。2007—2008年企业单位数更是大幅度增长，分别增长11%和26%。

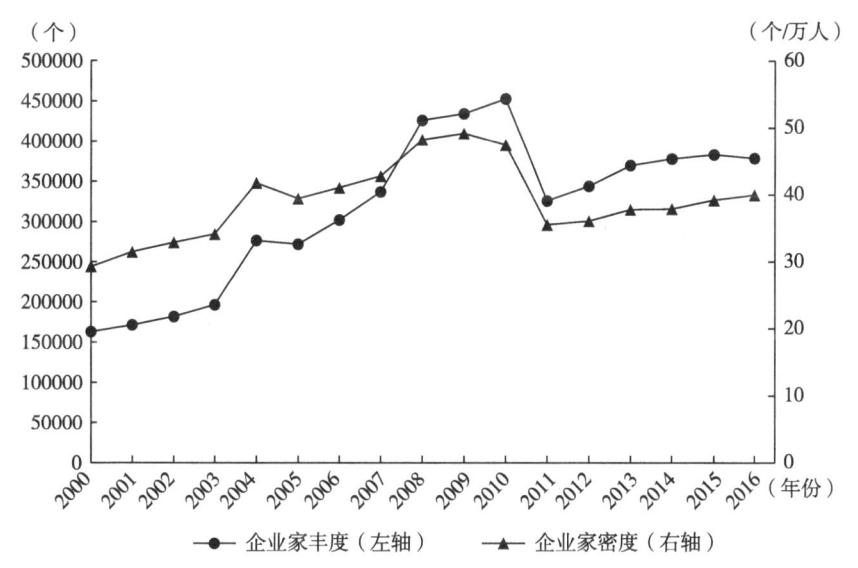

**图4-1 全国工业2000—2016年企业家丰度和企业家密度的变化趋势**

资料来源：参见2001—2017年《中国工业统计年鉴》。

第二阶段2009—2011年为急速下降阶段。企业家丰度在2009年出现了缓慢增长，是因为2008年爆发的金融海啸开始影响到中国企业的经营活动。相对于2008年之前的快速增长，2009年企业单位数仅仅增长了2%。2011年出现急剧下降很可能是因为中国统计口径发生了改变。《中国统计年鉴2013》第十四章中的"简要说明"给出了考察期统计范围和口径的调整，1998—2006年为全部国有和年主营业务收入500万元及以上的非国有工业企业；2007—2010年为年主营业务收入500万元及以上的工业企业（规模以上工业企业①）；从2011年开始，为年主营业务收入2000万元及以上的工业企业（规模以上工业企业）。因此，2011年企业家丰度

---

① 如无特别说明，本书所涉及到的工业企业均指规模以上工业。

和密度的急剧下降应该主要归因于统计范围的变化，并不意味着企业家精神的萎缩。

第三阶段 2011—2016 年为恢复性增长阶段。在经历统计口径缩小的"打击"后，全国的企业家丰度和企业家密度都呈现出恢复性增长态势，且增长平稳，标志着中国企业家精神进入平稳发展阶段。2011 年的"十二五"《中小企业成长规划》提出大力扶持小微企业，发展劳动密集型企业，培育创业主体，促进新企业的创办与发展，促进中小企业健康发展。党的十八大报告提出要促进创业带动就业，加强职业技能培训，增强劳动者就业创业能力。2011—2016 年，全国企业单位数从 325609 增长到 375899 家，年均增长 3%，企业家密度从每万名从业人员 35 家企业提高到 40 家，年均增长 2%。

图 4-2 和 4-3 从另一个角度证实了全国企业家创业活动的不断向好趋势。图 4-2 显示，2000—2016 年，中国的个体户数和私营企业数分别增长了 1.3 和 12.1 倍，并且都呈"J"形曲线增长，近年来开始加速增长。图 4-3 显示，私营企业家的创业活动带来了私营企业的就业人数的上升，也同时促进了投资人数的增长，私营企业投资人数占从业人数的比重一直维持在 20% 左右，这说明私营企业的风险承担能力在不断增强。

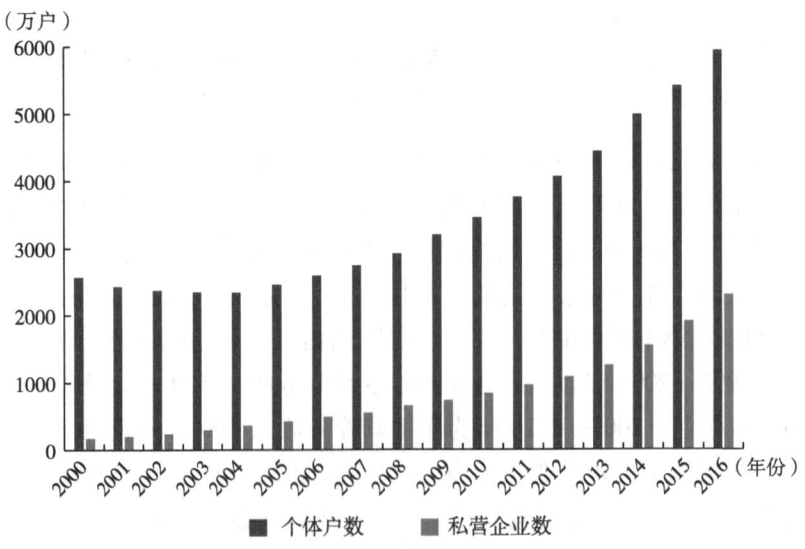

**图 4-2 全国工业 2000—2016 年个体户和私营企业数**

资料来源：参见 2001—2017 年《中国工业统计年鉴》。

第四章　企业家精神发展及其对中国工业绩效影响的典型事实

**图 4-3　中国工业 2000—2016 年私营企业从业人数、投资者人数及其比重**

资料来源：参见 2001—2017 年《中国工业统计年鉴》。

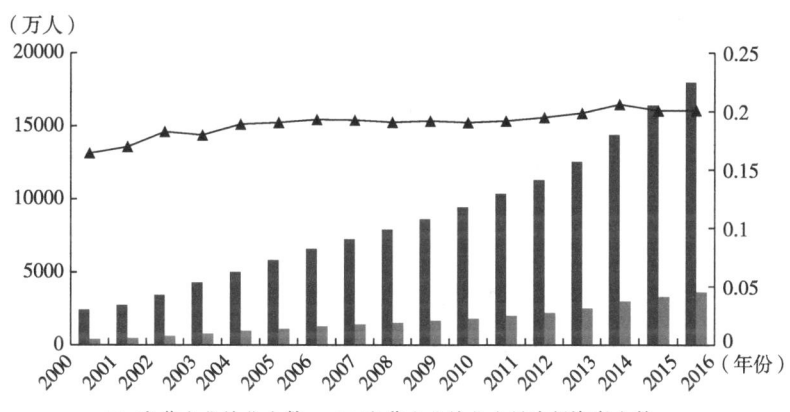

### （二）企业家创新投入和产出持续增加，工业绩效不断提高

企业家是企业增加创新投入和提高创新绩效的主导力量。图 4-4 报告了中国工业研发经费内部支出和研发人员全时当量 2000—2016 年的时序变化。以 2009 年为界限，2000—2008 年研发经费内部支出使用科技活动经费内部支出，2009—2016 年使用 R&D 经费内部支出，后者的口径

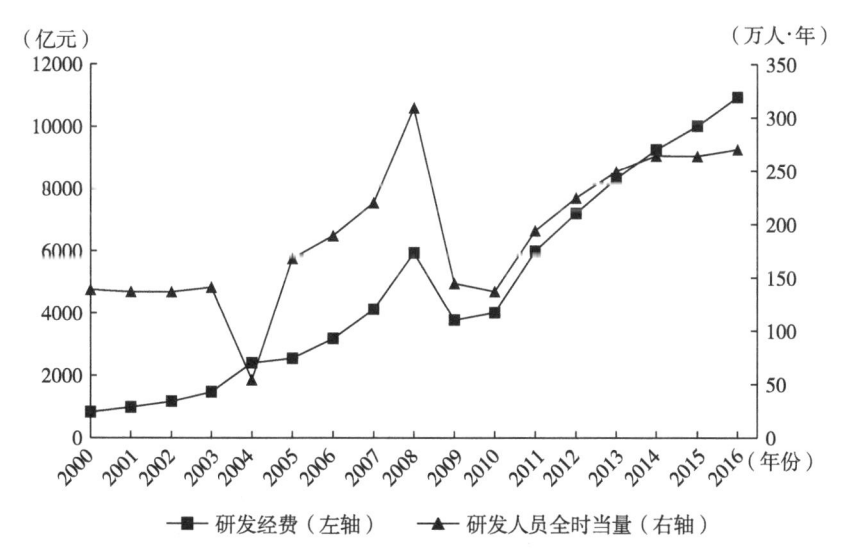

**图 4-4　中国工业 2000—2016 年创新投入的时序变化**

资料来源：参见 2001—2017 年《中国科技统计年鉴》。

小于前者（白俊红，2011），因此研发经费内部支出在 2009 年才出现急剧下降。2000—2003 年采用研发人员、2005—2008 年采用科技活动人员，2004 年、2009—2016 年采用 R&D 人员全时当量来作为专业人力资本的代理指标。从《中国科技年鉴》报告的数据显示，前者的口径大于后者。尽管研发人员全时当量在 2004 年、2009 年均出现急剧下降，可是这并不意味着企业家创新精神陷入了低迷。在图 4-4 中，分别考察 2000—2008 年、2009—2016 年创新投入情况，无论是研发经费内部支出还是研发人员全时当量，都在持续快速增长，并且两者同步变动，这是因为两者是互补的研发要素。这标志着企业家创新投入的意愿特别强烈，企业家具有强劲的创新活力，企业家创新进入了活跃期。

创新投入的持续增加为企业家带来了科技成果的涌现和可观的收益。图 4-5 显示了中国工业企业专利申请、发明专利和有效专利数量的变化趋势。工业企业的专利申请量从 2000 年的 11819 项激增到 2016 年的 715397 项，增长了近 60 倍，年均增长 29.2%，其中 2000—2010 年年均增长 32.6%，2010—2016 年年均增长 23.8%；发明专利从 2000 年的 2792 项增长到 2016 年的 286987 项，增长了 100 多倍，年均增长 33.6%，其中 2000—2010 年年均增长 38.5%，2010—2016 年年均增长 25.8%；有效发

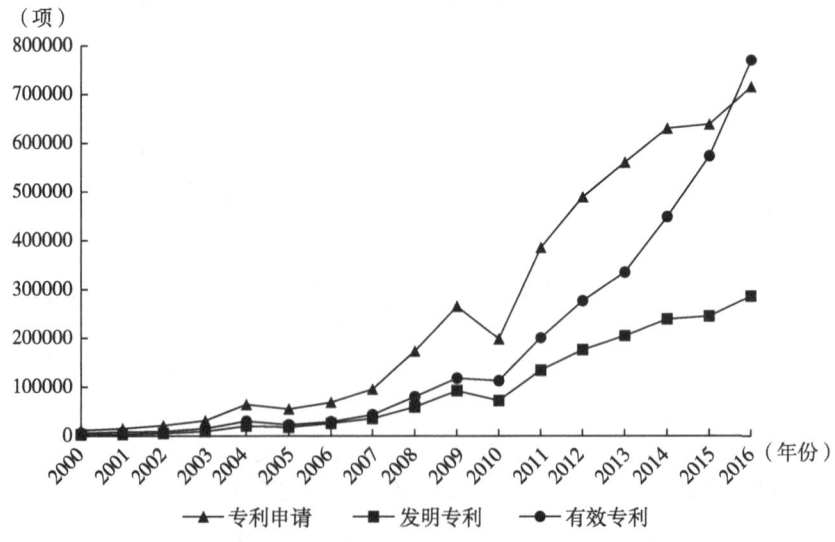

**图 4-5 中国工业 2000—2016 年专利产出的变化趋势**

资料来源：参见 2001—2017 年《中国科技统计年鉴》。

明专利从 2000 年的 6394 项增长到 2016 年的 769847 项，增长了约 119 倍，年均增长 34.9%，其中 2000—2010 年均增长 33.3%，2010—2016 年年均增长 37.7%。近年来三类专利增长曲线非常陡峭，标志着中国工业企业的创新产出在加速增加，企业家精神的知识溢出效应在迅速增强。

图 4-6 报告了中国工业 2000—2016 年新产品销售收入和利润总额的时间变化模式。新产品销售收入从 2000 年的 7641.3741 亿元增长到 2016 年的 174604.1534 亿元，增长了近 22 倍，年均增长 21.6%，其中从 2000—2005 年年均增长 25.8%，2005—2010 年均增长 24.7%，2010—2016 年年均增长 15.7%，虽然增长有所下降，但是仍然保持两位数增长。新产品的研发为企业带来了创新租金的增长。利润总额在 2000 年只有 4393.49 亿元，到了 2016 年达到了 71921.43 亿元，增长了 15 倍，年均增长 19 个百分点，其中 2000—2005 年年均增长 27.5%，2005—2010 年均增长 29.1%，2010—2016 年年均增长 5.2%。这表明，中国工业企业的创新投入转化为现实生产力和经济效益的效率较高，企业家开拓市场的能力在不断强化，新产品和新服务的市场认可度在提高，创新活力在不断增强。同时近年来企业的利润总额并没有与新产品销售收入实现同步增长，这说明企业的盈利能力的相对下降可能来源于非技术方面，如要素市场扭曲、资源错配等导致创业创新成本的不断上升侵蚀了利润。

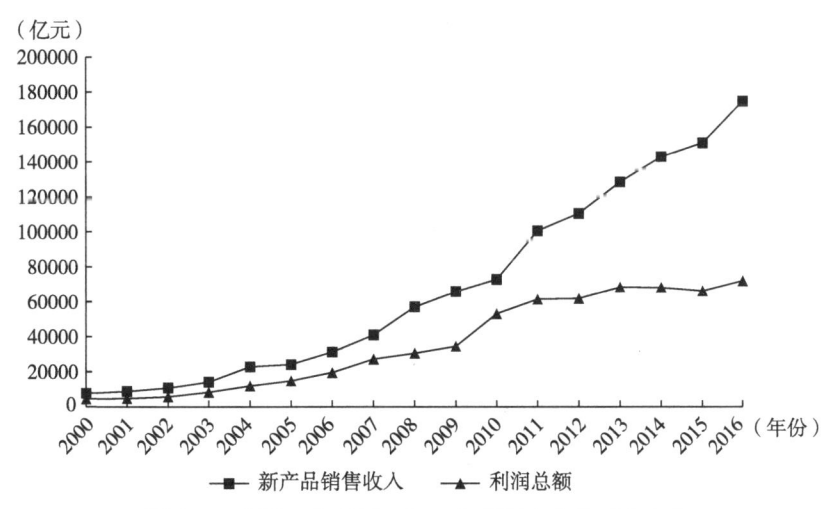

**图 4-6 中国工业 2000—2016 年创新产出的时序变化**

资料来源：参见 2001—2017 年《中国科技统计年鉴》。

### 三　区域差异

中国的经济发展水平和发展速度具有显著的地域差异，这会导致企业家创业创新精神在东部、中部、西部三大经济地带的配置表现出显著的差异。图4-7报告了中国东部、中部、西部规模以上工业私营企业家丰度及其所占比重在2000—2016年的变化趋势。观察图4-7，可以得出三个基本事实：

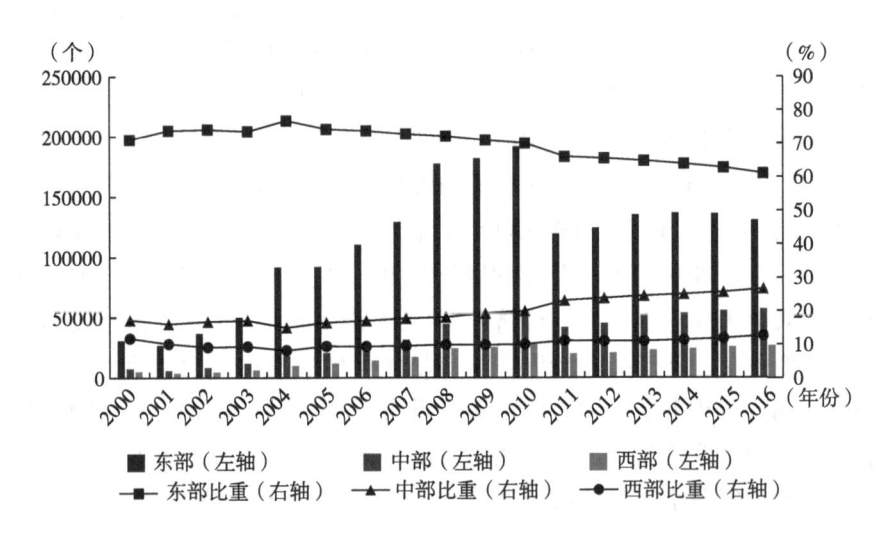

**图4-7　中国工业不同区域私营企业家丰度及其比重的变化趋势**

资料来源：参见2001—2017年《中国工业统计年鉴》。

第一，东部地区的企业家丰度及其比重远远大于中西部。尽管近年来东部地区的私营企业家丰度增加相对缓慢，但是东部地区的私营企业家丰度仍然是中部的2—5倍，是西部的5—9倍，东部地区的私营企业家丰度比重一直在60%以上。如图4-7所示，中西部的私营企业家丰度及其比重与东部相比，差异非常显著，中西部私营企业家丰度之和及其比重也小于东部。

第二，中西部地区的私营企业家丰度及其比重的内部差别相对较小，且变化趋势大体相似。图4-7显示，中部的私营企业家丰度大体上是西部的1.5—2倍，整体来看，中西部地区的私营企业家丰度的比重大体都经历了一个先下降后上升的过程。

第三，中西部地区的创业环境在不断改善。近年来，中西部地区的企业单位数增长率超过东部地区，所占比重也在不断上升。这可能是因为东部地区的创业活动接近饱和，中西部地区拥有的土地价格低廉、资源优势、劳动力优势以及近年来不断改善的营商环境吸引着企业家到中西部地区从事创业活动。

这表明，第一，东部沿海地区是企业家创业精神的活跃地区。企业家更偏向于在东部沿海地区从事创业活动，东部地区成为企业家创业的活跃区域，并且吸引着中西部的资本、劳动力要素流向东部地区，形成较强的"虹吸效应"。换句话说，企业家创业精神的配置具有显著的地域偏好性和地域集聚特征。第二，中西部地区特别是西部地区是企业家创业精神的相对沉寂地区。第三，与东部相比，中、西部之间的企业家精神的成长状况差别相对较小，且创业环境均在逐渐改善。

图4-8显示了中国工业不同区域的新产品销售收入及其比重在2000—2016年的变化趋势。从图4-8可以得出三个结论。第一，东部地区的工业企业新产品销售收入及其比重大大超过中西部。东部地区新产品销售收入是中部地区的3.5—8.0倍，是西部地区的7—9倍，中西部地区的新产品销售收入之和及其比重不足东部地区的一半。可见，东部地区是企业家创新精神水平和创新能力最高的地区。第二，三大区域的新产品销售额均在持续增长，但增长速度和比重变化并不平衡。2000—2016年，东中西部地区的新产品销售收入从2000年的5998.3亿元、940.9亿元、702.1亿元分别增加到2016年的124718.1亿元、35600.2亿元、14285.9亿元，年均分别增长20.9%、25.5%、20.7%，中部地区增速最快，东部次之，西部最慢，相应地，中部所占比重从12.3%上升到20.4%，而东西部分别从78.5%、9.2%下降到71.4%、8.2%。这表明中部地区的技术创新环境在不断改善，企业家创新精神不断成长。第三，中西部地区的工业企业新产品销售收入及其比重之间的差异相对较小，中部地区获取创新收益的能力在提高。中部地区的新产品销售收入是西部的1—2.5倍，而东部却大约西部的8.5倍。

前文分析说明，第一，企业家创业创新精神在各区域的配置均表现出极端不平衡，东部地区是企业家精神的高度活跃区域，中西部地区是企业家精神的相对沉寂区域。第二，企业家精神在中部、西部的配置差异均相对较小，且变化趋势大体相似。第三，中西部特别中部地区的创业创新环境在逐步改善。

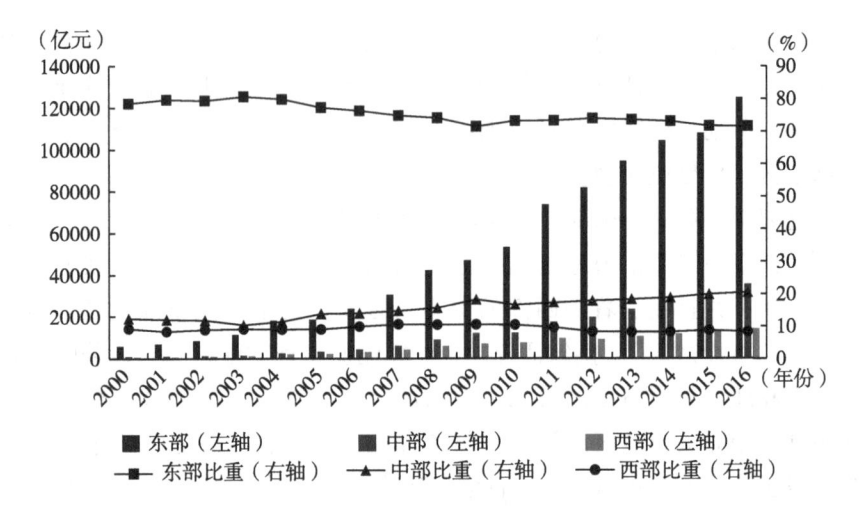

图 4-8　中国工业不同区域企业新产品销售收入及其比重的变化趋势

资料来源：2001—2017 年《中国科技统计年鉴》。

## 第二节　创新环境变迁的典型事实

### 一　专业人力水平变迁的典型事实

（一）测算方法

本书采用专业人力资本来刻画企业家创新创业面临的人力资源环境。专业人力资本可以通过教育、专利、研发等途径促进技术扩散和技术创新。在转型期的中国，一方面，伴随着教育投入的持续增长，不断扩大办学规模，全体社会成员的平均受教育年限显著增加，有力地改善了企业家促进知识溢出的人力资源环境；另一方面，中国的经济发展具有强烈的地域不平衡性，人口发生大规模地迁徙和流动。因此本书采用全国各省份从业人员的平均受教育年限来衡量专业人力资本（$PH$）。[①]

（二）总体变动趋势

图 4-9 显示了中国 2000—2016 年从业人员的平均受教育年限的总体变化趋势。图 4-9 直观地表明两个典型事实。第一，2000—2016 年，中

---

① 具体测算方法请详见第 5 章。

国从业人员的受教育年限整体上大幅度增加，从7.9年增长到10.0年，普遍接受了九年义务教育，已经进入整体普及高中的阶段，预示着企业家可雇用更高水平更合适的专业技术人才。第二，2005年平均受教育年限出现了罕见的小幅度地下降，可能由于2004年长三角出现"民工荒"导致对劳动力的需求增加，诱导中西部地区的适龄青年辍学提前进入劳动力市场，或由于统计数据的偏误所致。第三，金融危机爆发后，从业人口的受教育程度经历了一个较快提高的阶段，可能因为金融危机导致企业国外需求减少，进而导致企业对劳动力需求出现了下降，加上政府和人们对教育的重视所致。

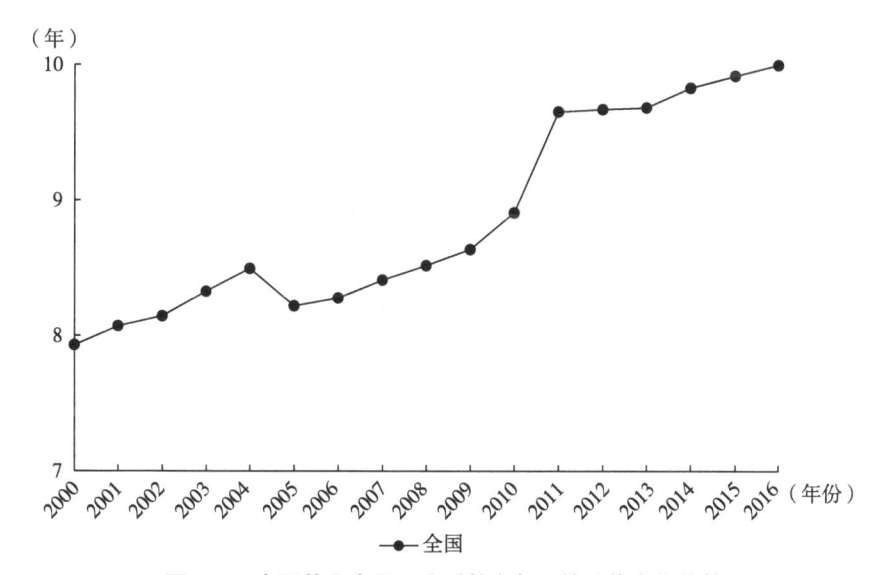

图4-9 中国从业人员平均受教育年限的总体变化趋势

资料来源：参见2001—2017年《中国劳动统计年鉴》。

（三）区域差异

图4-10报告了中国从业人员的人均受教育年限变化的区域差异。图4-10反映了基本事实。第一，中国东部、中部、西部三大区域的从业人员的人均受教育程度整体上都在快速提高。第二，中国从业人员的人均受教育年限存在显著的地域差异性，具体来说，2000—2016年，东部地区从业人员的人均受教育年限高于中部地区，中部地区又高于西部地区，由于各地区在经济文化发展的不平衡及其对教育的投入和重视程度造成的。第三，三大地区从业人员的人均受教育年限呈现出基本一致的变化

趋势。三大地区的人均受教育年限均在 2005 年出现下降，之后平稳增加，国际金融危机后快速增加，2011 年相对稳定增加。

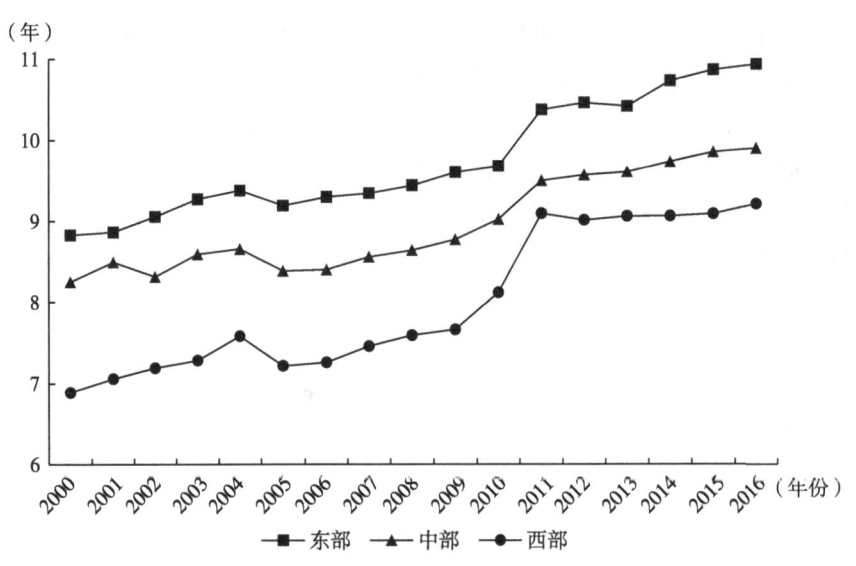

图 4-10　中国从业人员平均受教育年限变化的区域差异

资料来源：参见 2001—2017 年《中国劳动统计年鉴》。

## 二　市场化进程变迁的典型事实

### （一）测算方法

在中国转型背景下，市场化进程涉及经济社会法制发展的方方面面，因此采用一个或几个代理尽管能度量市场化进程和市场化环境的某些重要方面，但往往不能涵盖市场化的科学内涵及其对创新和增长影响的全貌。本章拟采用王小鲁、樊纲和余静文（2017）测算的 2008—2014 年的市场化总指数来衡量市场化进程。①

### （二）总体变迁趋势

图 4-11 显示了中国市场化指数 2000—2016 年的变化趋势。图 4-11 显示，2000—2016 年，中国的市场化指数整体上呈现明显的上升趋势，表明中国的市场化程度整体上在快速提高，市场环境在持续改善。全国平均的市场化程度在考察期内的变动趋势大体上可以划分为三个阶段，

---

① 2000—2007 年及 2015—2016 年的市场化总指数的推算方法详见第六章。

第一阶段为快速推进阶段（2000—2007年），2000年以来，随着中国加入世贸组织，对外开放领域的扩大，非国有经济的发展较快，市场配置资源的能力明显提高，政府对市场的干预程度显著降低，基础设施条件迅速改善，市场化进程明显加快。第二阶段为市场化进程缓慢甚至略微退步阶段（2008—2010年），2008年国际金融危机爆发后，中国政府实施的大规模政府投资和货币刺激政策强化了行政力量对市场的干预，政府与市场的关系发生了不利于市场配置资源的趋势，同时也影响了要素市场的发育以及市场竞争的法制环境，市场化进程出现略微退步。第三阶段为继续推进阶段（2011—2016年）。2011年以来，随着非国有经济的进一步发展、要素市场的发育、法制环境的改善，市场化程度进一步提高。

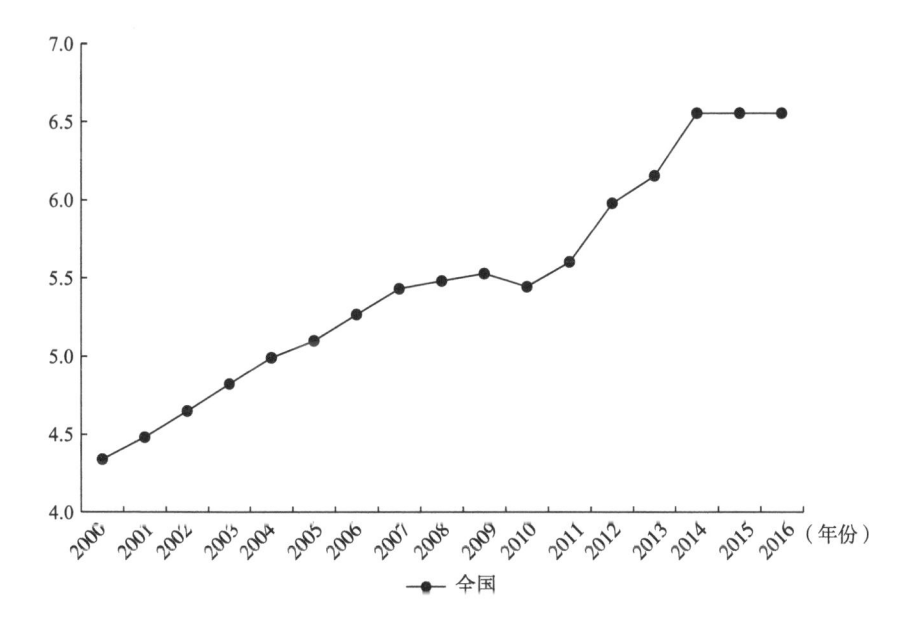

**图 4-11　中国市场化指数的总体变化趋势**

资料来源：根据王小鲁、樊纲和余静文（2017）的测算数据整理绘制。

（三）区域差异

中国市场化的总体进展不仅具有明显的阶段性，还表现出显著的地域差异性。图4-12显示了中国东部、中部、西部三大区域市场化演进的区域差异。可以得出两个事实，第一，三大区域市场化程度在整体上有了显著提高，企业家创新精神的发挥的制度环境在明显改善。第二，三大区域的市场化程度具有显著的地域差异性，并且东部、中部、西部依次降低。这是因为东部地区率先开放，民营经济发展迅猛，中西部地区开发开放相对较晚，但中部接近东部地区，受到东部地区的引领作用较大，西部地区相对封闭，市场化改革相对滞后。

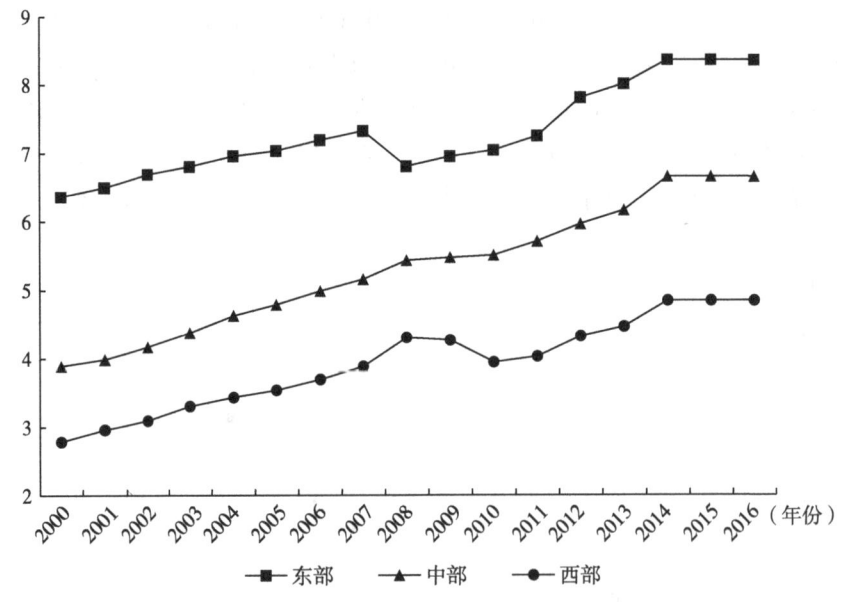

图 4-12　中国市场化进程变化的区域差异

资料来源：根据王小鲁、樊纲和余静文（2017）的测算数据整理绘制。

另外，根据本书的推算 2000 年市场化程度最高的 5 个省份是广东、浙江、福建、江苏和上海，最低的 5 个省份是甘肃（与贵州并列）、宁夏、新疆、青海、西藏。根据王小鲁、樊纲和余静文（2017）的研究报告，2008 年则分别为上海、浙江、江苏、广东、北京和西藏、青海、新疆、甘肃、宁夏。根据本书的推算，2016 年则分别为浙江、上海、江苏、广东、天津和西藏、青海、新疆、甘肃、贵州。可见，中国市场化程度最高的 5 个省份全部是东部省区，最低的 5 个省份全部在西部地区。

### 三　信息化程度变迁的典型事实

（一）测算方法

随着信息技术的不断升级，单一的指标往往不能准确地反映信息化发展的趋势和特征。为了准确地测度各省份的信息化发展水平，本书根据国家统计局统计科研所信息化统计评价研究组①（2011）的研究，采用信息化总指数这一综合性指标来刻画企业家面临的信息化环境。②

(二) 总体变迁趋势

图 4-13 显示了中国信息化指数 2000—2016 年的变化趋势。图 4-13 显示，2000—2016 年，中国的信息化指数整体上呈现明显的上升趋势，表明全国层面的信息化程度不断提高，整体上进入信息化社会初级阶段。全国层面的信息化程度在考察期内的变动趋势大体上可以划分为三个阶段，第一阶段为快速发展阶段（2000—2004 年），主要特征是信息化建设在各方面蓬勃发展，互联网用户群体日益壮大，信息消费水平不断提高。第二阶段为相对平稳发展阶段（2005—2013 年），主要特征是增长速度趋于放缓。第三阶段为加速发展阶段（2014—2016 年），主要特征是增长迅猛，中国的信息化已经迈向新的发展阶段。

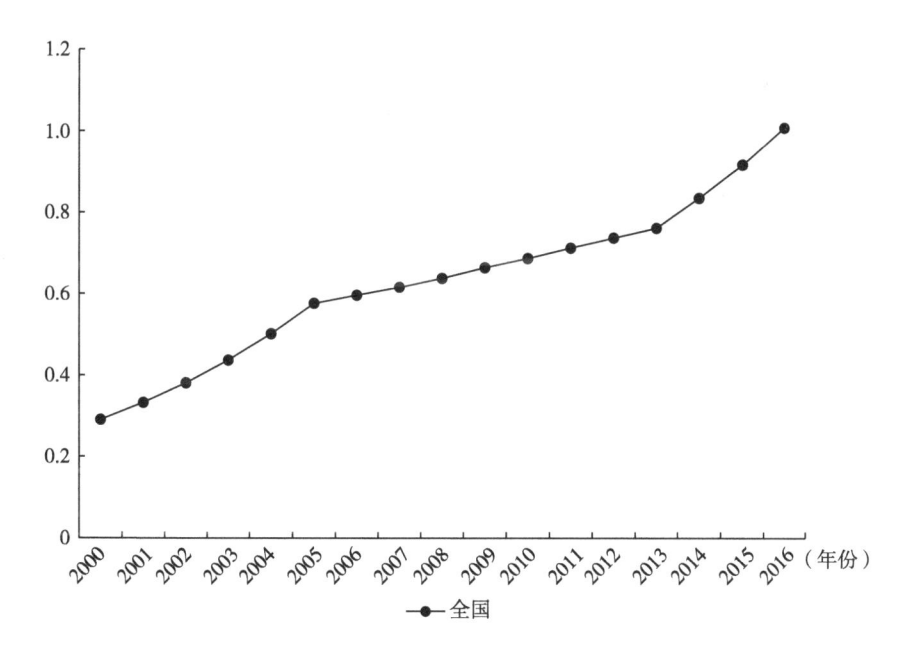

**图 4-13 中国信息化程度的总体变化趋势**

资料来源：参见 2001—2017 年《中国信息年鉴》。

---

① 以下简称研究组。
② 信息化总指数的测算方法详见第七章。

### (三) 区域差异

中国的信息化发展不仅表现出显著的阶段性，还表现出显著的地域差异性。图 4-14 显示了中国信息化程度变化的区域差异。从图 4-14 可以得出两点基本事实。第一，三大区域的信息化程度在考察期均快速上升，而且上升的趋势基本一致。这反映出中国的信息化发展战略在全国整体层面的全面实施。第二，中国的信息化发展态势表现出强烈的地域不平衡性，具体表现在东部的信息化程度高于中部，中部又高于西部，中西部信息化程度比较接近。这是由于东部和中西部地区的信息化进程开始的先后及经济发展水平、技术基础、人力资本等方面的差异所致。

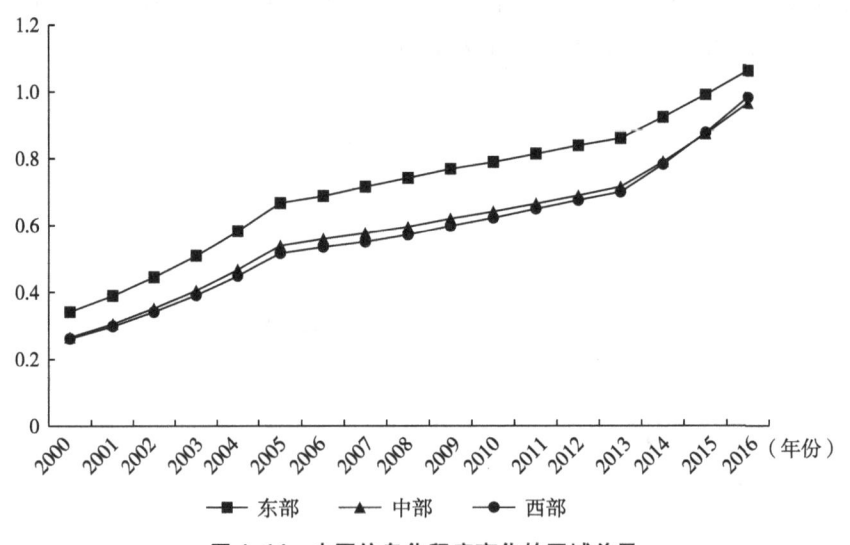

**图 4-14 中国信息化程度变化的区域差异**

资料来源：参见 2001—2017 年《中国劳动统计年鉴》。

## 第三节 中国工业绩效变化的典型事实

### 一　测算步骤与数据处理

本书采用全要素生产率（*TFP*）和人均有效发明专利（*APF*）衡量中国工业的绩效。在 Solow（1957）那里，*TFP* 的增长体现的是用要素投入的增长不能解释的那部分产出的增长,即一种剩余,反映了 TFP 这个概念的本质。TFP 被认为是度量科技创新和经济发展方式转变的关键指标(林毅夫和苏剑,2007;蔡昉,2013)。根据本书的研究目的及数据可得性,在比较 TFP 测算方法特点和适用性的基础上,本书拟在 SFA 框架下测算 TFP,TFP 的具体测算步骤详见第五章。人均有效发明专利(APF)采用各省份规模以上工业企业每万名从业人员有效发明专利件数。

## 二 总体变动趋势

本书绘制了中国工业全要素生产率（TFP,$\delta = 10\%$）和人均有效发明专利（APF）的变化趋势（图 4-15 和图 4-16 所示）。图 4-15 是 TFP 在 2000—2016 年表现出显著线性上升趋势,并且这种趋势并没有随金融危机的冲击而改变。图 4-16 显示,APF 在 2010 年以前虽然整体增长缓慢,甚至在金融危机发生后的 2010 年还出现了下降,但从 2011 年开始跳跃式的加速增长。图 4-15、图 4-16 基本符合中国多数工业行业成果转化和技术应用不断加速的直观事实。这表明,虽然近年来中国经济增长有所回落,但是中国工业绩效却在迅速提升,内生创新动力正在快速形成,韧性也在明显增强,因而中国工业正迈向高质量发展阶段。

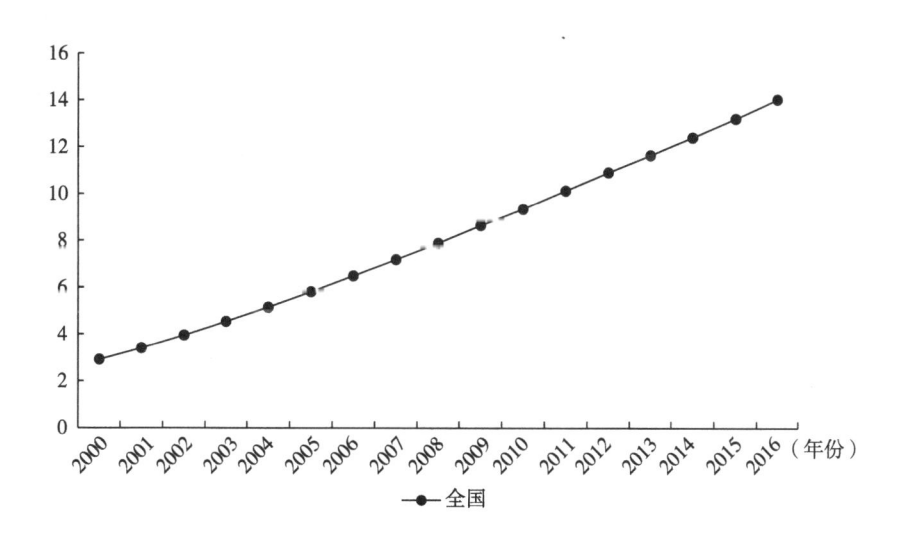

图 4-15 中国工业 TFP 的总体变化趋势（$\delta = 10\%$）

资料来源:来自作者测算。

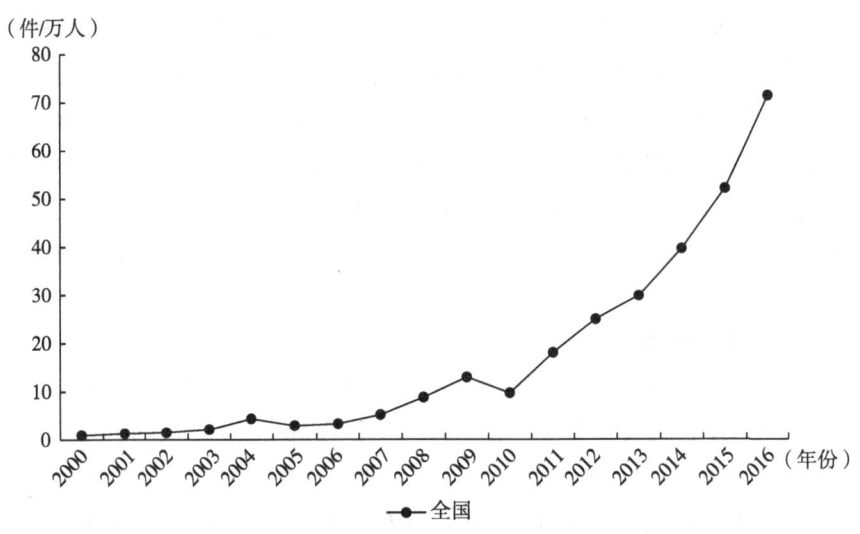

图 4-16　中国工业 APF 的总体变化趋势

资料来源：参见 2001—2017 年《中国科技统计年鉴》。

### 三　地区差异

本书进一步分析中国工业 TFP 和 APF 增长的区域差异。图 4-17、图 4-18 分别报告了中国东部、中部、西部地区工业 TFP 和 APF 增长态势。本书可以得出两个基本事实。第一，中国三大区域的工业生产效率加快改善，工业绩效持续提升，内生创新动力在快速增强，这表明各地区的比较优势得到进一步发挥，分工合理、优势互补、协同创新、高质量发展的区域经济发展格局正在形成。图 4-17 所示，中国东部、中部、西部三大区域的 TFP 均呈显著的上升趋势，并且增长路径非常相似；图 4-18 所示，中国东部、中部、西部三大区域的 APF 在金融危机发生后均出现一定程度的下降，整体上均呈现强烈的上升趋势，并且增长态势非常相似。这一方面得益于中国的区域经济发展战略取得了明显成效，另一方面归因于市场化改革的加快进一步削弱了地方保护主义，全国统一、开放、竞争、有序的市场体系正在形成，人才、技术等各类生产要素的配置效率明显提高。第二，三大区域间的 TFP 和 APF 的增长趋势仍然表现出一定的差异，这符合区域经济发展的基本规律。具体来说，三大区域的 TFP 的初始状态和在考察期间的均值均表现为东部高于西部，西部高于中部，这可能是因为东部地区率先开放发展，技术、人才密集，西部地区随着西部大开发战略的深入实施，比较优势进一步发挥，中部地区

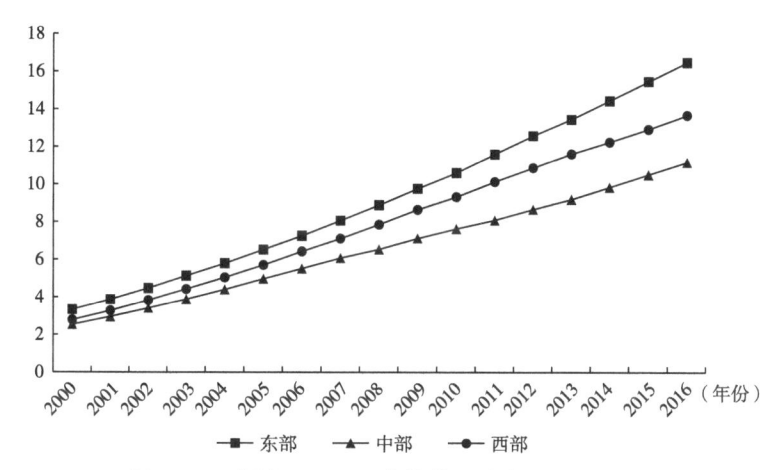

图 4-17　中国工业 *TFP* 变化的区域差异（$\delta = 10\%$）

资料来源：来自作者测算。

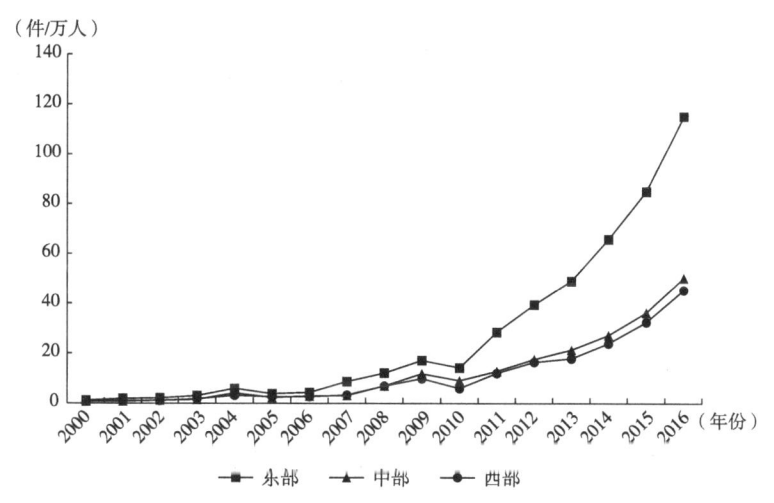

图 4-18　中国工业 *APF* 变化的区域差异

资料来源：参见 2001—2017 年《中国科技统计年鉴》。

的发展相对滞后①；而三大区域的 *APF* 变化，东部高于中西部，中西部的差异相对较小，在金融危机前，中西部几乎没有差别，但是在金融危机后，中部开始高于西部，这表明中部地区的技术创新能力正迎头赶上。

---

① 20 世纪 70 年代末的改革开放率先在东部沿海地区实施，西部大开发战略在 1999 年提出，直到 2004 年的政府工作报告中首次提出中部崛起战略，此时中国的改革开放政策已经实施了 20 多年。

## 第四节　企业家精神与中国工业绩效关系的观察

### 一　基于全国总体的散点图及拟合线的观察

工业绩效采用全要素生产率（$lnTFP$）和人均有效发明专利（$lnAPF$）衡量。图4-19（a）报告了企业家精神（$lnEHC$）与全要素生产率（$lnTFP$，$\delta=10\%$）的散点图和拟合线，图4-19（b）报告了企业家精神（$lnEHC$）[1]与人均有效发明专利（$lnAPF$）的散点图和拟合线。可以发现，随着企业家精神的发展，中国工业的全要素生产率和人均有效发明专

（a）企业家精神与全要素生产率

（b）企业家精神与人均有效发明专利

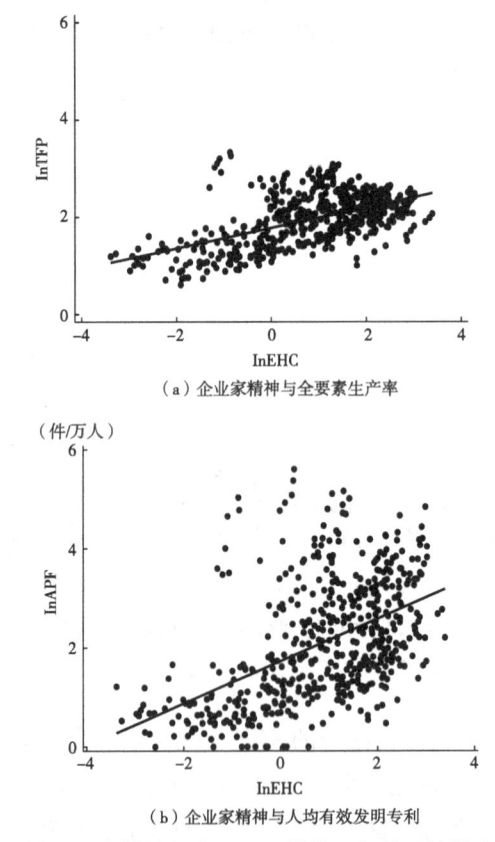

**图4-19　总体企业家精神与中国工业绩效之间关系的散点图及拟合线**

资料来源：来自作者测算。

---

[1] 企业家精神（$lnEHC$）的指标度量详见第五至七章。

利在显著提高,两者呈现出明显的正相关关系。这表明,中国总体企业家精神的成长促进了科技创新,正在推动经济高质量发展。

## 二 基于时间差异的散点图及拟合线的观察

为了判断国际金融危机前面后企业家精神对中国工业绩效的影响是否发生了变化,本书以 2008 年为时间节点,将样本划分为国际金融危机前(2000—2007)和国际金融危机后(2008—2016)两个子样本采样时间段。图 4-20、图 4-21 分别绘制了两种指标度量下在金融危机后二者之

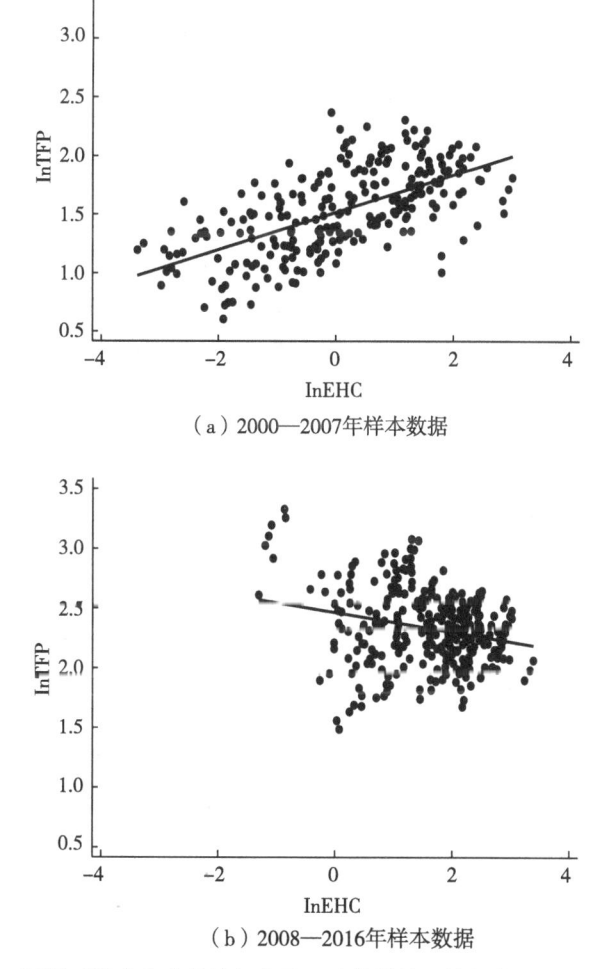

(a) 2000—2007 年样本数据

(b) 2008—2016 年样本数据

**图 4-20 不同时期企业家精神与中国工业绩效关系的散点图及拟合线(一)**

资料来源:来自作者测算。

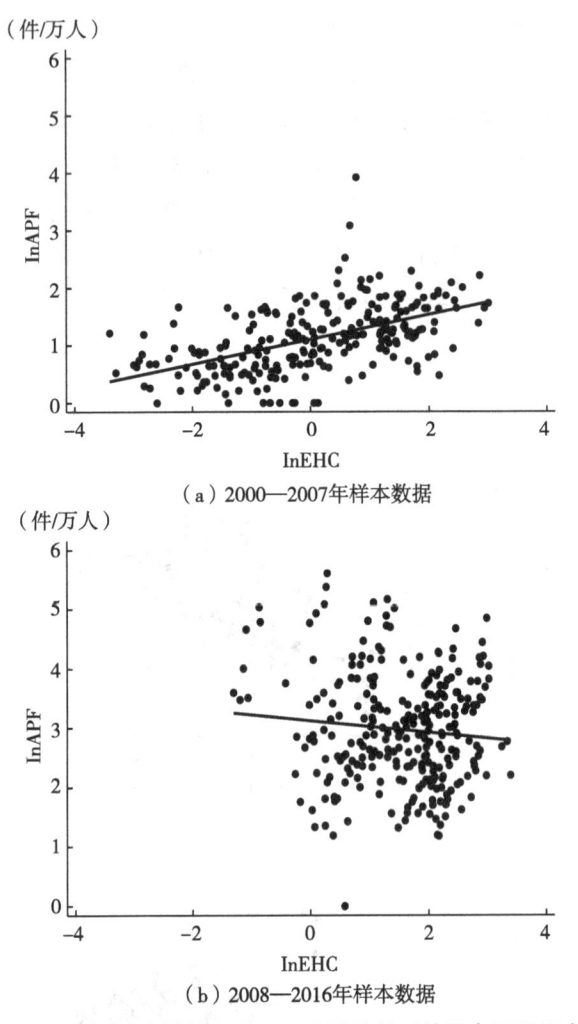

88 | 创新环境变迁下的企业家精神创新效应研究

(a) 2000—2007年样本数据

(b) 2008—2016年样本数据

**图 4-21　不同时期企业家精神与中国工业绩效关系的散点图及拟合线（二）**
资料来源：来自作者测算。

间关系的散点图及拟合线。图 4-20（a）、(b) 均采用 $lnEHC$ 衡量企业家精神，分别以（$lnTFP$, $\delta=10\%$）、$lnAPF$ 代表中国工业绩效，图 4-21 与图 4-20 的做法相仿。通过观察图 4-20 和图 4-21（a）发现，无论哪种指标，企业家精神均与中国工业绩效的散点图及拟合线呈现明显的向上倾斜趋势，表明在国际金融危机前，随着企业家精神的成长，中国工业的绩效在明显改善；通过观察图 4-20 和图 4-21（b），企业家精神均与中国工业绩效的散点图及拟合线呈现明显的向下倾斜趋势，表明在金融危机后,随着企业家精神的成长,中国工业的绩效出现下降趋势。因为散点图只涉及两个关键变量之间的关系,而在现实中,还有其他变量影响着中国工业绩效的增长趋势。因此本书难以仅凭散点图和拟合线来对国际金融危机前后企业家精神对中国工业绩效增长的影响是否发生了显著的变化做出准确的判断。

### 三 基于地区差异的散点图及拟合线的观察

图4-22、图4-23、图4-24分别显示了中国东部、中部、西部地区的

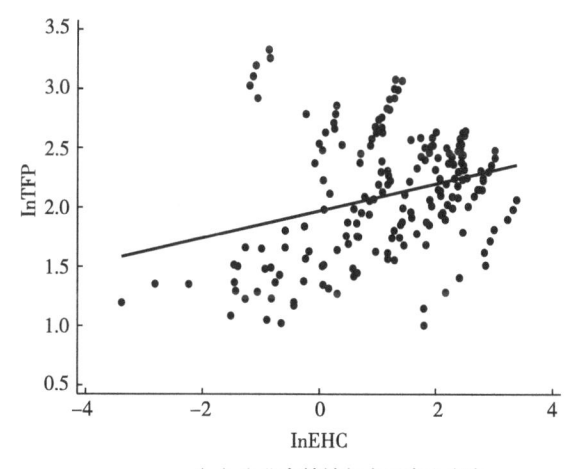

(a) 企业家精神与全要素生产率

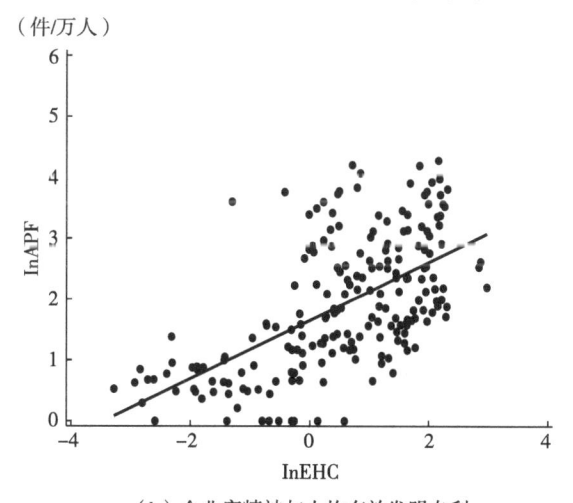

(b) 企业家精神与人均有效发明专利

**图 4-22** 东部地区企业家精神与中国工业绩效之间关系的散点图及拟合线

资料来源:来自作者测算。

(a) 企业家精神与全要素生产率

(b) 企业家精神与人均有效发明专利

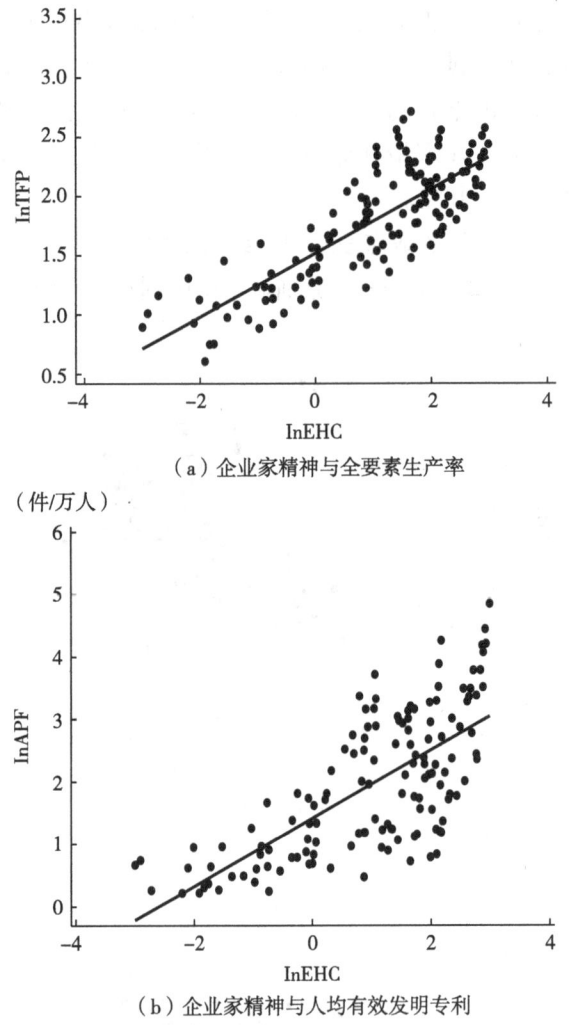

**图 4-23　中部地区企业家精神与中国工业绩效之间关系的散点图及拟合线**

资料来源：来自作者测算。

企业家精神与中国工业绩效关系的散点图和拟合线。图 4-22（a）、(b) 均采用 $lnEHC$ 衡量企业家精神，分别以（$lnTFP$，$\delta=10\%$）、$lnAPF$ 代表中国工业绩效，图 4-23、4-24 与图 4-22 的做法相仿。通过分别观察图 4-22、图 4-23、图 4-24（a）及图 4-22、图 4-23、图 4-24（b）发现，无论选择哪种指标，三大区域的企业家精神与中国工业绩效的变化趋势之间均存在明显的正相关关系，东部地区的拟合度相对差一些，平缓一些，而中西部地区的拟合度较高，且拟合线比较陡峭。这直观地表明，企业家精神对 TFP 的促进作用存在着地区差异，在中西部地区相对较强，东部相对较弱。这可能因为东部地区的企业家创新活动接近饱和，企业家需要适时调整创新领域，提高创新质量，而中西部地区的创新环境正在迅速改善，正在成为吸引企业家创新创业的热土。

（a）企业家精神与全要素生产率

（b）企业家精神与人均有效发明专利

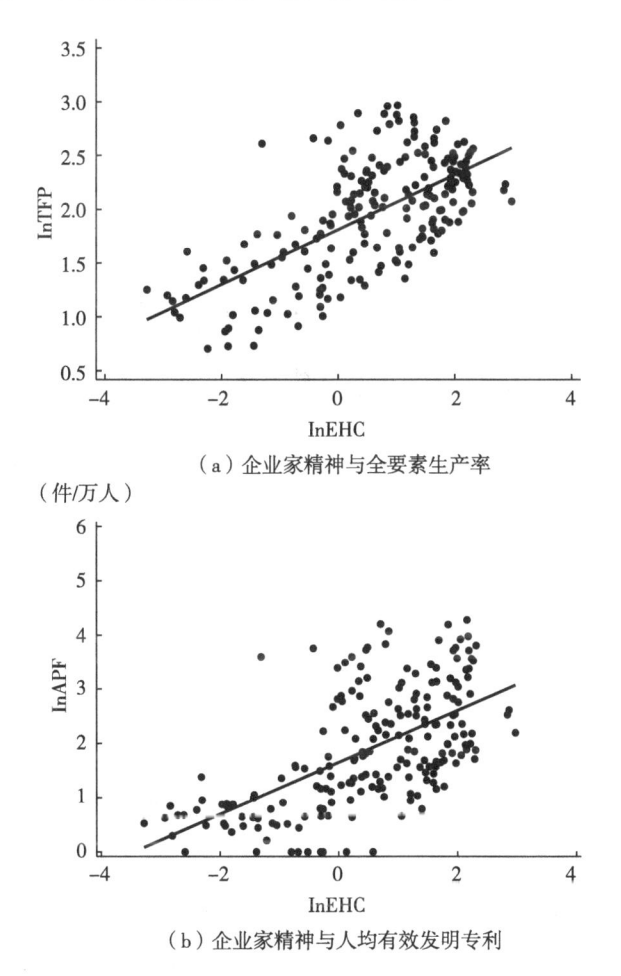

**图 4-24　西部地区企业家精神与中国工业绩效之间关系的散点图及拟合线**

资料来源：来自作者测算。

### 四　基于不同创新环境下企业家精神与中国工业绩效关系的观察

根据本书提出的假说 3、假说 5 和假说 7，本书采用散点图及拟合线的形式初步考察不同创新环境下考察企业家精神水平的提高对中国工业绩效增长的影响。本书仿照白俊红（2011）的做法，将各省份的创新环境指标(专业人力资本水平、市场化进程和信息化程度)的均值从高到低进行排序,将排序靠前的 15 个省份定义为创新环境较好的样本,将排序靠后的 16 个省份定义为创新环境较差的样本,对企业家精神水平与中国工业绩效之间的关系进行分别考察。

(一)基于不同专业人力资本水平下企业家精神与中国工业绩效关系的观察

图 4-25(a)、(b)分别显示了专业人力资本水平高和低两种情形下

(a)专业人力资本水平高

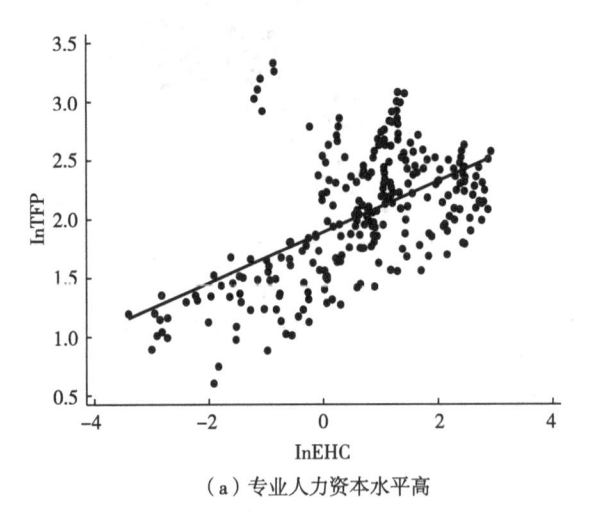

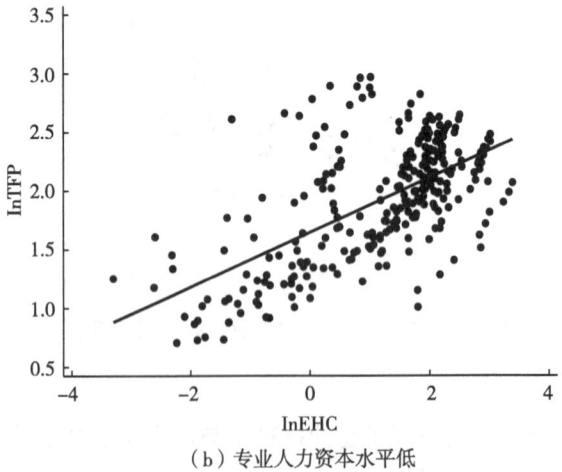

(b)专业人力资本水平低

图 4-25 不同专业人力资本水平下企业家精神与
中国工业绩效关系的散点图及拟合线

资料来源:来自作者测算。

企业家精神与中国工业绩效之间关系的散点图和拟合线。通过对比图4-25（a）、（b）可以直观地发现，散点均大体上聚集在一条明显上升的拟合线附近，这表明企业精神与中国工业绩效的增长呈现出显著的正相关关系，但是仅仅通过对图4-25（a）、（b），无法直观地比较不同专业人力资本水平下两者之间拟合曲线斜率的大小。

（二）基于不同市场化水平下企业家精神与中国工业绩效关系的观察

图4-26（a）、（b）分别报告了市场化水平高和低两种情形下企业家

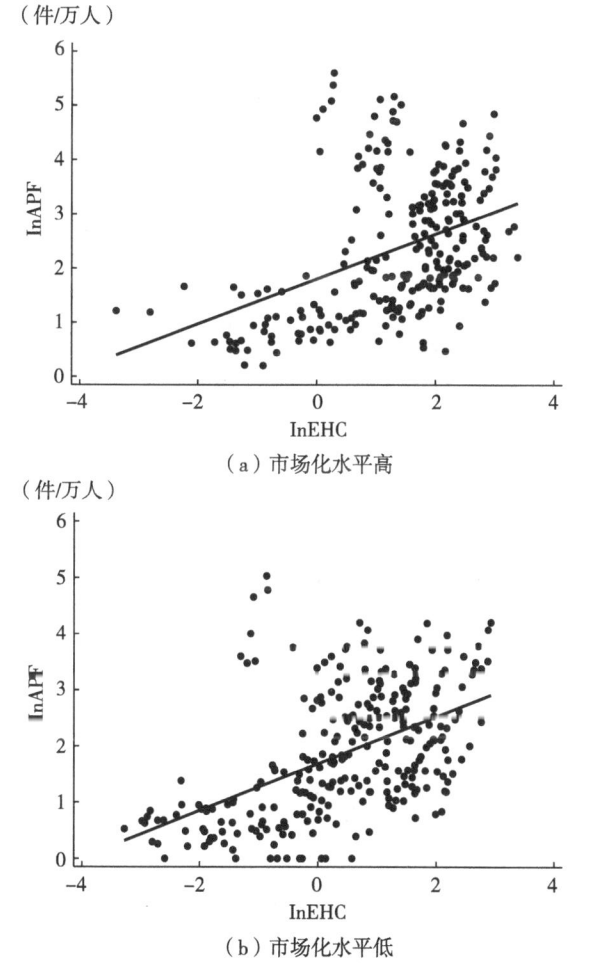

(a) 市场化水平高

(b) 市场化水平低

图4-26 不同市场化水平下企业家精神与
中国工业绩效关系的散点图及拟合线

资料来源：来自作者测算。

精神与中国工业绩效之间关系的散点图和拟合线。通过对比图 4-26 (a)、(b) 可以直观地发现，散点均大体上聚集在一条明显上升的拟合线附近，这意味着企业家精神与中国工业绩效的增长呈现出显著的正相关关系，但是仅仅通过对图 4-26 (a)、(b)，无法直观地比较不同市场化水平下两者之间拟合曲线斜率的大小。

（三）基于不同信息化程度下企业家精神与中国工业绩效关系的观察

图 4-27 (a)、(b) 分别展示了不同信息化程度下企业家精神与中国

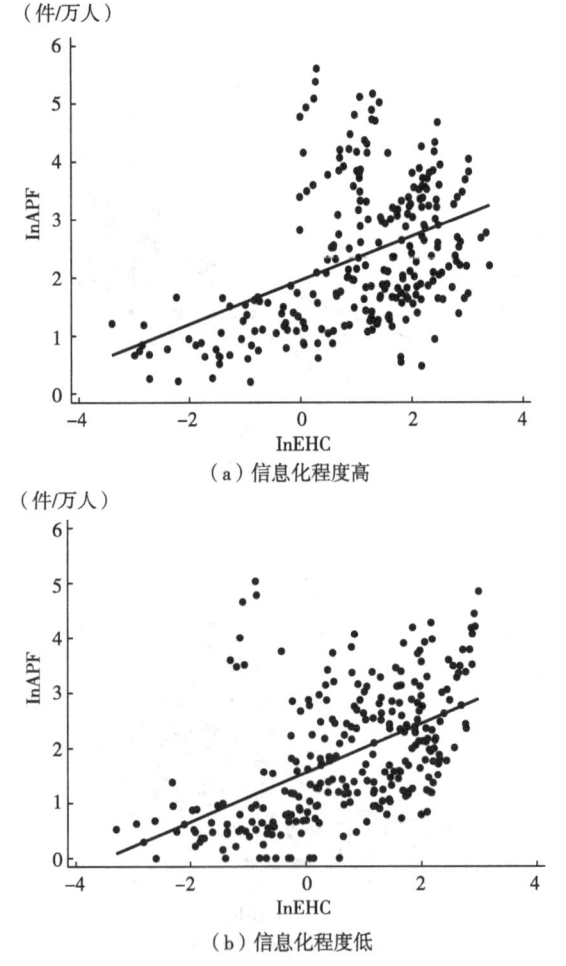

(a) 信息化程度高

(b) 信息化程度低

图 4-27　不同信息化程度下企业家精神与
中国工业绩效关系的散点图及拟合线

资料来源：来自作者测算。

工业绩效关系的散点图和拟合线。通过对比图4-27（a）、（b）可以直观地发现，绝大部分散点均相对集中地聚集在一条向上倾斜的拟合线附近，这表明，随着企业家精神水平的提高，中国的工业绩效发生了显著地改善。可是却无法对图4-27（a）、（b）中的斜率的大小做出准确的判断，须依赖于更为科学的计量工具进行识别。

## 第五节 创新环境与中国工业绩效关系的观察

根据本书提出的假说2、假说4和假说6，本书采用散点图及拟合线的形式初步考察创新环境的变迁与中国工业绩效之间的关系。

### 一 专业人力资本水平与中国工业绩效关系的散点图及拟合线

图4-28报告了专业人力资本水平的变化与中国工业绩效之间关系的散点图及拟合线。图4-28直观地显示，除少数异常点外，绝大部分散点聚集在一条向上倾斜的拟合线上。这表明，以专业人力资本水平为代表的人力资源环境的变迁与以全要素生产率为代表的中国工业绩效增长具有同向变化的关系，即随着人力资源环境的逐渐改善，中国工业绩效也在不断提高。这符合目前中国人口素质不断提高和科技创新能力不断增强的直观事实。

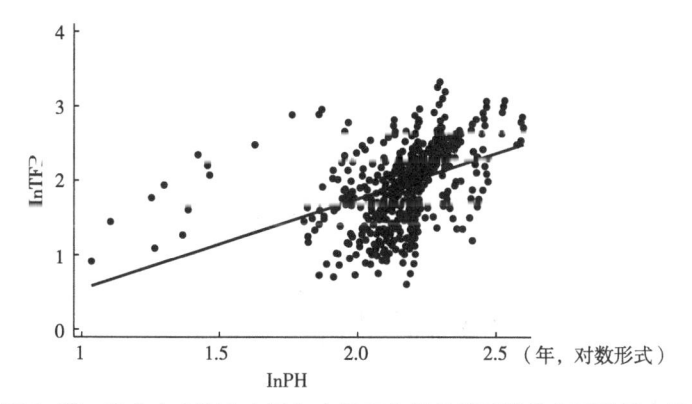

图4-28 专业人力资本水平与中国工业绩效关系的散点图及拟合线
资料来源：来自作者测算。

### 二 市场化进程与中国工业绩效关系的散点图及拟合线

图4-29显示了市场化进程的变迁与中国工业绩效之间关系的散点图

及拟合线。本书采用市场化指数反映市场化改革进程，以人均有效发明专利代表中国工业绩效水平。图4-29直观地表明，绝大部分散点都聚集在斜率为正的拟合线附近，这表明以市场化改革代表的制度环境的优化与中国工业绩效增长之间具有明显的正相关关系，即市场化改革促进了中国工业绩效的提升。这反映了2000年以来中国市场化改革的整体稳步推进与中国工业创新能力同步大幅度提高的基本事实。

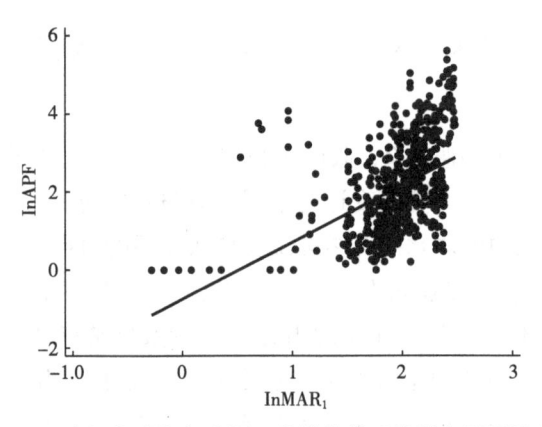

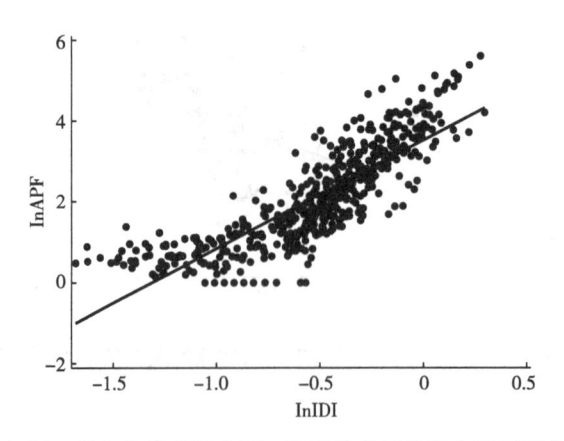

**图4-29 市场化进程与中国工业绩效关系的散点图及拟合线**

资料来源：来自作者测算。

### 三　信息化程度与中国工业绩效关系的散点图及拟合线

图4-30为信息化程度与中国工业绩效之间关系的散点图及拟合线。在图4-30中，仍然采用人均有效发明专利代表中国工业绩效，采用信息

**图4-30 信息化程度与中国工业绩效关系的散点图及拟合线**

资料来源：来自作者测算。

化指数度量信息化程度。图 4-30 直观地显示了信息化程度与中国工业绩效之间拟合的程度相对较好，几乎所有的散点都相对集中地聚集在向上倾斜的拟合线附近。这说明以信息化程度为代表的技术环境的优化显著改善了中国工业的绩效水平。这反映了信息化进程与中国工业的创新产出同步加速的直观现实。

## 第六节　小结

本章主要通过图表阐述了转型期企业家创业和创新精神的总体发展历程及企业家精神配置的地区差异、创新环境的变迁、中国工业绩效的总体变动趋势及地区差异，绘制了全国层面、三大区域、金融危机前后企业家精神与中国工业绩效之间关系的散点图及拟合线，绘制了不同创新环境下企业家精神与中国工业绩效之间关系、创新环境变迁与中国工业绩效之间关系的散点图及拟合线。

通过本章的典型事实分析发现：第一，企业家创业活动日趋活跃，创新投入和产出持续增加，工业绩效不断提高。进一步地，企业家创新创业精神在各区域的配置均表现出极端不平衡，东部沿海是企业家精神的高度活跃地区；中西部特别是西部地区是企业家创业精神的相对沉寂地区；企业家精神在中西部地区的配置差异相对较小，且变化趋势大体相似；中西部特别中部地区的创新创业环境在逐渐改善。

第二，企业家创新创业面临的创新环境总体上在显著优化。从业人员的人均受教育年限在整体上大幅度增长，专业人力资本质量快速提升，企业家创新创业依赖的人力资源环境在显著改善，但存在显著的地域差异性，东部高于中部，中部又高于西部；市场化指数总体上呈现出快速的上升趋势，市场化程度在不断提高，企业家所面临的制度环境在不断优化，但存在强烈的区域不平衡，东部、中部、西部三大区域依次降低；信息化程度显示出明显的上升态势，企业家所面临的技术环境在趋于优化，但存在明显的地域差异性，东部高于中西部，中西部比较接近。

第三，中国工业总体及三大区域的 *TFP* 和 *APF*（人均有效发明专利）整体上在快速增长，表明中国工业绩效整体上在迅速提高，内生创新动力在快速增强，各区域的比较优势得到进一步发挥，分工合理、优势互补、协同创新、高质量发展的区域经济发展格局正加快形成。对于 $TFP$，东部高于中西部，西部高于中部；对于 $APF$，东部高于中西部，中西部的差异相对较小，在国际金融危机前，中西部几乎没有差别，但是在国际金融危机后，中部开始高于西部，这表明中部地区的技术创新能力正迎头赶上。

  第四，企业家精神与中国工业的 $TFP$ 和 $APF$ 的散点图及拟合线表明两者具有明显的正相关关系，两者在国际金融危机前是正相关关系，在国际金融危机后转变为负相关关系，两者在东中西三大区域也均呈现正相关关系，在不同指标为代表的创新环境下两者仍然保持正相关关系，专业人力资本水平的提升、市场化进程的加快和信息化程度的提高均与中国工业绩效的增长具有正相关关系，但仅凭散点图及拟合线，本书无法准确地判断和比较斜率的大小。

# 第五章 企业家精神、专业人力资本影响工业绩效的实证研究

## 第一节 研究设计

### 一 模型设定

为了检验企业家精神、专业人力资本对创新绩效的影响，本书扩展了 Erken 等（2018）的研究，将企业家精神、专业人力资本及其交互项纳入生产率决定方程，并控制一些变量以防止遗漏变量可能导致估计的偏差。

$$\ln TFP = C + \alpha_1 \ln EHC + \alpha_2 \ln PH + \alpha_3 \ln ENT \times \ln PH + \sum_{j=4}^{18} \alpha_4 Controls + \lambda_i + \lambda_t + \omega_{it} \tag{5-1}$$

在模型（5-1）中，变量前面的 ln 表示变量已取自然对数形式（下同）。本书使用 $TFP$（全要素生产率）来衡量企业家精神的创新绩效。$EHC$ 代表企业家精神，$PH$ 表示专业人力资本，$\ln TFP \times \ln PH$ 表示企业家精神与专业人力资本的交互项，$Controls$ 表示一组控制变量，包括国有产权比重（$SOE$）、平均企业规模（$SIZE$）、资本密集度（$CI$）、外贸依存度（$TRA$）、资产负债率（$FZL$）、政府科研补贴强度（$BTQ$）、流动资金周转次数（$TOT$）、对外技术依存度（$TD$）、城市化水平（$URB$）、自然资源的综合禀赋状况（$NRE$）、环境规制强度（$ER$）、相对资本流动（$CF$）、税收竞争（$TC$）、政府宏观调控能力（$MC$）和产业结构（$IS$），$\lambda_i$ 表示个体效应，$\lambda_t$ 表示时间效应，$\omega_{it}$ 为残差项。$\alpha_1$、$\alpha_2$ 和 $\alpha_3$ 是本书关心的系数，根据前文的假说1、假说2和假说3，本书预期 $\alpha_1 > 0$，$\alpha_2 > 0$，$\alpha_3 < 0$。

### 二 资料来源

本章的原始数据主要来源于《中国统计年鉴》（2001—2017）、《中国工业统计年鉴》（2001—2017）、《中国科技统计年鉴》（2001—2017）、

《中国高技术产业统计年鉴》（2001—2017）、《中国经济普查年鉴》（2004、2008和2013）、《中国劳动与就业统计年鉴》（2001—2017）、《中国分省份市场化指数报告（2011）》、《中国固定资产投资年鉴》（2001—2017）、《中国人口统计年鉴》（2001—2017）、《中国能源统计年鉴》（2001—2017）、《中国教育统计年鉴》（2001—2017）以及各省统计年鉴。

### 三　变量度量

（一）被解释变量

本书的被解释变量是全要素生产率（TFP）。TFP的测算步骤比较复杂，需要经过以下六个步骤：第一，确定TFP的测算方法。测算TFP的方法主要包括非参数分析方法（DEA）、半参数分析方法（OP与LP）和参数分析方法［索罗余值法（SRA）与SFA］。早期的TFP核算多采用SRA，可是，SRA测算TFP将会导致同时性偏差和样本选择问题（Coelli, 1998）。Olley和Pakes（1996）提出的OP方法需要使用一个生存概率来估计企业的生存和退出，因此该方法主要适用于企业层面的估计。Levinsohn和Petrin（2003）提出的LP方法涉及中间投入，由于本书使用各省份规模以上工业层面的数据，2008—2014年的中间投入数据不具有可得性，所以无法采用该方法。与DEA相比，SFA可以使用计量方法对前沿生产函数进行估计，并能够对估计出的参数进行统计检验，具有更为可靠的经济理论基础；SFA还可以降低极端值的干扰以及数据收集处理的难度，因此对TFP的测算更为准确。SFA还假定企业由于各种组织、管理及制度等非价格因素导致生产过程中效率的损耗，不能达到最佳的前沿技术水平（Kumbhakar和Lovell, 2000），这适用于中国生产率的测算。因此，本书拟采用在SFA框架下来测算TFP。

第二，确定生产函数形式。本书借鉴Kumbhakar和Lovell（2000）的随机前沿模型的一般形式：

$$y_{it} = f(x_{it}; t) exp(v_{it} - u_{it}) \qquad (5-2)$$

其中，$i$、$t$分别表示省份和时间，$y_{it}$表示产出，$x_{it}$表示投入变量。误差项（$v_{it} - u_{it}$）为复合结构，$u_{it}$与$v_{it}$均为独立同分布且相互独立，并且独立于解释变量$x_{it}$，$v_{it} \sim N(0, \sigma_v^2)$表示一般测量误差或一般不可控的随机因素的影响；$u_{it}$为技术非效率项，且与$v_{it}$相互独立，表示个体冲击的影响，根据Battese和Coelli（1992）的设定，$u_{it}$服从非负断尾正态分布，$u_{it} \sim N^+(0, \sigma_v^2)$且有（5-3）式：

$$u_{it}=u_i\eta_{it}\left[-\eta(t-T)\right] \tag{5-3}$$

式（5-3）中，$\eta_{it}$ 是决定技术无效率随时间变化的函数，待估参数 $\eta$ 表示技术效率指数的变化率 $\eta>0$ 表示随时间的推移，相对前沿的技术效率不断改善，$\eta<0$ 表示技术效率不断恶化，$\eta=0$ 表示技术效率不变。

Battese 和 Coelli（1992）设定了方程参数 $\lambda=\sigma_u^2/\sigma^2$，其中，$\sigma^2=\sigma_u^2+\sigma_v^2$，来检验复合扰动项中技术无效率项所占的比例，$0<\lambda<1$，如果 $\lambda=1$ 被接受，表明实际产出与最大产出之间的距离均来自不可控的纯随机因素，此时无须采用 SFA 方法，运用 OLS 方法即可。本书采用面板数据进行实证检验，随着时间的推移，由于不能事先确定技术是否为中性，产出弹性是否固定，因此在生产函数形式的选择上，本书选用超越对数生产函数形式的随机前沿模型。假定产出为工业实际增加值（$Y_{it}$），有两种投入资本（$K_{it}$）和劳动（$L_{it}$），并且引入要素投入和时间趋势（$t$）的交互项，将随机前沿模型的一般形式（5-2）具体化并取对数得：

$$\ln Y_{it}=\alpha_0+\alpha_K\ln K_{it}+\alpha_L\ln L_{it}+\alpha_t t+1/2\alpha_{KK}(\ln K_{it})^2+1/2\alpha_{LL}(\ln L_{it})^2+ \\ 1/2\alpha_{tt}t^2+1/2\alpha_{KL}\ln K_{it}\times\ln L_{it}+\alpha_{tK}t\times\ln K_{it}+\alpha_{tL}t\times\ln L_{it}+v_{it}-u_{it} \tag{5-4}$$

第三，确定投入产出变量。（1）产出变量采用实际工业增加值衡量。缺省年份使用工业增加值＝工业总产值×工业增加值率推算。然后将工业增加值采用出厂价格指数统一折算成以 2000 年为基期的实际工业增加值以消除价格波动的影响。（2）投入变量是劳动投入（$L_{it}$）和资本存量（$K_{it}$）。劳动投入为各省份规模以上工业全部从业人员数。资本存量的计算使用永续盘存法，需要说明几点：① $t$ 期的资本存量采用公式 $K_{it}=GMRINV_{it}+(1-\delta)K_{it-1}$ 计算，其中 $GMRINV_{it}$ 代表已经采用以 2000 年为基期的固定资产投资价格指数对固定资产投资额进行折算得到的实际值。$\delta$ 代表折旧率，本书采用 10% 的折旧率用于基本回归分析，还分别使用 5% 和 15% 的折旧率用于稳健性检验。② 基期的资本存量采用公式 $K_{i0}=GMRINV_{i0}/(g+\delta)$ 计算，其中 $g$ 为实际固定资产投资额在考察期间的平均增长率。

第四，估计出生产函数。随机前沿生产函数的估计结果见表 5-1 所示。模型 1、模型 2 和模型 3 分别是折旧率（$\delta$）为 5%、10% 和 15% 的估计结果。模型 2 用于基本回归分析，模型 1 和模型 3 用于稳健性检验。模型 1、模型 2 和模型 3 中 $\eta$ 的估计均为负值，且在 1% 的水平上显著，表示规模以上工业的技术效率随时间推移而下降。从 3 个模型的 *Log likeli-*

hood、Wald $\chi^2$（9）的统计量来看，模型回归的整体效果非常好，都具有很强的解释力，同时资本、劳动这二者的平方项和交互项的系数均符合经济理论预期。三个模型的 $\lambda$ 值分别为 0.8668、0.8656 和 0.8622，均表明效率的偏差主要来源于非技术效率，并且 $mu$ 在 1% 的显著水平上不等于 0，说明使用 SFA 方法估计生产函数是合理的。

表 5-1　　　　　随机前沿生产函数估计结果（被解释变量：$\ln Y_{it}$）

| 解释变量 | 待估系数 | 模型 1（$\delta=5\%$） | 模型 2（$\delta=10\%$） | 模型（$\delta=15\%$） |
| --- | --- | --- | --- | --- |
| 常数 | $\alpha_0$ | 1.1840*** <br> (3.62) | 1.2475*** <br> (3.96) | 1.2538*** <br> (4.15) |
| $\ln K_{it}$ | $\alpha_K$ | -0.0702 <br> (-1.14) | -0.1138* <br> (-1.79) | -0.1213* <br> (-1.89) |
| $\ln L_{it}$ | $\alpha_L$ | 1.2504*** <br> (10.18) | 1.2489*** <br> (10.30) | 1.2457*** <br> (10.49) |
| $t$ | $\alpha_t$ | 0.2505*** <br> (16.16) | 0.2664*** <br> (15.32) | 0.2650*** <br> (15.43) |
| $(\ln K_{it})^2$ | $1/2\alpha_{KK}$ | 0.0105*** <br> (3.05) | 0.0207*** <br> (4.76) | 0.0262*** <br> (5.28) |
| $(\ln L_{it})^2$ | $1/2\alpha_{LL}$ | -0.0517*** <br> (-3.03) | -0.0505*** <br> (-2.95) | -0.0484*** <br> (-2.86) |
| $t^2$ | $1/2\alpha_t$ | -0.0026*** <br> (-6.27) | -0.0018*** <br> (-3.78) | -0.0014*** <br> (-2.86) |
| $\ln K_{it} \times \ln L_{it}$ | $1/2\alpha_{KL}$ | 0.0126 <br> (1.02) | 0.0061 <br> (0.48) | 0.0007 <br> (0.06) |
| $t \times \ln K_{it}$ | $\alpha_{tK}$ | -0.0098*** <br> (-3.31) | -0.0165*** <br> (-4.24) | -0.0190*** <br> (-4.62) |
| $t \times \ln L_{it}$ | $\alpha_{tL}$ | -0.0002 <br> (-0.06) | 0.0036 <br> (1.15) | 0.0052 <br> (1.64) |
| $mu$ | | 0.4285*** <br> (2.96) | 0.4640*** <br> (3.53) | 0.4892*** <br> (4.00) |
| $\eta$ | | -0.0163*** <br> (-3.01) | -0.0203*** <br> (-3.64) | -0.0216*** <br> (-3.86) |
| $\lambda$ | | 0.8668 | 0.8656 | 0.8622 |

续表

| 解释变量 | 待估系数 | 模型1（$\delta=5\%$） | 模型2（$\delta=10\%$） | 模型3（$\delta=15\%$） |
|---|---|---|---|---|
| | Log likelihood | 250.9940 | 255.4155 | 257.3057 |
| | Wald $\chi^2$ (9) | 5474.45 | 5282.51 | 5167.45 |

注：括号内数值为 $z$ 统计量，***、*分别表示在1%、10%的水平上显著。

第五，明确技术效率（$Te_{it}$）的预测值的估计方法。本书不采用以往文献在测算技术效率时通常使用的公式 $Te_{it}=exp(-u_{it})$，而是采用 $Te_{it}=E[exp(-u_{it})|e_{it}]$ 来测算技术效率，原因是后者最小化了期望平方预测误差，被证实为最优（Battese 和 Coelli，1992）。

在估计出参数后，本书进一步采用 Jondrow 等（1982）提出的混合误差分解方法（简称 JSML 技术）从复合误差 $e_{it}=v_{it}-u_{it}$ 中分离出技术无效率项（$u_{it}$）的估计值：

$$\hat{u}_{it}=E(u_{it}|e_{it})=E(u_{it}\eta_{it}|e_{it})=E(u_i|e_i)\eta_{it}=\left[u_i^*+\sigma_i^*\frac{\phi(-u_i^*/\sigma_i^*)}{\Phi(u_i^*/\sigma_i^*)}\right]$$
$$exp\{[-\eta(t-T)]\} \quad (5-5)$$

式（5-5）中的 $u_i^*$ 和 $\sigma_i^*$ 分别定义如下：

$$u_i^*=\frac{u\sigma_v^2-\sigma_u^2\sum_1^T\eta_{it}e_{it}}{\sigma_v^2+\sigma_u^2\sum_1^T\eta_{it}^2}=\frac{u(1-\lambda)-\lambda\sum_1^T\eta_{it}e_{it}}{(1-\lambda)+\lambda\sum_1^T\eta_{it}^2} \quad (5-6)$$

$$\sigma_i^{*2}=\frac{\sigma_v^2\sigma_u^2}{\sigma_v^2+\sigma_u^2\sum_1^T\eta_{it}^2}=\frac{(1-\lambda)\lambda\sigma^2}{(1-\lambda)+\lambda\sum_1^T\eta_{it}^2} \quad (5-7)$$

采用同样的方法，省份 $i$ 在 $t$ 年的技术效率的预测值（$Te_{it}$）表示如下：

$$Te_{it}=E[exp(-u_{it})|e_{it}]=\frac{\phi(u_i^*/\sigma_i^*-\eta_{it}\sigma_i^*)}{\Phi(u_i^*/\sigma_i^*)}exp\left(-\eta_{it}u_i^*+\frac{1}{2}\eta_{it}^2\sigma_i^{*2}\right)$$
$$(5-8)$$

第六，测算出 $TFP_{it}$。在估计出省份 $i$ 在 $t$ 年的技术效率的预测值（$Te_{it}$），本书使用 Fuentes 等（2001）在 SFA 框架下提出的公式（5-9）来测算 $TFP_{it}$：[1]

---

[1] Fuentes 等（2001）在 SFA 框架下用公式（5-9）来测算 TFP 蕴含的基本原理是技术进步（Tc）与技术改进效率（Te）共同决定了 TFP。技术进步（Tc）相当于式（5-9）中的 $exp(\alpha_0+\alpha_t t+\alpha_{tt}t^2+\alpha_{tk}tlnK_{it}+\alpha_{tl}tlnL_{it})$。

$$TFP_{it} = exp(\alpha_0 + \alpha_t t + \alpha_{tt} t^2 + \alpha_{tk} t \ln K_{it} + \alpha_{tl} t \ln L_{it}) \cdot TE_{it} \qquad (5-9)$$

（二）关键解释变量

（1）企业家精神（$EHC$）。企业家精神的内涵高度抽象化导致测度指标和方法的多种多样（Liargovas 和 Repousis，2015）。孙早和刘庆岩（2006）用受教育程度来度量企业家精神（能力），可是却无法解释现实中不少企业家的科学文化水平不高，但其创办的企业经营得却很成功的情形，企业家精神在于把握市场不均衡、勇于承担风险，因此不能单纯地采用受教育程度来衡量企业家精神。企业家精神不仅是一种精神品质，更是一种综合性的经济社会行为，所以大多数研究往往通过外在的企业家活动来间接量化企业家精神，因为企业家的创业活动可以反映企业家精神的活跃程度（曾铖等，2015）。

现有文献关于企业家精神的量化研究主要围绕两条路径展开：第一类文献侧重于企业就业人数变化的视角来量化企业家精神，如自我雇用比率（Acs et al.，2012；Nurmalia et al.，2020）、民营企业就业人数占总就业人口的比率（Li et al.，2012）、个体和私营企业从业人员数占从业人员的比重（李宏彬等，2009；孙早和刘李华，2019）。但是 Mandelman 和 Montes-Rojas（2009）认为在工业化国家，自我雇用更多表现为自主决策的结果，而在欠发达国家更多地仅仅表现为"伪装的失业"。

第二类文献侧重于企业数量变动的视角来衡量企业家精神。这类研究主要采用每千人拥有的企业数量（Liargovas 和 Repousis，2015）、每千雇员中企业家进入和退出数量（Bunten et al.，2015）、新企业形成率（Noseleit，2013）、新增民营企业数量（蒋含明和李非，2013）、TEA（Bosma et al.，2018）等。以上指标其实是从企业单位数量变动的动态角度来表征企业家精神，突出了企业家精神的数量效应，能够捕捉到企业家精神的直接效应。

对于中国来说，单纯采用企业数量及其变化来衡量企业家精神未免有失偏颇。这主要是因为企业数量的变化可能不仅决定于企业家的战略决策，还受到市场准入等制度的影响，如市场准入制度或登记制度的改变造成的企业数量的变化，可是这并非意味着企业家精神水平发生了相应变化（胡永刚和石崇，2016）。李小平和李小克（2017）进一步认为利用企业单位数及其变化来衡量企业家精神，可能无法识别企业家创业活动的结果，因而可能会将一些无效甚至多余的部分纳入进来导致对企业家精神变量指标的高估。因此，对企业家精神的量化不能止步于关注企业家创业进程中所形成的数量效应，还有必要考察企业发展过程中所创造的经济社会效应，后者是企业家的创业活动是否成功的重要标准。因此，综合以上分析，本书认为企业家精神的发展不仅仅表现在企业家创建新企业的行为，还表现在企业的持续运营及其对创造的就业效应，本书基于企业家精神的数量效应和就业效应来构造以下指标来测算企业家精神：

$$EHC = \frac{NPE}{GML} \times \frac{LPE}{GML} \quad (5-10)$$

在式（5-10）中，$NPE$ 代表规模以上工业私营企业单位数，$LPE$ 代表规模以上私营企业从业人数，$GML$ 代表规模以上工业企业从业人数，$\frac{NPE}{GML}$ 代表规模以上每万名从业人员私营企业单位数，度量了企业家创业活动的数量效应，$\frac{LPE}{GML}$ 代表规模以上工业私营企业从业人员的比例，度量了企业家创业活动产生的就业效应。相关原始数据来源于《中国工业统计年鉴》及各省相关统计年鉴。

在转型背景下，中国基本形成了国有企业、私营企业和外资企业共同发展的所有制格局。国有企业的主要负责人一般通过行政命令任命，并且他们所做出的决策也并非完全市场化的（杨德明和毕建琴，2019），因此这些主要负责人并不是严格意义上的企业家，其开展的创新创业活动也不能准确地反映企业家精神。港澳台企业和外商投资企业在东道国的创新创业行为可以分为"资产开拓"和"资产寻求"两种战略，难以称得上是真正的企业家精神。主要理由如下：在第一种战略下，由于技术优势和市场开拓能力主要依赖于海外母公司，这类企业只需要遵照母公司的战略规划，适当调整产品工业工艺就能获取较高收益，本身缺乏激进的技术创新和持续的研发投入的激励（Dachs et al.，2008）；在第二种战略下，这类企业尽管在东道国设立研发中心，但是仍然依赖于东道国的人力资本、技术基础以及市场环境（Almeida 和 Fernandes，2008）。

改革开放以来，中国经济发展过程中一个最突出的变革是民营经济的迅猛崛起，民营经济的发展速度远高于全国整体经济增长速度，已经成为我国国民经济的重要组成部分，民营企业家是民营企业的灵魂（Milana 和 Wang，2013）。2014 年规模以上工业民营企业单位数占 56.6%，工业销售产值占 34.3%，出口交货值占 16.1%，主营业务收入占 33.6%，利润总额占 34.6%，所得税费用占 27.0%，平均用工人数占 35.1%。[①] 从以上主要经济指标可以看出，民营经济已经成为中国国民经济的重要组成部分，已经成为经济发展中最活跃的角色之一。

综合以上分析，考虑到企业家精神的相对重要性及其与 $TFP$ 之间关系的复杂性，并兼顾省区层面数据的可得性，本书选择各省份规模以上工业每万名从业人员拥有的民营企业的法人单位数与民营企业从业人数占规模以上工业从业人数的比重的乘积来衡量企业家精神（$EHC$）。

（2）专业人力资本（$PH$）。在理论上，人力资本是技术创新和经济增长的重要源泉（赖明勇等，2005）。在转型期的中国，劳动力的流动是不可忽视的（黄燕萍等，2013），因此本书不能采用在校学生的人均受教育年限来衡量专业人力资本。本书参考赖明勇等（2005）、张玉鹏和王茜（2011）的研究，采用各省份从业人员的平均受教育年限来衡量。具体计算方法如下：采用各省份从业人员的平均受教育年限等于各省份小学从业人员的比重×6+初中从业人员的比重×9+高中从业人员占从业人员的比重×12+大专从业人员的比重×15+本科从业人员的比重×16+研究生从业人员的比重×19。原始数据来源于《中国劳动统计年鉴》。

（三）控制变量

（1）国有产权比重（$SOE$）。采用各省份规模以上工业国有企业总产值（以下简称国有企业）除以工业总产值。（2）平均企业规模（$SIZE$）。采用各省份规模以上工业平均每个企业的资产总计。（3）资本密集度（$CI$）。采用各省份规模以上工业平均每万名从业人员的物质资本存量，基准回归和稳健性检验均与测算 $TFP$ 使用的 $\delta$ 取值保持一致。（4）外贸依存度（$TRA$）。采用各省份规模以上工业企业出口交货值除以主营业务收入。（5）资产负债率（$FZL$）。根据《中国工业经济统计年鉴 2004》的解释，该指标反映企业利用债权人提高的资金从事经营活动的能力，显然该指标会影响 $TFP$ 增长。采用规模以上工业负债总额除以资产总计表示。（6）政府科研补贴强度（$BTQ$）。采用各省份规模以上工业企业政府科研补贴除以研发经费内部支出。（7）流动资金周转次数（$TOT$，

---

① 作者根据《中国工业统计年鉴 2015》公布的统计数据计算得到。

单位：次/年）。该指标反映工业企业流动资金的周转速度。流动资金周转越快，生产效率就越高。采用各省份规模以上工业企业主营业务收入除以流动资产。（8）对外技术依存度（TD）。技术引进有助于促进相对落后国家的技术进步和生产率增长（唐末兵等，2014）。借鉴孙早等（2014）的方法，本书采用规模以上工业企业国外技术引进经费除以国外技术引进经费、技术改造经费、消化吸收经费与购买国内技术经费之和。（9）城市化水平（URB）。采用各省份城镇人口占常住人口比重衡量。（10）自然资源综合禀赋状况（NRE）。该指标的变化可能会影响企业创新的动力和效果（Greasley 和 Madsen，2010）。采纳曾铖等（2017）的方法，使用各省份采掘业固定资产投资占全社会固定资产投资的比重衡量。（11）环境规制强度（ER）。参考李小平和李小克（2017）的研究，采用各省份污染治理项目本年完成投资额除以各省份规模以上工业增加值，为了消除价格指数的波动，都采用以2000年为基期的固定资产投资价格指数、出厂价格指数折算为实际值。（12）相对资本流动（CF）。该指标越大，资本外流越严重，从而降低经济增长速度。本书借鉴刘穷志（2017）的方法，采用各省份的资本存量除以全国资本总量表示。（13）税收竞争（TC）。本书参考唐飞鹏（2016）的做法，各省份税收竞争（TC）等于各省份部分税率（BFSLV）与各省份相邻省份的平均竞争性税率（XLSLV）之积，前者等于各省份部分税种收入除以各省份第二、第三产业增加值之和，根据唐飞鹏（2016）的研究，部分税种是各省份财政增值税、营业税、企业所得税与城市建设税四个主要税种收入之和；后者等于相邻省份的权重与相邻省份的部分税率（BFSLV）之积。（14）政府宏观调控能力（MC）。李光泗和沈坤荣（2011）的实证研究表明，政府的宏观调控能力能够正向影响企业的新产品研发。本书采用李光泗和沈坤荣（2011）的方法，使用各省份政府财政收入除以省份GDP度量。（15）产业结构（IS）。采用各省份第二产业总产值占GDP的比重衡量。

主要变量的定义和描述性统计分别见表5-2和表5-3所示。

表5-2　　　　　　　　　　　主要变量定义

| 变量名称 | 变量符号 | 衡量指标 | 单位 |
| --- | --- | --- | --- |
| 全要素生产率 | TFP | 在SFA框架下测算（$\delta=10\%$） | — |

续表

| 变量名称 | 变量符号 | 衡量指标 | 单位 |
|---|---|---|---|
| 企业家精神 | EHC | 每万名从业人员私营企业单位数 | 个/万人 |
| 专业人力资本 | PH | 从业人员的平均受教育年限 | 年 |
| 国有产权比重 | SOE | 国有企业总产值比重 | 1 |
| 平均企业规模 | SIZE | 平均每个企业的资产总计 | 亿元/个 |
| 资本密集度 | CI | 平均每万名从业人员的物质资本存量 | 亿元/万人 |
| 外贸依存度 | TRA | 出口交货值/主营业务收入 | 1 |
| 资产负债率 | FZL | 负债总额/资产总额 | 1 |
| 政府科研补贴强度 | BTQ | 政府科研补贴/企业研发经费内部支出 | 1 |
| 流动资金周转次数 | TOT | 主营业务收入/流动资产平均余额 | 次/年 |
| 对外技术依存度 | TD | 国外技术引进经费/（国外技术引进经费+技术改造经费+消化吸收经费+购买国内技术经费） | 1 |
| 城市化水平 | URB | 城镇人口/常住人口 | % |
| 自然资源综合禀赋状况 | NRE | 采掘业固定资产投资/全社会固定资产投资×100 | % |
| 环境规制强度 | ER | 治理污染投资/规模以上工业增加值 | 1 |
| 相对资本流动 | CF | 资本存量/全国资本总量 | 1 |
| 税收竞争 | TC | 各省份部分税率×相邻省份的平均竞争性税率 | 1 |
| 政府宏观调控能力 | MC | 各省份政府财政收入/GDP | 1 |
| 产业结构 | IS | 第二产业总产值/GDP×100 | % |

表 5-3　　　　　　　　　　主要变量的描述性统计

| 变量 | 观测值 | 均值 | 标准差 | 最小值 | 最大值 |
|---|---|---|---|---|---|
| $\ln TFP$ | 527 | 1.9584 | 0.5283 | 0.6055 | 3.3290 |
| $\ln ENT$ | 527 | 2.5705 | 0.6819 | 0.5870 | 3.9975 |
| $\ln PH$ | 527 | 2.1665 | 0.1860 | 1.0348 | 2.5983 |
| $\ln SOE$ | 527 | −0.9443 | 0.5507 | −2.3384 | −0.1154 |
| $\ln SIZE$ | 527 | 0.5180 | 0.7451 | −1.4721 | 2.5574 |
| $\ln CI$ | 527 | 2.8600 | 0.9071 | −4.5996 | 5.0975 |
| $\ln TRA$ | 527 | −2.9933 | 1.2843 | −8.6507 | −0.5483 |
| $\ln FZL$ | 527 | −0.5507 | 0.1546 | −1.4753 | −0.2734 |

续表

| 变量 | 观测值 | 均值 | 标准差 | 最小值 | 最大值 |
| --- | --- | --- | --- | --- | --- |
| ln$BTQ$ | 527 | 0.0558 | 0.0433 | 0 | 0.2779 |
| ln$TOT$ | 527 | 0.6977 | 0.3584 | −0.5108 | 1.5261 |
| ln$TD$ | 527 | 0.1141 | 0.1078 | 0 | 0.6881 |
| ln$URB$ | 527 | 3.8267 | 0.3276 | 2.9407 | 4.4954 |
| ln$NRE$ | 527 | 1.2377 | 0.8148 | 0 | 3.2417 |
| ln$ER$ | 527 | −5.5225 | 0.8542 | −8.0952 | −3.2792 |
| ln$CF$ | 527 | −3.7698 | 0.8905 | −6.3588 | −2.1950 |
| ln$TC$ | 527 | −3.4982 | 0.3733 | −4.5052 | −2.5629 |
| ln$MC$ | 527 | −2.4477 | 0.3358 | −3.8279 | −1.4813 |
| ln$IS$ | 527 | 3.8106 | 0.2124 | 2.9581 | 4.1190 |

## 第二节 实证结果及分析

### 一 基本估计结果及分析

在选择面板数据模型时通常有三种形式：混合估计模型、固定效应模型、随机效应模型。在面板数据模型估计中，首先使用 $LM$ 检验是否存在随机效应，其次运用 $F$ 检验来识别是否存在个体效应（在表5-4中为 $F_2$），最后运用 $Hausman$ 检验来识别是固定效应还是随机效应。企业家精神、专业人力资本影响中国工业 $TFP$ 增长的基本估计结果见表5-4所示。列（1）到列（4）均纳入了相同的控制变量，列（1）和列（2）依次纳入了企业家精神（ln$EHC$）和专业人力资本（ln$PH$），列（3）同时纳入了企业家精神和专业人力资本，列（4）在列（3）的基础上纳入企业家精神与专业人力资本的交互项（ln$EHC$×ln$PH$）。从列（1）到列（4），$LM$ 检验选择了随机效应，拒绝了混合效应；$F_2$ 检验选择了固定效应，拒绝了混合效应；$Hausman$ 检验选择了固定效应，拒绝了随机效应，因此，列（1）到列（4）均选择了固定效应模型。表5-4显示，列（1）到列（4）的 $R^2$ 均在0.95左右，接近于1，$F_1$ 统计量较大，表明表5-4中列（4）的拟合程度均非常好。由于列（4）的 $R^2$、$F_1$ 均最高，拟合结果最优,因此本书主要以列(4)估计结果进行分析。

表5-4 企业家精神、专业人力资本影响工业 TFP 增长的基本估计结果(被解释变量:ln*TFP*, $\delta$ =10%)

| 解释变量 | (1) | (2) | (3) | (4) |
|---|---|---|---|---|
| ln*EHC* | 0.1254*** | | 0.1245*** | 0.1739*** |
| | (18.76) | | (18.88) | (7.15) |
| ln*PH* | | 0.3623*** | 0.3092*** | 0.1120*** |
| | | (3.47) | (3.90) | (2.66) |
| ln*EHC*×ln*PH* | | | | -0.0856*** |
| | | | | (-7.41) |
| ln*SOE* | -0.2552*** | -0.2881*** | -0.2440*** | -0.0395** |
| | (-8.34) | (-7.23) | (-8.06) | (-2.40) |
| ln*SIZE* | 0.3487*** | 0.2849*** | 0.3143*** | 0.0950*** |
| | (23.72) | (12.78) | (18.52) | (8.63) |
| ln*CI* | -0.0032 | 0.0181 | -0.0022 | -0.0301*** |
| | (-0.32) | (1.38) | (-0.21) | (-5.95) |
| ln*TRA* | -0.0178** | -0.0472*** | -0.0148* | 0.0030 |
| | (-2.01) | (-4.18) | (-1.69) | (0.64) |
| ln*FZL* | 0.1994*** | 0.2637*** | 0.1812*** | 0.1260*** |
| | (3.06) | (3.11) | (2.81) | (3.95) |
| ln*BTQ* | 0.7867*** | 0.8433*** | 0.7786*** | 0.5237*** |
| | (4.81) | (3.97) | (4.83) | (6.42) |
| ln*TOT* | 0.1466*** | 0.4696*** | 0.1727*** | 0.0483** |
| | (3.86) | (10.28) | (4.54) | (2.25) |
| ln*TD* | -0.1677*** | -0.3181*** | -0.1654*** | -0.0986*** |
| | (-2.69) | (-3.95) | (-2.69) | (-3.12) |
| ln*URB* | 0.2338*** | 0.3857*** | 0.2276*** | -0.1348*** |
| | (3.70) | (4.74) | (3.66) | (-4.21) |
| ln*NRE* | 0.0142 | 0.0652*** | 0.0121 | 0.0041 |
| | (1.20) | (4.35) | (1.03) | (0.63) |
| ln*ER* | -0.0248*** | -0.0336*** | -0.0232*** | 0.0087** |
| | (-3.47) | (-3.63) | (-3.29) | (2.20) |

续表

| 解释变量 | (1) | (2) | (3) | (4) |
|---|---|---|---|---|
| $\ln CF$ | -0.2967*** | -0.3897*** | -0.3049*** | -0.1052*** |
|  | (-10.35) | (-10.55) | (-10.76) | (-6.62) |
| $\ln TC$ | -0.2115*** | -0.3832*** | -0.2435*** | -0.1278*** |
|  | (-5.17) | (-7.18) | (-5.92) | (-5.20) |
| $\ln MC$ | 0.3287*** | 0.4714*** | 0.3350*** | 0.1348*** |
|  | (5.88) | (6.54) | (6.08) | (4.71) |
| $\ln IS$ | -0.0713 | -0.3438*** | -0.1043** | 0.1533*** |
|  | (-1.39) | (-5.25) | (-2.04) | (5.10) |
| $C$ | -0.4633 | -1.7200*** | -1.0925*** | 0.3287 |
|  | (-1.17) | (-3.10) | (-2.59) | (1.47) |
| $R^2$ | 0.9702 | 0.9496 | 0.9711 | 0.9936 |
| $F_1$ | 976.29 | 565.21 | 947.00 | 2102.66 |
| $F_2$ | 60.77 | 37.02 | 61.93 | 290.27 |
| $LM$ | 1460.16 | 824.91 | 1291.65 | 1872.10 |
| $Hausman$ | 53.22 | 89.16 | 68.45 | 118.06 |
| $Model$ | FE | FE | FE | FE |
| $Obs$ | 527 | 527 | 527 | 527 |

注：\*\*\*、\*\*、\*分别代表在1%、5%、10%的水平上显著。表中的系数估计值保留4位小数。参数估计结果下面的括号内数值为 $t$ 统计量。为了避免混淆，本书设定 $F_1$ 是对回归方程的拟合结果的联合显著性检验的统计量，相当于 OLS 中的 $F$ 统计量，$F_2$ 检验则用来识别是否存在固定效应，原假设是不存在固定效应。LM 检验是用来识别是否存在随机效应模型，原假设是不存在随机效应。LM 检验在使用随机效应估计后才能进行，为了便于分析，本书也将 LM 检验结果报告在固定效应模型结果中。Hausman 检验的原假设是随机效应模型设定正确。

列（1）、列（3）到列（4）显示，无论是单独纳入企业家精神（ln$EHC$），还是依次加入专业人力资本（ln$PH$）及其两者的交互项（ln$EHC$×ln$PH$），企业家精神（ln$EHC$）的符号均为正，且 $t$ 统计量较大，均在1%的置信水平上高度显著。因此，企业家精神对中国工业 $TFP$ 的提升存在着显著的正效应，这意味着企业家精神成长水平越高、企业家资源越丰富的省份，$TFP$ 增长越快。企业家精神（ln$EHC$）系数的估计值在 0.12—0.17，这说明在平均意义上，企业家精神水平每上升1%，将会促进中国工业 $TFP$ 提升 0.12%—0.17%。这高于徐远华（2019）的结果，低于 Acs 等（2012）的估计，与 Erken 等（2018）的研究相当。因此本书的假说 1 初步成立。企业家精神具有生产率提升效应的主要原因在于：在现实中，并不是所有的新知识都能被在位研发企业所完全利用和商业化，这在客观上为企业家精神发挥知识溢出效应提供了难得的机遇和空间（Braunerhjelm et al.，2010）。Acs 等（2012）的研究进一步指出，在基础科学知识和经济上有用的知识之间存在着一种"过滤器"，这种"过滤器"阻碍着基础知识向经济上有用的知识的转化，于是这产生了潜在的市场不均衡和获利机会，企业家在敏锐地感知这一机会后，通过创建新企业，整合各类生产要素，向市场推出新产品和新服务，能够有效推进基础知识的商业化进程，降低知识过滤的阻碍作用，从而促进知识生产和知识溢出，提高 $TFP$ 增长率。

列（2）到列（4）显示，无论是单独加入专业人力资本（ln$PH$），还是依次加入企业家精神（ln$EHC$）及其两者的交互项（ln$EHC$×ln$PH$），专业人力资本（ln$PH$）的估计系数均为正，估计值在 0.10—0.40，且 $t$ 统计量较大，均在 1% 的水平上显著。专业人力资本的增加对 $TFP$ 增长存在着正效应，在平均意义上，专业人力资本每增加 1%，将会促进 $TFP$ 增长 0.10-0.40 个百分点。假说 2 初步成立。在现实中，专业人力资本承担的社会角色是专业技术人员，如科学家、工程师等。专业人力资本是专业技术人才经过长期教育和培训而掌握稀缺的、关键的知识与技能，具有很强的专用性。随着知识经济时代的到来，专业人力资本因为拥有知识资本，在技术创新中发挥着日益重要的作用（Chang et al.，2016）。专业技术人才的受教育程度较高，能够相对快速地吸收新理论和新技术，在加快技术扩散和传播的同时推进技术模仿和技术创新（Iyigun 和 Owen，1999）。专业人力资本还能够产生对其他生产要素的引致需求，吸引外来投资者，从而促进产业融合、集聚和升级，提高 $TFP$ 增长率。从人力资本运用角度看，专业人力资本的运用可以改造和提升生产力、拓展生产可能边界，不仅能够提高自身的生产效率，还能够提高其他要素的生产效率，成为推进技术创新的骨干力量。

列（4）中的估计结果显示，企业家精神与专业人力资本的交互项（ln$EHC$×ln$PH$）的估计结果为负，且 $t$ 统计量远远超过了 3，在 1% 的水平上高度显著。随着专业人力资本的增加，企业家精神对 $TFP$ 增长的促进作用在减弱，即专业人力资本负向调节企业家精神的生产率提升效应。

也就是说，企业家精神与专业人力资本在促进 TFP 增长时存在着显著的替代作用。这与 Michelacci（2003）的研究结果基本一致。本书的假说 3 得到初步验证。企业家精神与专业人力资本对 TFP 增长没有产生合意的协同效应，反而产生替代效应，这可能是因为：在现实中，企业家与专业人力资本并没有形成知识结构协调、技术功能互补的有机组合，这导致两者未能在 TFP 增长的过程中发挥相辅相成、互动协同的积极作用。改革开放以来，企业家的来源已经发生了深刻变化。根据胡永刚和石崇（2016）的研究，创业高峰期是 2000 年以来，创业者以有海外背景的留学生和科学家、工程师为主。可见，该次创业高潮中几乎所有的企业家均由专业技术人才转变而来。事实上，两类人员的知识结构可能存在着很大程度的重合，均具有较高的研发能力，而经营企业所必需的能力，如洞察市场机会的能力、制定战略决策的能力、领导能力、沟通协调能力等，企业家可能相对缺乏、相对较低或者在创业之初还没有形成（Iyigun 和 Owen，1999；Zhang et al.，2010）。

控制变量方面，如列（1）到列（4）所示国有产权比重（lnSOE）的系数均显著为负，表明国有产权比重的上升显著抑制了 TFP 的增长。列（1）到列（4）中的平均企业规模（lnSIZE）的估计系数均显著为正，表明大企业在提高 TFP 增长方面具有规模优势。列（4）中资本密集度（lnCI）的系数在 1% 的水平显著为负，资本密集度的上升显著降低了 TFP 的增长率，这可能是因为资本密集度越高，产品复杂度和技术创新的难度及其面临的风险也随之上升，加大了创新资源高效配置和技术进步的难度，结果导致较低的 TFP 增长水平（戴魁早和刘友金，2013）。列（4）中外贸依存度（lnTRA）的估计结果为正，可没有通过显著性检验，表明对外贸易虽然提高 TFP 增长，但是这种积极作用并不显著，这可能因为在中国从事出口贸易的企业中，加工贸易企业的比重过大，而加工贸易企业的生产率相对较低，由于国家对加工贸易推行特色的优惠待遇（如出口成品免征关税与增值税等），促使生产率低的企业自选择进行出口加工贸易，从而导致出口规模越大，企业生产率水平越低（戴觅等，2014）。列（1）到列（4）中资产负债率（lnFZL）的估计结果表明资产负债率与 TFP 增长之间存在着显著的正相关关系，资产负债率越高，TFP 增长水平越高，这主要是因为较高的资产负债率的企业尽管经营风险较大，但是这样的企业利用从债权人借贷的资金从事研发活动，从而提升 TFP 增长率（Schiantarelli 和 Sembenelli，1997）。列（1）到列（4）中政府科研补贴强度（ln$BTQ$）的系数为正，且在1%的水平上显著，表明中国政府的科研补贴显著促进了企业创新。列（1）到列（4）中流动资金周转次数（ln$TOT$）的估计系数均显著为正，意味着资金周转越快的企业具有较高的 TFP 水平，这可能是因为相对于资金周转较慢的企业，资金周转较快的企业拥有更多的流动资金从事充满不确定性的经营活动，如 R&D 活动（何光辉和杨咸月，2012）。列（1）到列（4）中对外技术依存度（ln$TD$）的估计结果均显著为负，表明技术依存度的提高不但不能提高 TFP 水平，反而损害了 TFP 增长，这可能是因为国内企业在技术引进的过程中存在着"重引进轻开发，重模仿轻创新"的倾向（孙早和宋炜，2012），也可能是因为引进技术与本地技术并不匹配，技术差距过大，难以对引进的技术进行消化吸收再创新，导致技术空心化，反而抑制了技术创新（唐末兵等，2014）。列（4）中的城市化水平（ln$URB$）的估计系数显著为负，城市化水平的提高抑制了 TFP 的改善，这可能是因为中国的城市化水平由政府主导，脱离了产业演进的规律，增加了低技能劳动力的供给，引致了产能过剩（李强等，2012；孙早和刘航，2014）。列（4）中的自然资源禀赋状况（ln$NRE$）的系数为正，但不显著，表明一个省份的自然资源禀赋状况并不能显著改善该省份的创新能力，自然资源并不是提高 TFP 的充分条件。列（4）中环境规制强度（ln$ER$）的系数在5%的水平上显著为正，表明政府的环境规制会倒逼企业加大研发投入，促进技术进步，提高 TFP，这与波特假说相符。列（1）到列（4）中相对资本流动（ln$CF$）显著降低了 TFP 水平，这可能是因为资本外流加剧了企业的融资约束，降低了企业的研发投入，从而损害了 TFP 增长（刘穷志，2017）。列（1）到列（4）中税收竞争（ln$TC$）的系数均为负，且通过1%的显著性检验，表明政府间的税收竞争行为降低了 TFP 增长水平，这可能是因为地方政府间的这种竞争尽管是中国经济高速增长的重要因素，可也是导致粗放式增长、低质量发展的重要根源（周黎安，2007）。列（1）到列（4）的估计结果表明，政府宏观调控能力（ln$MC$）越强，TFP 增长越快，这意味着，实现经济高质量发展不仅需要市场机制这个"无形之手"，还需要政府的宏观调控能力这个"有形之手"。列（4）中代表产业结构的变量（ln$IS$）的系数显著为正，表明第二产业比重的上升对于提高 TFP 具有显著的促进作用。

## 二 稳健性检验

为了验证基准回归结果的稳健性和敏感度,除了采用较多的变量控制、遗漏变量控制外,本书拟从以下几个方面进行稳健性检验。

### (一) 改变折旧率的取值

基本估计结果在 SFA 框架下测算 $\ln TFP$、计算资本密集度 ($\ln CI$) 和相对资本流动 ($\ln CF$) 时,本书将 $\delta$ 设定为 10%。在稳健性检验一和稳健性检验二中,本部分拟将折旧率 ($\delta$) 分别设定为 5% 和 15%,相应地,计算资本密集度 ($\ln CI$) 和相对资本流动 ($\ln CF$) 也将分别使用 5% 和 15% 的折旧率 (下同)。估计结果分别如表 5-5 和表 5-6 所示。

表 5-5 企业家精神、专业人力资本影响工业 *TFP* 增长的稳健性检验一 (被解释变量:$\ln TFP$, $\delta = 5\%$)

| 解释变量 | (1) | (2) | (3) | (4) |
|---|---|---|---|---|
| $\ln EHC$ | 0.1356*** <br> (20.21) | | 0.1348*** <br> (20.32) | 0.1163*** <br> (5.97) |
| $\ln PH$ | | 0.3400*** <br> (3.13) | 0.2842*** <br> (3.56) | 0.0852** <br> (2.52) |
| $\ln EHC \times \ln PH$ | | | | -0.0555*** <br> (-6.00) |
| $\ln SOE$ | -0.2575*** <br> (-8.39) | -0.2920*** <br> (-7.05) | -0.2471*** <br> (-8.11) | -0.0249* <br> (-1.89) |
| $\ln SIZE$ | 0.3660*** <br> (24.91) | 0.3039*** <br> (13.16) | 0.3344*** <br> (19.66) | 0.0937*** <br> (10.63) |
| $\ln CI$ | 0.0210** <br> (2.11) | 0.0371*** <br> (2.77) | 0.0218** <br> (2.21) | -0.0051 <br> (-1.28) |
| $\ln TRA$ | -0.0221** <br> (-2.49) | -0.0558*** <br> (-4.74) | -0.0194** <br> (-2.20) | -0.0009 <br> (-0.23) |
| $\ln FZL$ | 0.1922*** <br> (2.92) | 0.2586*** <br> (2.92) | 0.1752*** <br> (2.69) | 0.1184*** <br> (4.62) |
| $\ln BTQ$ | 0.7380*** <br> (4.47) | 0.7734*** <br> (3.48) | 0.7296*** <br> (4.47) | 0.3895*** <br> (5.94) |
| $\ln TOT$ | 0.1425*** <br> (3.74) | 0.4941*** <br> (10.45) | 0.1666*** <br> (4.36) | 0.0227 <br> (1.32) |

续表

| 解释变量 | (1) | (2) | (3) | (4) |
|---|---|---|---|---|
| $\ln TD$ | -0.1466** | -0.3077*** | -0.1443** | -0.0649** |
|  | (-2.33) | (-3.67) | (-2.32) | (-2.56) |
| $\ln URB$ | 0.3103*** | 0.4868*** | 0.3048*** | -0.0777*** |
|  | (4.88) | (5.74) | (4.85) | (-3.04) |
| $\ln NRE$ | 0.0079 | 0.0638*** | 0.0060 | 0.0001 |
|  | (0.67) | (4.09) | (0.51) | (0.02) |
| $\ln ER$ | -0.0314*** | -0.0413*** | -0.0300*** | 0.0061* |
|  | (-4.39) | (-4.29) | (-4.22) | (1.91) |
| $\ln CF$ | -0.2767*** | -0.3794*** | -0.2841*** | -0.0790*** |
|  | (-9.49) | (-9.76) | (-9.83) | (-6.17) |
| $\ln TC$ | -0.1730*** | -0.3532*** | -0.2023*** | -0.0874*** |
|  | (-4.21) | (-6.36) | (-4.89) | (-4.44) |
| $\ln MC$ | 0.3053*** | 0.4653*** | 0.3111*** | 0.0878*** |
|  | (5.44) | (6.22) | (5.61) | (3.85) |
| $\ln IS$ | -0.0822 | -0.3707*** | -0.1127** | 0.1837*** |
|  | (-1.59) | (-5.42) | (-2.18) | (7.61) |
| $C$ | -0.6835* | -1.9732*** | -1.2603*** | 0.0887 |
|  | (-1.71) | (-3.41) | (-2.96) | (0.49) |
| $R^2$ | 0.9751 | 0.9548 | 0.9757 | 0.9966 |
| $F_1$ | 1173.37 | 633.41 | 1131.95 | 3967.76 |
| $F_2$ | 64.16 | 36.29 | 64.56 | 470.49 |
| $LM$ | 1513.32 | 810.73 | 1329.27 | 1982.98 |
| $Hausman$ | 45.43 | 87.37 | 60.63 | 107.81 |
| Model | FE | FE | FE | FE |
| Obs | 527 | 527 | 527 | 527 |

注：***、**、*分别代表在1%、5%、10%的水平上显著。表中的系数估计值保留4位小数。参数估计结果下面的括号内数值为 $t$ 统计量。为了避免混淆，本书设定 $F_1$ 是对回归方程的拟合结果的联合显著性检验的统计量，相当于 OLS 中的 $F$ 统计量，$F_2$ 检验则用来识别是否存在固定效应，原假设是不存在固定效应。LM 检验是用来识别是否存在随机效应模型，原假设是不存在随机效应。LM 检验在使用随机效应估计后才能进行，为了便于分析，本书也将 LM 检验结果报告在固定效应模型结果中。Hausman 检验的原假设是随机效应模型设定正确。

表 5-6　企业家精神、专业人力资本影响工业 *TFP* 增长的稳健性检验二（被解释变量：ln*TFP*，$\delta=15\%$）

| 解释变量 | (1) | (2) | (3) | (4) |
| --- | --- | --- | --- | --- |
| ln*EHC* | 0.1191*** | | 0.1182*** | 0.1913*** |
|  | (17.53) | | (17.64) | (7.09) |
| ln*PH* | | 0.3758*** | 0.3242*** | 0.1136** |
|  | | (3.65) | (4.04) | (2.43) |
| ln*EHC*×ln*PH* | | | | -0.0957*** |
|  | | | | (-7.46) |
| ln*SOE* | -0.2541*** | -0.2863*** | -0.2425*** | -0.0416** |
|  | (-8.19) | (-7.30) | (-7.91) | (-2.28) |
| ln*SIZE* | 0.3385*** | 0.2733*** | 0.3022*** | 0.0917*** |
|  | (22.60) | (12.39) | (17.50) | (7.50) |
| ln*CI* | -0.0188* | 0.0075 | -0.0176* | -0.0442*** |
|  | (-1.74) | (0.57) | (-1.70) | (-7.78) |
| ln*TRA* | -0.0162* | -0.0429*** | -0.0130 | 0.0047 |
|  | (-1.82) | (-3.86) | (-1.48) | (0.92) |
| ln*FZL* | 0.1916*** | 0.2538*** | 0.1727*** | 0.1158*** |
|  | (2.91) | (3.05) | (2.65) | (3.28) |
| ln*BTQ* | 0.7834*** | 0.8556*** | 0.7754*** | 0.5611*** |
|  | (4.74) | (4.10) | (4.77) | (6.22) |
| ln*TOT* | 0.1462*** | 0.4489*** | 0.1735*** | 0.0566** |
|  | (3.79) | (9.92) | (4.50) | (2.37) |
| ln*TD* | -0.1720*** | -0.3143*** | -0.1697*** | -0.1127*** |
|  | (-2.72) | (-3.97) | (-2.72) | (-3.21) |
| ln*URB* | 0.2109*** | 0.3473*** | 0.2047*** | -0.1625*** |
|  | (3.30) | (4.34) | (3.25) | (-4.57) |
| ln*NRE* | 0.0146 | 0.0623*** | 0.0123 | 0.0066 |
|  | (1.21) | (4.22) | (1.04) | (0.91) |
| ln*ER* | -0.0225*** | -0.0306*** | -0.0209*** | 0.0093** |
|  | (-3.12) | (-3.36) | (-2.93) | (2.11) |
| ln*CF* | -0.3028*** | -0.3895*** | -0.3116*** | -0.1171*** |
|  | (-10.57) | (-10.87) | (-11.02) | (-6.71) |

续表

| 解释变量 | (1) | (2) | (3) | (4) |
|---|---|---|---|---|
| $\ln TC$ | -0.2295*** | -0.3955*** | -0.2632*** | -0.1421*** |
|  | (-5.54) | (-7.52) | (-6.32) | (-5.22) |
| $\ln MC$ | 0.3458*** | 0.4758*** | 0.3526*** | 0.1531*** |
|  | (6.09) | (6.68) | (6.31) | (4.80) |
| $\ln IS$ | -0.0896* | -0.3517*** | -0.1242** | 0.1334*** |
|  | (-1.73) | (-5.47) | (-2.40) | (4.01) |
| $C$ | -0.3336 | -1.5729*** | -0.9954** | 0.4506* |
|  | (-0.84) | (-2.89) | (-2.34) | (1.82) |
| $R^2$ | 0.9660 | 0.9457 | 0.9671 | 0.9912 |
| $F_1$ | 851.48 | 522.46 | 827.95 | 1534.35 |
| $F_2$ | 58.26 | 37.69 | 59.75 | 234.29 |
| $LM$ | 1439.87 | 850.93 | 1287.48 | 1828.66 |
| $Hausman$ | 55.49 | 89.64 | 70.33 | 231.95 |
| Model | FE | FE | FE | FE |
| Obs | 527 | 527 | 527 | 527 |

注：\*\*\*、\*\*、\*分别代表在1%、5%、10%的水平上显著。表中的系数估计值保留4位小数。参数估计结果下面的括号内数值为 $t$ 统计量。为了避免混淆，本书设定 $F_1$ 是对回归方程的拟合结果的联合显著性检验的统计量，相当于 $OLS$ 中的 $F$ 统计量，$F_2$ 检验则用来识别是否存在固定效应，原假设是不存在固定效应。$LM$ 检验是用来识别是否存在随机效应模型，原假设是不存在随机效应。$LM$ 检验在使用随机效应估计后才能进行，为了便于分析，本书也将 $LM$ 检验结果报告在固定效应模型结果中。$Hausman$ 检验的原假设是随机效应模型设定正确。

（二）调整变量定义

（1）关于工业绩效。本书借鉴孙早和宋炜（2012）的研究，采用规模以上工业企业从业人员人均有效发明专利（$\ln APF$）来代表中国工业绩效进行稳健性检验三，结果如表5-7所示。

表5-7　　企业家精神、专业人力资本影响工业 $TFP$ 增长的稳健性检验三（被解释变量：$\ln APF$）

| 解释变量 | (1) | (2) | (3) | (4) |
|---|---|---|---|---|
| $\ln EHC$ | 0.1488*** |  | 0.1437*** | 0.6611*** |
|  | (4.48) |  | (4.41) | (3.48) |

续表

| 解释变量 | (1) | (2) | (3) | (4) |
| --- | --- | --- | --- | --- |
| ln*PH* |  | 1.7856*** | 1.7243*** | 0.2384 |
|  |  | (4.47) | (4.40) | (0.72) |
| ln*EHC*×ln*PH* |  |  |  | −0.3511*** |
|  |  |  |  | (−3.89) |
| ln*SOE* | −0.5534*** | −0.5421*** | −0.4912*** | 0.5305*** |
|  | (−3.64) | (−3.56) | (−3.28) | (4.13) |
| ln*SIZE* | 0.9238*** | 0.6976*** | 0.7315*** | 0.1721** |
|  | (12.64) | (8.19) | (8.71) | (2.00) |
| ln*CI* | −0.0561 | −0.0267 | −0.0501 | −0.1532*** |
|  | (−1.11) | (−0.53) | (−1.01) | (−3.87) |
| ln*TRA* | 0.0579 | 0.0373 | 0.0748* | 0.1668*** |
|  | (1.32) | (0.86) | (1.73) | (4.64) |
| ln*FZL* | 0.0728 | 0.0667 | −0.0285 | −0.5047** |
|  | (0.22) | (0.21) | (−0.09) | (−2.02) |
| ln*BTQ* | 2.4988*** | 2.5281*** | 2.4534*** | 1.4843** |
|  | (3.07) | (3.11) | (3.07) | (2.33) |
| ln*TOT* | −0.1816 | 0.3066* | −0.0362 | 0.2221 |
|  | (−0.96) | (1.76) | (−0.19) | (1.32) |
| ln*TD* | −0.9054*** | −1.0730*** | −0.8967*** | −0.7637*** |
|  | (−2.93) | (−3.49) | (−2.94) | (−3.09) |
| ln*URB* | 0.6557** | 0.8040*** | 0.6215** | −0.5535** |
|  | (2.09) | (2.58) | (2.02) | (−2.21) |
| ln*NRE* | −0.0602 | −0.0107 | −0.0720 | 0.0143 |
|  | (−1.02) | (−0.19) | (−1.24) | (0.28) |
| ln*ER* | −0.0918*** | −0.0949*** | −0.0829** | −0.0516* |
|  | (−2.59) | (−2.68) | (−2.38) | (−1.66) |
| ln*CF* | −0.2494* | −0.3929*** | −0.2951** | −0.1786 |
|  | (−1.75) | (−2.78) | (−2.10) | (−1.44) |
| ln*TC* | −0.5132** | −0.8531*** | −0.6918*** | −0.1872 |
|  | (−2.53) | (−4.18) | (−3.40) | (−0.97) |

续表

| 解释变量 | (1) | (2) | (3) | (4) |
|---|---|---|---|---|
| $\ln MC$ | 1.3671*** | 1.5598*** | 1.4022*** | 0.7175*** |
|  | (4.92) | (5.66) | (5.14) | (3.21) |
| $\ln IS$ | -1.1286*** | -1.5894*** | -1.3130*** | 0.2598 |
|  | (-4.43) | (-6.35) | (-5.18) | (1.11) |
| $C$ | 3.4060* | -0.8277 | -0.1031 | 2.0490 |
|  | (1.74) | (-0.39) | (-0.05) | (1.17) |
| $R^2$ | 0.8681 | 0.8681 | 0.8733 | 0.9297 |
| $F_1$ | 197.50 | 197.47 | 194.13 | 179.71 |
| $F_2$ | 12.47 | 15.55 | 13.17 | 15.21 |
| $LM$ | 468.22 | 509.13 | 484.36 | 580.15 |
| $Hausman$ | 33.48 | 56.70 | 37.70 | 33.88 |
| Model | FE | FE | FE | FE |
| Obs | 527 | 527 | 527 | 527 |

注：***、**、*分别代表在1%、5%、10%的水平上显著。表中的系数估计值保留4位小数。参数估计结果下面的括号内数值为 $t$ 统计量。为了避免混淆，本书设定 $F_1$ 是对回归方程的拟合结果的联合显著性检验的统计量，相当于 $OLS$ 中的 $F$ 统计量，$F_2$ 检验则用来识别是否存在固定效应，原假设是不存在固定效应。$LM$ 检验是用来识别是否存在随机效应模型，原假设是不存在随机效应。$LM$ 检验在使用随机效应估计后才能进行，为了便于分析，本书也将 $LM$ 检验结果报告在固定效应模型结果中。$Hausman$ 检验的原假设是随机效应模型设定正确。

（2）关于企业家精神。第一，本书借鉴 Liargovas 和 Repousis（2015）的研究，采用各省份规模以上工业每万名从业人员拥有的民营企业的法人单位数（$\ln ENT$）来作为企业家精神的代理变量（单位：个/万人）进行稳健性检验四，结果见表5-8的列（1）到列（3）所示。第二，本书借鉴刘榆、刘忠璐和周杰峰（2015）的方法，采用各省份的规模以上工业企业每万名从业人员拥有的各种所有制的企业单位数作为企业家精神的代理变量（$\ln ENQ$）进行稳健性检验五，各种所有制的企业包括规模以上国有企业、私营企业、港澳台商投资企业和外商投资企业，结果见表5-8的列（4）到列（6）所示。[①]

---

[①] 因为稳健性检验三只替换企业家精神变量，因此检验结果只有三列，这与稳健性检验四类似。尽管在稳健性检验中，本书替换了企业家精神指标，但是为了表述的方便，本书仍然使用基准回归的变量符号，下同。

表 5-8　企业家精神、专业人力资本影响工业 TFP 增长的稳健性检验四和五（被解释变量：$\ln TFP$，$\delta=10\%$）

| 解释变量 | 稳健性检验四（$\ln EHC=\ln ENT$） ||| 稳健性检验（$\ln EHC=\ln ENQ$） |||
|---|---|---|---|---|---|---|
| | (1) | (2) | (3) | (4) | (5) | (6) |
| $\ln EHC$ | 0.2100*** | 0.2084*** | 0.3023*** | 0.5350*** | 0.5291*** | 0.1618* |
| | (16.13) | (16.21) | (6.77) | (16.48) | (16.46) | (1.86) |
| $\ln PH$ | | 0.3170*** | 0.4977*** | | 0.2896*** | 0.4947*** |
| | | (3.77) | (7.36) | | (3.46) | (2.90) |
| $\ln EHC\times\ln PH$ | | | −0.1502*** | | | −0.0847** |
| | | | (−7.05) | | | (−2.24) |
| $\ln SOE$ | −0.2647*** | −0.2532*** | −0.0465*** | −0.2175*** | −0.2077*** | −0.0645*** |
| | (−8.17) | (−7.89) | (−2.81) | (−6.70) | (−6.44) | (−3.59) |
| $\ln SIZE$ | 0.3818*** | 0.3462*** | 0.1047*** | 0.5571*** | 0.5225*** | 0.1184*** |
| | (23.98) | (18.89) | (9.25) | (26.69) | (22.77) | (6.57) |
| $\ln CI$ | 0.0003 | 0.0014 | −0.0308*** | −0.0311*** | −0.0297*** | −0.0290*** |
| | (0.03) | (0.13) | (−6.05) | (−2.82) | (−2.72) | (−5.01) |
| $\ln TRA$ | −0.0172* | −0.0141 | 0.0016 | −0.0230** | −0.0203** | −0.0041 |
| | (−1.83) | (−1.52) | (0.36) | (−2.49) | (−2.20) | (−0.88) |
| $\ln FZL$ | 0.1676** | 0.1492** | 0.1387*** | 0.1106 | 0.0949 | 0.1531*** |
| | (2.42) | (2.18) | (4.34) | (1.60) | (1.38) | (4.55) |
| $\ln BTQ$ | 0.6213*** | 0.6142*** | 0.5144*** | 0.4604*** | 0.4566*** | 0.5218*** |
| | (3.57) | (3.58) | (6.28) | (2.65) | (2.66) | (6.06) |
| $\ln TOT$ | 0.2090*** | 0.2353*** | 0.0440** | 0.3338*** | 0.3574*** | 0.0320 |
| | (5.31) | (5.96) | (2.05) | (9.03) | (9.61) | (1.41) |
| $\ln TD$ | −0.1550** | −0.1527** | −0.1064*** | −0.2149*** | −0.2128*** | 0.1227*** |
| | (−2.33) | (−2.33) | (−3.36) | (−3.28) | (−3.29) | (−3.71) |
| $\ln URB$ | 0.2241*** | 0.2180*** | −0.1470*** | 0.1164* | 0.1126* | −0.1318*** |
| | (3.34) | (3.29) | (−4.54) | (1.71) | (1.68) | (−3.76) |
| $\ln NRE$ | 0.0125 | 0.0103 | 0.0058 | 0.0206* | 0.0188 | 0.0154** |
| | (0.99) | (0.83) | (0.88) | (1.66) | (1.53) | (2.30) |
| $\ln ER$ | −0.0324*** | −0.0307*** | 0.0078* | −0.0286*** | −0.0271*** | 0.0119*** |
| | (−4.30) | (−4.12) | (1.92) | (−3.81) | (−3.65) | (2.83) |

续表

| 解释变量 | 稳健性检验四（ln$EHC$=ln$ENT$） ||| 稳健性检验（ln$EHC$=ln$ENQ$） |||
|---|---|---|---|---|---|---|
| | (1) | (2) | (3) | (4) | (5) | (6) |
| ln$CF$ | -0.3350*** | -0.3431*** | -0.0974*** | -0.4500*** | -0.4563*** | -0.1025*** |
| | (-11.11) | (-11.50) | (-5.98) | (-14.95) | (-15.31) | (-5.61) |
| ln$TC$ | -0.2104*** | -0.2432*** | -0.1363*** | -0.2548*** | -0.2849*** | -0.1289*** |
| | (-4.84) | (-5.55) | (-5.50) | (-5.97) | (-15.31) | (-4.97) |
| ln$MC$ | 0.3115*** | 0.3181*** | 0.1442*** | 0.2720*** | 0.2791*** | 0.1424*** |
| | (5.23) | (5.41) | (5.00) | (4.57) | (4.74) | (4.64) |
| ln$IS$ | -0.0596 | -0.0937* | 0.1511*** | 0.0922 | 0.0584 | 0.1663*** |
| | (-1.09) | (-1.71) | (4.99) | (1.60) | (1.01) | (4.98) |
| $C$ | -1.2136*** | -1.8530*** | -0.3760 | -3.5068*** | -4.0648*** | -0.4463 |
| | (-2.90) | (-4.16) | (-1.54) | (-7.94) | (-8.73) | (-1.01) |
| $R^2$ | 0.9665 | 0.9675 | 0.9935 | 0.9670 | 0.9678 | 0.9929 |
| $F_1$ | 865.24 | 837.60 | 2083.07 | 879.09 | 846.99 | 1903.72 |
| $F_2$ | 51.41 | 52.41 | 284.51 | 44.93 | 45.55 | 220.68 |
| $LM$ | 1399.73 | 1249.51 | 1826.52 | 1022.56 | 892.00 | 1443.40 |
| $Hausman$ | 57.63 | 68.10 | 149.55 | 117.72 | 128.19 | 130.22 |
| $Model$ | FE | FE | FE | FE | FE | FE |
| $Obs$ | 527 | 527 | 527 | 527 | 527 | 527 |

注：***、**、*分别代表在1%、5%、10%的水平上显著。表中的系数估计值保留4位小数。参数估计结果下面的括号内数值为$t$统计量。为了避免混淆，本书设定$F_1$是对回归方程的拟合结果的联合显著性检验的统计量，相当于$OLS$中的$F$统计量，$F_2$检验则用来识别是否存在固定效应，原假设是不存在固定效应。$LM$检验是用来识别是否存在随机效应模型，原假设是不存在随机效应。$LM$检验在使用随机效应估计后才能进行，为了便于分析，本书也将$LM$检验结果报告在固定效应模型结果中。$Hausman$检验的原假设是随机效应模型设定正确。

（3）关于专业人力资本。第一，本书采用各省份人口的平均受教育年限（$RH$）来进行稳健性检验六，结果见表5-9的列（1）到列（3）所示。$RH$的具体测算方法是，各省份的人口平均受教育年限等于各省份小学人口的比重×6+初中人口的比重×9+高中和中专人口的比重×12+大专及以上人口的比重×17，各省份受教育程度的人口比重来自相关年份的《中国教育统计年鉴》。第二，本书参考孙早等（2014）的研究，采用各省份规模以上工业企业R&D人员除以从业人数来作为专业人力资本的代理变量（SOS）进行稳健性检验七，结果见表 5-9 的列（4）到列（6）所示。

表 5-9　企业家精神、专业人力资本影响工业 TFP 的稳健性检验六和七（被解释变量：ln TFP，$\delta = 10\%$）

| 解释变量 | 稳健性检验六（lnPH=RH） ||| 稳健性检验七（lnPH=lnSOS） |||
| --- | --- | --- | --- | --- | --- | --- |
| | （1） | （2） | （3） | （4） | （5） | （6） |
| ln*EHC* | | 0.1192*** | 0.1582*** | | 0.1282*** | 0.0119** |
| | | (17.94) | (5.73) | | (19.77) | (1.97) |
| ln*PH* | 0.6916*** | 0.4129*** | 0.1410** | 1.9639*** | 2.6352*** | 1.8704*** |
| | (6.60) | (5.00) | (2.12) | (3.23) | (5.82) | (5.40) |
| ln*EHC*×ln*PH* | | | -0.0800*** | | | -0.4703*** |
| | | | (-5.90) | | | (-2.96) |
| ln*SOE* | -0.3104*** | -0.2628*** | -0.0466*** | -0.3082*** | -0.2631*** | -0.0432** |
| | (-8.08) | (-8.80) | (-2.77) | (-7.75) | (-8.88) | (-2.36) |
| ln*SIZE* | 0.2906*** | 0.3270*** | 0.1036*** | 0.3087*** | 0.3272*** | 0.1141*** |
| | (15.15) | (21.81) | (9.37) | (15.63) | (22.27) | (10.37) |
| ln*CI* | 0.0120 | -0.0052 | -0.0304*** | 0.0246* | 0.0066 | -0.0235*** |
| | (0.94) | (-0.53) | (-5.88) | (1.84) | (0.66) | (-4.45) |
| ln*TRA* | -0.0414*** | -0.0137 | 0.0024 | -0.0549*** | -0.0221*** | -0.0073 |
| | (-3.76) | (-1.58) | (0.49) | (-4.84) | (-2.58) | (-1.58) |
| ln*FZL* | 0.2879*** | 0.2049*** | 0.1384*** | 0.3011*** | 0.2180*** | 0.1476*** |
| | (3.51) | (3.22) | (4.25) | (3.55) | (3.45) | (4.34) |
| ln*BTQ* | 0.9364*** | 0.8396*** | 0.5478*** | 0.8770*** | 0.8168*** | 0.4901*** |
| | (4.53) | (5.25) | (6.54) | (4.12) | (5.16) | (5.79) |
| ln*TOT* | 0.4104*** | 0.1427*** | 0.0365* | 0.4241*** | 0.1166*** | 0.0488** |
| | (9.36) | (3.85) | (1.67) | (9.35) | (3.14) | (2.20) |
| ln*TD* | -0.3536*** | -0.1942*** | -0.1199*** | -0.3376*** | -0.1849*** | -0.1373*** |
| | (-4.52) | (-3.17) | (-3.71) | (-4.18) | (-3.06) | (-4.22) |
| ln*URB* | 0.3393*** | 0.2089*** | -0.1479*** | 0.3993*** | 0.2369*** | -0.0934*** |
| | (4.28) | (3.38) | (-4.47) | (4.90) | (3.88) | (-2.82) |
| ln*NRE* | 0.0648*** | 0.0149 | 0.0087 | 0.0717*** | 0.0179 | 0.0186*** |
| | (4.47) | (1.29) | (1.32) | (4.77) | (1.55) | (2.87) |

续表

| 解释变量 | 稳健性检验六（ln$PH$=$RH$） ||| 稳健性检验七（ln$PH$=ln$SOS$） |||
|---|---|---|---|---|---|---|
|  | (1) | (2) | (3) | (4) | (5) | (6) |
| ln$ER$ | -0.0190** | -0.0154** | 0.0106*** | -0.0364*** | -0.0257*** | 0.0144*** |
|  | (-2.04) | (-2.14) | (2.59) | (-3.93) | (-3.72) | (3.52) |
| ln$CF$ | -0.3567*** | -0.2865*** | -0.1017*** | -0.3679*** | -0.2775*** | -0.1010*** |
|  | (-9.94) | (-10.21) | (6.22) | (-9.91) | (-9.93) | (-6.15) |
| ln$TC$ | -0.3431*** | -0.2161*** | -0.1205*** | -0.3341*** | -0.1914*** | -0.0936*** |
|  | (-6.76) | (-5.41) | (-4.91) | (-6.36) | (-4.82) | (-3.76) |
| ln$MC$ | 0.4531*** | 0.3282*** | 0.1375*** | 0.4340*** | 0.2837*** | 0.1109*** |
|  | (6.48) | (6.02) | (4.68) | (5.96) | (5.19) | (3.76) |
| ln$IS$ | -0.3176*** | -0.0893* | 0.1670*** | -0.2689*** | -0.0147 | 0.1791*** |
|  | (-5.07) | (-1.78) | (5.58) | (-4.08) | (-0.29) | (5.95) |
| $C$ | -1.9444*** | -1.0609*** | 0.3514 | -1.2059** | -0.7449* | 0.3502 |
|  | (-3.76) | (-2.63) | (1.44) | (-2.33) | (-1.93) | (1.63) |
| $R^2$ | 0.9526 | 0.9717 | 0.9933 | 0.9494 | 0.9722 | 0.9932 |
| $F_1$ | 603.42 | 966.30 | 2001.47 | 563.28 | 983.74 | 1970.38 |
| $F_2$ | 41.20 | 62.57 | 264.07 | 39.08 | 65.83 | 273.73 |
| $LM$ | 806.51 | 1221.11 | 1702.30 | 1086.86 | 1500.81 | 2045.74 |
| $Hausman$ | 89.97 | 71.19 | 115.04 | 59.97 | 52.48 | 69.32 |
| $Model$ | $FE$ | $FE$ | $FE$ | $FE$ | $FE$ | $FE$ |
| $Obs$ | 527 | 527 | 527 | 527 | 527 | 527 |

注：***、**、*分别代表在1%、5%、10%的水平上显著。表中的系数估计值保留4位小数。参数估计结果下面的括号内数值为 $t$ 统计量。为了避免混淆，本书设定 $F_1$ 是对回归方程的拟合结果的联合显著性检验的统计量，相当于 $OLS$ 中的 $F$ 统计量，$F_2$ 检验则用来识别是否存在固定效应，原假设是不存在固定效应。$LM$ 检验是用来识别是否存在随机效应模型，原假设是不存在随机效应。$LM$ 检验在使用随机效应估计后才能进行，为了便于分析，本书也将 $LM$ 检验结果报告在固定效应模型结果中。$Hausman$ 检验的原假设是随机效应模型设定正确。

将表5-5至表5-9的企业家精神变量、专业人力资本及二者的交互项的稳健性检验估计结果分别与表5-4的基本估计结果进行对比，发现企业家精神、专业人力资本及其二者的交互项的符号与基准回归结果完全一致，显著性没有发生根本变化，表明估计结果不因折旧率取值和指标选择的不同而发生实质性变化，从而保障了本书研究结论的稳健性，本书的假说1、假说2和假说3仍然成立。

### 三 内生性检验

一方面，企业家精神、专业人力资本能够促进中国工业的 TFP 增长，另一方面，专业技术人员受到教育发展水平等的制约，企业家精神还受到经济发展水平等因素的影响，并且生产率较高的省份，人均收入也相对较高，往往能汇聚企业家、专业技术人才等高端人才，也会影响着企业家的创新投入激励（王文和孙早，2016）。也就是说一个地区的企业家精神、专业人力资本是内生于个体特征、宏观经济环境的，并非严格意义上的外生变量，所以企业家精神、专业人力资本与中国工业的 TFP 之间可能互为因果关系，从而导致内生性问题。而且由于受到认识的局限性和数据可得性的制约，本书还有可能遗漏一些影响中国工业 TFP 增长的其他变量。结合以上分析，所以本书在对式（5-1）进行估计时，解释变量存在的内生性问题可能导致估计结果出现偏误。

Blundell 等（2000）证明，在有限样本情况下，sysGMM 两步法比 difGMM 估计的偏差更小、有效性更高。进一步地，sysGMM 两步法不仅能自行处理滞后被解释变量的内生性问题，还能处理其他解释变量的潜在内生性问题（Li et al.，2012）。考虑到样本观测量的有限性，本书采用 sysGMM 两步法，并选取企业家精神、专业人力资本及其交互项的滞后项分别作为其工具变量来处理内生性问题。

企业家精神、专业人力资本影响中国工业 TFP 增长的内生性检验结果见表5-10所示。从表5-10中 sysGMM 两步法的估计结果来看，AR（1）的伴随概率小于0.05，虽然拒绝了残差项一阶序列无自相关的原假设，但是 AR（2）的伴随概率大多数超过了0.1，因此不能拒绝残差项二阶无自相关的原假设，表明本书的模型设置是有效的。所有 Sargan test 的伴随概率值都为1，不能拒绝工具变量有效的原假设。将表5-8的企业家精神变量、专业人力资本及二者的交互项内生性检验估计结果与表5-4进行对照，发现重点解释变量的符号完全一致，而且均通过了显著性检验，表明本书的结论不因估计方法而发生根本改变，具有相当的可信度。本书的假说1、假说2和假说3均最终成立。

表 5-10　企业家精神、专业人力资本影响中国工业 *TFP* 的内生性检验结果（被解释变量：ln*TFP*，$\delta=10\%$）

| 解释变量 | (1) | (2) | (3) | (4) |
|---|---|---|---|---|
| *L*.ln*TFP* | 1.0322*** | 0.9885*** | 0.7855*** | 1.0046*** |
|  | (21.01) | (41.38) | (9.13) | (29.53) |
| ln*EHC* | 0.0137*** |  | 0.0283** | 0.0753* |
|  | (2.57) |  | (2.41) | (1.87) |
| ln*PH* |  | 0.0485** | 0.1640** | 0.1318* |
|  |  | (2.04) | (2.41) | (1.68) |
| ln*EHC*×ln*PH* |  |  |  | -0.0346* |
|  |  |  |  | (-1.79) |
| ln*SOE* | 0.0408 | -0.0192 | -0.0949 | 0.0545* |
|  | (1.34) | (-1.21) | (-1.37) | (1.70) |
| ln*SIZE* | 0.0363*** | 0.0025 | 0.0301* | -0.0143 |
|  | (3.06) | (0.48) | (1.72) | (-0.77) |
| ln*CI* | -0.0823*** | -0.0505*** | -0.0557** | -0.0423*** |
|  | (-7.86) | (-7.18) | (-1.99) | (-5.31) |
| ln*TRA* | 0.0027 | -0.0004 | 0.0056 | 0.0040 |
|  | (0.74) | (-0.25) | (1.30) | (1.03) |
| ln*FZL* | -0.0659** | -0.0420 | 0.1077 | -0.0429 |
|  | (-2.39) | (-1.13) | (1.33) | (-1.10) |
| ln*BTQ* | -0.3235*** | 0.0025 | -0.1309 | -0.1230 |
|  | (-2.62) | (0.03) | (-1.07) | (-1.37) |
| ln*TOT* | -0.0422** | 0.0112 | -0.0585 | -0.0558* |
|  | (-2.19) | (0.83) | (-1.52) | (-1.82) |
| ln*TD* | 0.0603*** | 0.0094 | 0.1662** | 0.0555 |
|  | (2.74) | (0.93) | (2.37) | (1.50) |
| ln*URB* | -0.1665 | -0.0554 | 0.2299* | 0.1603** |
|  | (-1.53) | (-0.80) | (1.71) | (2.03) |
| ln*NRE* | 0.0110* | -0.0006 | -0.0177** | -0.0194** |
|  | (1.67) | (-0.26) | (-2.10) | (-2.13) |
| ln*ER* | 0.0005 | 0.0007 | 0.0047** | 0.0009 |
|  | (0.35) | (0.51) | (2.14) | (0.49) |

续表

| 解释变量 | (1) | (2) | (3) | (4) |
|---|---|---|---|---|
| $\ln CF$ | 0.0410 | -0.0146 | -0.2446** | -0.1333** |
|  | (0.67) | (-0.20) | (-2.37) | (-2.09) |
| $\ln TC$ | -0.0178 | -0.0044 | -0.0438** | 0.0415* |
|  | (-1.32) | (-0.57) | (-2.24) | (1.81) |
| $\ln MC$ | 0.0387 | -0.0090 | 0.0493 | -0.0810 |
|  | (1.24) | (-0.78) | (1.26) | (-1.58) |
| $\ln IS$ | -0.0367 | -0.0498** | 0.1614* | 0.0376 |
|  | (-1.35) | (-2.06) | (1.67) | (0.77) |
| $C$ | 1.2479* | 0.4224 | -2.1168* | -1.2656* |
|  | (1.84) | (0.87) | (-1.89) | (-1.79) |
| $AR(1)$ | 0.0122 | 0.0024 | 0.0474 | 0.0098 |
| $AR(2)$ | 0.6757 | 0.3919 | 0.2738 | 0.1618 |
| $Sargan\ test$ | 1.0000 | 1.0000 | 1.0000 | 1.0000 |
| $Model$ | sysGMM | sysGMM | sysGMM | sysGMM |
| $Obs$ | 496 | 496 | 496 | 496 |

注：\*\*\*、\*\*、\*分别代表在1%、5%、10%的水平上显著。表中的系数估计值保留4位小数。参数估计结果下面的括号内数值为对应的z统计量，$AR(1)$、$AR(2)$和$Sargan\ test$均只报告了对应的P值。

## 第三节 省级面板数据下的时空差异检验

### 一 时期差异检验

2007年发生的国际金融危机对我国经济特别是外向型经济产生了巨大冲击。一个自然的问题是，国际金融危机发生后，企业家精神、专业人力资本的生产率提升效应减弱了吗？

为了回答这个问题，本书以2008年为时间节点设定时间虚拟变量（$dY$），分别将国际金融危机前（2000—2007年）和国际金融危机后（2008—2016年）的 $dY$ 赋值为0和1，并在式（5-1）中引入时间虚拟变量（$dY$）分别与企业家精神变量（$\ln QYJ$）[1]、专业人力资本（$\ln PH$）的

---

[1] 这里使用 $\ln QYJ$ 这个新的变量符号只是为了表述的方便，并没有引入新的企业家精神指标，下同。

交互项、与两类人力资本的复合交互项（$dY×\ln QYJ×\ln PH$）进行估计。估计结果如表 5-11 所示。表 5-11 的列（1）到列（3）和列（4）到列（6）分别使用 $\ln EHC$、$\ln ENT$ 衡量企业家精神（$\ln QYJ$），且均使用 10%、5%和 15% 的折旧率（$\delta$）。从列（1）到列（6），企业家精神变量（$\ln QYJ$）及其与时间虚拟变量（$dY$）的交互项（$dY×\ln QYJ$）均至少在 5%的水平上显著为正，表明在国际金融危机前后的两个阶段，企业家精神的成长对中国工业 TFP 增长具有显著的促进作用，而这种促进作用在国际金融危机后更大，而且不因企业家精神变量指标的选择和折旧率的取值的不同而发生系统性改变。从列（1）到列（6），在不同折旧率取值下和企业家精神指标的选择下，专业人力资本（$\ln PH$）及其与时间虚拟变量（$dY$）的交互项（$dY×\ln PH$）均通过了至少在 5%水平的显著性检验，且均为正值，这说明专业人力资本（$\ln PH$）水平的提高在国际金融危机前后均能显著改善中国工业的 TFP，但在国际金融危机后这种改善作用更大。企业家精神和专业人力资本交互项（$\ln QYJ×\ln PH$）的估计系数显著为负，并且与时间虚拟变量的复合交互项（$dY×\ln QYJ×\ln PH$）仍然显著为负，这表明企业家精神和专业人力资本对中国工业 TFP 增长的替代效应在国际金融危机后更强。

表 5-11　　企业家精神、专业人力资本与工业 TFP 增长：时期差异检验（被解释变量：$\ln TFP$）

| 解释变量 | $\ln QYJ=\ln EHC$ ||| $\ln QYJ=\ln ENT$ |||
|---|---|---|---|---|---|---|
| | $\delta=10\%$ | $\delta=5\%$ | $\delta=15\%$ | $\delta=10\%$ | $\delta=5\%$ | $\delta=15\%$ |
| | (1) | (2) | (3) | (4) | (5) | (6) |
| $\ln QYJ$ | 0.1362*** | 0.0873*** | 0.1522*** | 0.2179*** | 0.1586*** | 0.2321*** |
| | (4.74) | (3.84) | (4.76) | (4.10) | (3.78) | (3.91) |
| $\ln PH$ | 0.1356*** | 0.1061*** | 0.1384*** | 0.4172*** | 0.2971*** | 0.4489*** |
| | (3.26) | (3.20) | (2.99) | (5.71) | (5.14) | (5.51) |
| $\ln QYJ×\ln PH$ | -0.0655*** | -0.0399*** | -0.0747*** | -0.1063*** | -0.0731*** | -0.1164*** |
| | (-4.78) | (-3.68) | (-4.89) | (-4.13) | (-3.60) | (-4.05) |
| $dY×\ln QYJ$ | 0.1957*** | 0.2137*** | 0.1713** | 0.3191** | 0.3400*** | 0.2850** |
| | (3.02) | (4.15) | (2.37) | (2.53) | (3.41) | (2.03) |
| $dY×\ln PH$ | 0.1005** | 0.1198*** | 0.0906** | 0.4030*** | 0.4451*** | 0.3609** |
| | (2.54) | (3.81) | (2.05) | (2.65) | (3.71) | (2.13) |

续表

| 解释变量 | $\ln QYJ = \ln EHC$ | | | $\ln QYJ = \ln ENT$ | | |
|---|---|---|---|---|---|---|
| | $\delta=10\%$ | $\delta=5\%$ | $\delta=15\%$ | $\delta=10\%$ | $\delta=5\%$ | $\delta=15\%$ |
| | (1) | (2) | (3) | (4) | (5) | (6) |
| $dY\times\ln QYJ\times\ln PH$ | -0.0949*** | -0.1008*** | -0.0852*** | -0.1533*** | -0.1585*** | -0.1405** |
| | (-3.27) | (-4.37) | (-2.63) | (-2.70) | (-3.54) | (-2.23) |
| $\ln SOE$ | -0.0474*** | -0.0326** | -0.0497*** | -0.0493*** | -0.0343** | -0.0511*** |
| | (-2.92) | (-2.53) | (-2.76) | (-2.99) | (-2.63) | (-2.79) |
| $\ln SIZE$ | 0.0842*** | 0.0883*** | 0.0776*** | 0.0940*** | 0.0972*** | 0.0868*** |
| | (6.93) | (9.19) | (5.72) | (7.42) | (9.72) | (6.14) |
| $\ln CI$ | -0.0317*** | -0.0072* | -0.0454*** | -0.0313*** | -0.0069* | -0.0447*** |
| | (-6.33) | (-1.83) | (-8.05) | (-6.16) | (-1.76) | (-7.82) |
| $\ln TRA$ | 0.0015 | -0.0024 | 0.0034 | -0.0000 | -0.0033 | 0.0017 |
| | (0.33) | (-0.67) | (0.67) | (-0.01) | (-0.92) | (0.33) |
| $\ln FZL$ | 0.1144*** | 0.1036*** | 0.1069*** | 0.1348*** | 0.1174*** | 0.1298*** |
| | (3.62) | (4.11) | (3.05) | (4.23) | (4.63) | (3.67) |
| $\ln BTQ$ | 0.4463*** | 0.3189*** | 0.4813*** | 0.4641*** | 0.3343*** | 0.5001*** |
| | (5.46) | (4.90) | (5.30) | (5.61) | (5.08) | (5.45) |
| $\ln TOT$ | 0.0379* | 0.0141 | 0.0449* | 0.0407* | 0.0183 | 0.0466* |
| | (1.78) | (0.84) | (1.89) | (1.90) | (1.08) | (1.95) |
| $\ln TD$ | -0.1087*** | -0.0767*** | -0.1214*** | -0.1168*** | -0.0815*** | -0.1308*** |
| | (-3.47) | (-3.09) | (-3.48) | (-3.69) | (-3.26) | (-3.71) |
| $\ln URB$ | -0.1281*** | -0.0756*** | -0.1516*** | -0.1382*** | -0.0808*** | -0.1645*** |
| | (-3.99) | (-2.97) | (-4.24) | (-4.25) | (-3.14) | (-4.54) |
| $\ln NRE$ | 0.0072 | 0.0027 | 0.0099 | 0.0073 | 0.0022 | 0.0104 |
| | (1.11) | (0.54) | (1.38) | (1.13) | (0.43) | (1.44) |
| $\ln ER$ | 0.0070* | 0.0051 | 0.0071 | 0.0073* | 0.0052 | 0.0076* |
| | (1.75) | (1.62) | (1.59) | (1.80) | (1.62) | (1.68) |
| $\ln CF$ | -0.1139*** | -0.0862*** | -0.1268*** | -0.1071*** | -0.0826*** | -0.1184*** |
| | (-7.23) | (-6.86) | (-7.30) | (-6.52) | (-6.35) | (-6.53) |
| $\ln TC$ | -0.1267*** | -0.0868*** | 0.1411*** | -0.1335*** | -0.0922*** | -0.1481*** |
| | (-5.25) | (-4.53) | (-5.26) | (-5.43) | (-4.74) | (-5.43) |

续表

| 解释变量 | lnQYJ=lnEHC | | | lnQYJ=lnENT | | |
|---|---|---|---|---|---|---|
| | $\delta=10\%$ | $\delta=5\%$ | $\delta=15\%$ | $\delta=10\%$ | $\delta=5\%$ | $\delta=15\%$ |
| | (1) | (2) | (3) | (4) | (5) | (6) |
| ln$MC$ | 0.1323*** | 0.0878*** | 0.1498*** | 0.1397*** | 0.0941*** | 0.1569*** |
| | (4.68) | (3.93) | (4.74) | (4.85) | (4.15) | (4.88) |
| ln$IS$ | 0.1821*** | 0.2112*** | 0.1635*** | 0.1657*** | 0.1990*** | 0.1455*** |
| | (5.99) | (8.74) | (4.84) | (5.38) | (8.16) | (4.25) |
| $C$ | 0.1046 | −0.0951 | 0.1970 | −0.3501 | −0.4317** | −0.2789 |
| | (0.46) | (−0.53) | (0.78) | (−1.41) | (−2.18) | (−1.01) |
| $R^2$ | 0.9939 | 0.9968 | 0.9916 | 0.9937 | 0.9967 | 0.9913 |
| $F_1$ | 2010.22 | 3864.54 | 1457.49 | 1950.97 | 3771.84 | 1415.90 |
| $F_2$ | 300.33 | 497.77 | 240.13 | 288.06 | 478.96 | 230.99 |
| $LM$ | 1850.73 | 1968.85 | 1801.67 | 1786.43 | 1907.65 | 1731.37 |
| Hausman | 122.29 | 117.46 | 122.16 | 192.99 | 179.99 | 198.66 |
| Model | FE | FE | FE | FE | FE | FE |
| Obs | 527 | 527 | 527 | 527 | 527 | 527 |

注：***、**、*分别代表在1%、5%、10%的水平上显著。表中的系数估计值保留4位小数。参数估计结果下面的括号内数值为 $t$ 统计量。为了避免混淆，本书设定 $F_1$ 是对回归方程的拟合结果的联合显著性检验的统计量，相当于 OLS 中的 $F$ 统计量，$F_2$ 检验则用来识别是否存在固定效应，原假设是不存在固定效应。LM 检验是用来识别是否存在随机效应模型，原假设是不存在随机效应。LM 检验在使用随机效应估计后才能进行，为了便于分析，本书也将 LM 检验结果报告在固定效应模型结果中。Hausman 检验的原假设是随机效应模型设定正确。

国际金融危机爆发后，中国政府实施4万亿元投资一揽子计划等进一步扩大内需的政策。政府大力推进铁路等基础设施和公共服务建设，合理扩大信贷规模，缓解融资约束，为强化企业家精神的生产率促进效应创造了条件，因为企业家精神在公共部门支持下进行资源配置提高生产率最有效（Bjørnskov 和 Foss，2013）。随着市场化改革的持续推进，统一开放竞争有序的现代市场体系正加快形成，市场竞争日益激烈，人们对产品和服务的需求更加多样化和个性化，新模式、新业态随之大量涌现。"看得见的手"和"看不见的手"协同倒逼企业家以提高质量为中心，加大创新投入，或者创办新企业，从而提高 TFP（Wu et al.，2017）。

国际金融危机爆发前，企业家精神对中国工业 TFP 提升的影响显著为负，这似乎不符合经济学直觉。一种可能的解释是，在企业家队伍成长初期，市场发育程度较低，市场竞争也相对较弱，企业家的竞争意识和创新意识相对薄弱（Garnaut et al.，2012），经济发展相对落后，人们的需求旺盛但结构相对单一，企业家依靠高投入、高能耗的粗放增长方式就能实现获利，企业家缺乏加大创新投入的激励，因此，企业家的成长虽然推动了经济的高速增长，但 TFP 却没有同步提高（金碚，2008）。

同时，在这一时期，中国政府持续加大高等教育投入，进一步实现高等教育大众化，专业技术人员的科学文化素质不断提高，接受新知识学习新技能的能力也在增强，促进技术扩散和技术创新的效果在逐渐提升，因此人力资本对技术创新的积极作用在不断增大。换句话说，正是因为教育深化和教育普及提高了专业技术人员的创新能力，产生第二次人口红利，保持和延伸了中国产业的竞争优势（蔡昉，2009）。

本书从企业家的来源分析国际金融危机后导致企业家精神与专业人力资本对 TFP 增长替代效应更强的原因。国际金融危机后，中国国内创业创新活动日趋活跃，许多科学家、工程师等专业技术人员积极投身于创办新企业的浪潮中（Zhang et al.，2010；中国企业家调查系统，2016），这些企业家具有与专业技术人员类似的学术研究和产品开发能力，可是缺乏作为一名优秀的企业家所必备的对专业技术人员等的管理能力和有效整合能力，且国际金融危机发生后，企业家缺乏有效应对危机的能力和策略（Milana 和 Wang，2013），因此尽管二者在国际金融危机后对 TFP 增长的作用变大，但是二者的交互作用对 TFP 增长的替代效应也更强烈。

## 二 区域差异检验

根据本书在第四章的特征事实得出的结论，由于中西部地区的企业家创新创业活动内部差异相对较小，而与东部的差异相对较大，因此在探讨区域差异时，本书分别视东部和中西部为一个整体，设定区域虚拟变量（$dR$），中西部地区将 $dR$ 设定为 0，东部地区将 $dR$ 设定为 1，并在式（5-1）中纳入区域虚拟变量（$dR$）加入企业家精神变量（$\ln QYJ$）、专业人力资本（$\ln PH$）及其交互项的（复合）交互项（$dR \times \ln QYJ \times \ln PH$）进行估计。回归结果如表 5-12 所示。表 5-12 的列（1）到列（3）和列（4）到列（6）分别使用 $\ln EHC$、$\ln ENT$ 衡量企业家精神（$\ln QYJ$），且均使用 10%、5% 和 15% 的折旧率（$\delta$）。

表 5-12　　企业家精神、专业人力资本与工业 *TFP* 增长：
区域差异检验（被解释变量：ln*TFP*）

| 解释变量 | ln*QYJ*=ln*EHC* | | | ln*QYJ*=ln*ENT* | | |
| --- | --- | --- | --- | --- | --- | --- |
| | $\delta=10\%$ | $\delta=5\%$ | $\delta=15\%$ | $\delta=10\%$ | $\delta=5\%$ | $\delta=15\%$ |
| | (1) | (2) | (3) | (4) | (5) | (6) |
| ln*QYJ* | -0.0940* | -0.1711*** | -0.0741 | -0.1996* | -0.2802*** | -0.1844* |
| | (-1.86) | (-3.44) | (-1.44) | (-1.88) | (-2.69) | (-1.71) |
| ln*PH* | 0.3312*** | 0.2994*** | 0.3481*** | -0.1614 | -0.3095** | -0.1125 |
| | (4.60) | (4.23) | (4.74) | (-1.44) | (-2.22) | (-0.78) |
| ln*QYJ*×ln*PH* | 0.1160*** | 0.1564*** | 0.1042*** | 0.2184*** | 0.2655*** | 0.2059*** |
| | (4.74) | (6.48) | (4.17) | (4.25) | (5.25) | (3.93) |
| *dR*×ln*QYJ* | 0.8580*** | 0.9154*** | 0.8249*** | 1.5211*** | 1.5863*** | 1.4819*** |
| | (6.68) | (7.23) | (6.29) | (5.69) | (6.02) | (5.45) |
| *dR*×ln*PH* | 1.2838*** | 1.3299*** | 1.2694*** | 2.7958*** | 2.9255*** | 2.7417*** |
| | (10.15) | (10.67) | (9.84) | (8.11) | (8.61) | (7.82) |
| *dR*×ln*QYJ*×ln*PH* | -0.4013*** | -0.4243*** | -0.3883*** | -0.7156*** | -0.7413*** | -0.7034*** |
| | (-6.94) | (-7.45) | (-6.58) | (-5.97) | (-6.27) | (-5.76) |
| ln*SOE* | -0.1806*** | -0.1748*** | -0.1834*** | -0.1930*** | -0.1886*** | -0.1950*** |
| | (-6.38) | (-6.27) | (-6.35) | (-6.35) | (-6.31) | (-6.31) |
| ln*SIZE* | 0.2946*** | 0.3171*** | 0.2811*** | 0.3192*** | 0.3443*** | 0.3036*** |
| | (18.84) | (20.68) | (17.54) | (18.61) | (20.49) | (17.31) |
| ln*CI* | -0.0005 | 0.0257*** | -0.0159* | 0.0061 | 0.0315*** | -0.0083 |
| | (-0.05) | (2.88) | (-1.66) | (0.62) | (3.31) | (-0.81) |
| ln*TRA* | -0.0169** | -0.0240*** | -0.0145* | -0.0163* | -0.0214** | -0.0146* |
| | (-2.11) | (-3.03) | (-1.77) | (-1.87) | (-2.49) | (-1.65) |
| ln*FZL* | 0.2090*** | 0.2083*** | 0.2011*** | 0.1693*** | 0.1639*** | 0.1637** |
| | (3.54) | (3.57) | (3.34) | (2.65) | (2.60) | (2.53) |
| ln*BTQ* | 0.5605*** | 0.4896*** | 0.5636*** | 0.4133*** | 0.3496** | 0.4210*** |
| | (3.77) | (3.32) | (3.73) | (2.59) | (2.21) | (2.60) |
| ln*TOT* | 0.1527*** | 0.1403*** | 0.1543*** | 0.2234*** | 0.2161*** | 0.2223*** |
| | (4.38) | (4.10) | (4.33) | (6.13) | (6.04) | (5.98) |
| ln*TD* | -0.0939* | -0.0732 | -0.0988* | -0.0742 | -0.0428 | -0.0830 |
| | (-1.67) | (-1.32) | (-1.73) | (-1.23) | (-0.72) | (-1.35) |

续表

| 解释变量 | lnQYJ=lnEHC |  |  | lnQYJ=lnENT |  |  |
|---|---|---|---|---|---|---|
|  | $\delta=10\%$ | $\delta=5\%$ | $\delta=15\%$ | $\delta=10\%$ | $\delta=5\%$ | $\delta=15\%$ |
|  | (1) | (2) | (3) | (4) | (5) | (6) |
| ln*URB* | 0.1568*** | 0.2271*** | 0.1352** | 0.1874*** | 0.2605*** | 0.1659*** |
|  | (2.77) | (4.07) | (2.35) | (3.06) | (4.32) | (2.67) |
| ln*NRE* | 0.0146 | 0.0151 | 0.0123 | 0.0058 | 0.0017 | 0.0052 |
|  | (1.33) | (1.39) | (1.10) | (0.49) | (0.15) | (0.44) |
| ln*ER* | -0.0147** | -0.0178*** | -0.0137** | -0.0218*** | -0.0259*** | -0.0202*** |
|  | (-2.25) | (-2.76) | (-2.05) | (-3.08) | (-3.72) | (-2.81) |
| ln*CF* | -0.2725*** | -0.2385*** | -0.2863*** | -0.3030*** | -0.2692*** | -0.3148*** |
|  | (-9.75) | (-8.49) | (-10.25) | (-10.23) | (-9.06) | (-10.66) |
| ln*TC* | -0.2279*** | -0.1824*** | -0.2499*** | -0.2126*** | -0.1611*** | -0.2369*** |
|  | (-6.12) | (-4.98) | (-6.58) | (-5.24) | (-4.04) | (-5.74) |
| ln*MC* | 0.3201*** | 0.2853*** | 0.3402*** | 0.2840*** | 0.2460*** | 0.3055*** |
|  | (6.41) | (5.81) | (6.66) | (5.23) | (4.61) | (5.52) |
| ln*IS* | -0.0496 | -0.0469 | -0.0697 | -0.0472 | -0.0457 | -0.0696 |
|  | (-1.03) | (-0.98) | (-1.42) | (-0.92) | (-0.90) | (-1.33) |
| C | -1.8521*** | -2.0121*** | -1.7837*** | -2.8956*** | -2.9231*** | -2.8200*** |
|  | (-4.71) | (-5.16) | (-4.47) | (-6.19) | (-6.33) | (-5.94) |
| $R^2$ | 0.9767 | 0.9813 | 0.9731 | 0.9730 | 0.9783 | 0.9689 |
| $F_1$ | 949.45 | 1187.61 | 817.70 | 814.18 | 1021.19 | 705.17 |
| $F_2$ | 73.23 | 79.24 | 69.41 | 59.45 | 64.13 | 57.03 |
| *LM* | 1133.92 | 1154.53 | 1122.05 | 1207.70 | 1214.70 | 1209.25 |
| *Hausman* | 138.01 | 132.58 | 139.70 | 154.93 | 140.51 | 161.78 |
| *Model* | FE | FE | FE | FE | RE | FE |
| *Obs* | 527 | 527 | 527 | 527 | 527 | 527 |

注：\*\*\*、\*\*、\*分别代表在1%、5%、10%的水平上显著。表中的系数估计值保留4位小数。参数估计结果下面的括号内数值为 t 统计量。为了避免混淆，本书设定 $F_1$ 是对回归方程的拟合结果的联合显著性检验的统计量，相当于 OLS 中的 F 统计量，$F_2$ 检验则用来识别是否存在固定效应，原假设是不存在固定效应。*LM* 检验是用来识别是否存在随机效应模型，原假设是不存在随机效应。*LM* 检验在使用随机效应估计后才能进行，为了便于分析，本书也将 *LM* 检验结果报告在固定效应模型结果中。*Hausman* 检验的原假设是随机效应模型设定正确。

表 5-12 的估计结果表明，不同企业家精神指标分别在不同的折旧率

取值情形下，在中西部地区，企业家精神变量（ln$QYJ$）的估计显著为负，表明企业家精神的成长显著抑制了 $TFP$ 的提高，专业人力资本在列（1）到列（3）的估计系数显著为正，在列（4）到列（6）中则变为负值，只在折旧率（$\delta$）取 5%时通过了显著性检验，表明专业人力资本水平的提高对 $TFP$ 增长的促进作用缺乏稳健性。无论是企业家精神还是专业人力资本均与地区虚拟变量的交互项（$dR \times \ln QYJ$）、（$dR \times \ln PH$）的估计系数均显著为正，且估计值更大，这表明企业家精神、专业人力资本在东部地区具有显著的生产率提升效应；企业家精神和专业人力资本的交互项的估计系数显著为正，而企业家精神和专业人力资本与地区虚拟变量的复合交互项（$dR \times \ln QYJ \times \ln PH$）的估计系数显著为负，这意味着企业家精神与专业人力资本对 $TFP$ 增长的交互作用存在区域差异，在中西部表现为互补作用，在东部地区表现为替代作用。

这可能是因为在拥有良好的市场环境、较高的信息化程度的东部地区，企业家更容易感知和捕捉市场机会，激励企业家创办新企业，加大创新投入，满足市场需求，企业家对创新增长的促进作用进一步放大（孙早和刘庆岩，2006）。东部地区吸引高素质人才和资本，发挥出显著的集聚效应，有利于充分发挥专业人力资本的创新效应（张小蒂和赵榄，2009）。东部地区的企业家多由科学家、工程师等转变而来（洪银兴，2012），与专业技术人员的能力结构很大程度上存在相似之处，因此对 $TFP$ 增长表现为替代效应更为显著。

## 第四节 基于地区工业特征差异的异质性检验

企业家精神、专业人力资本对中国工业 $TFP$ 增长的提升效果需要与其相匹配的互补性投入，如雄厚的资本、先进的技术等，这些互补性投入的不同导致其在不同地区的生产率提升效应存在较大的差异（徐远华，2019）。这种异质性主要体现在地区国有产权比重、平均企业规模水平、经济外向度和技术依存度方面（白俊红，2011；戴魁早和刘友金，2016）。这些异质性特征在很大程度上导致企业家精神、专业人力资本及其交互作用对工业 $TFP$ 的影响效果存在显著的行业异质传导效应。

## 一 基于国有产权比重差异的异质性检验

本书使用两种指标表示国有产权比重，第一种是前文使用的国有产权比重（lnSOE），采用各省份规模以上工业国有企业总产值除以工业总产值，第二种是借鉴孙早和王文（2011）的研究，采用各省份规模以上工业国有企业实收资本除以实收资本（lnOWN）。参照白俊红（2011）的分组方法，本书分别将各省份2000—2016年的国有产权比重的均值从高到低排序，将排序靠前的15个省份定义为国有产权比重较高的省份，并设定虚拟变量 dGY 为1；而将排序靠后的16个省份定义为国有产权比重较低的省份，并设定 dGY 为0。[①] 最后在式（5-1）加入国有产权比重（dGY）与企业家精神、专业人力资本及其交互项的（复合）交互项。[②]

表5-13报告了在不同折旧率取值情形下国有产权比重对企业家精神、专业人力资本及其交互作用的生产率提升效应的影响。如表5-13所示，国有产权比重（dGY）与企业精神、专业人力资本的交互项均为负，与企业家精神和专业人力资本的复合交互项也都为正，均通过了1%水平的显著性检验，且独立于 δ 的取值。这表明，随着国有产权比重的提高，企业家精神、专业人力资本促进 TFP 增长的效果也在显著增强，显著抑制了两者对 TFP 增长的替代效应。

表5-13　企业家精神、专业人力资本与工业 TFP 增长：国有产权比重的影响（被解释变量：lnTFP）

| 解释变量 | dgy=dSOE $\delta$=10% | dgy=dSOE $\delta$=5% | dgy=dSOE $\delta$=15% | dgy=dOWN $\delta$=10% | dgy=dOWN $\delta$=5% | dgy=dOWN $\delta$=15% |
|---|---|---|---|---|---|---|
|  | （1） | （2） | （3） | （4） | （5） | （6） |
| lnEHC | 0.4759*** (8.84) | 0.3511*** (8.19) | 0.5074*** (8.44) | 0.3987*** (7.33) | 0.2903*** (6.71) | 0.4242*** (6.99) |
| lnPH | 0.4786*** (5.53) | 0.3336*** (4.83) | 0.5153*** (5.34) | 0.3640*** (4.05) | 0.2320*** (3.24) | 0.4049*** (4.04) |

---

[①] 与分组相比，采用与虚拟变量的交互项进行回归两大优势：第一，可以确保足够的样本量，第二，分组比较交互项的大小在计量缺乏一定的科学性，即使能够进行比较，判断是否存在明显是差异仍然缺乏科学的依据，而采用与虚拟变量的交互项就能从显著性上来进行判断。

[②] 下文对于平均企业规模（GMO）、经济外向度（WXD）、技术依存度（TDO）的处理与国有产权比重（GY）类似，不再赘述。

续表

| 解释变量 | $dgy=dSOE$ | | | $dgy=dOWN$ | | |
|---|---|---|---|---|---|---|
| | $\delta=10\%$ | $\delta=5\%$ | $\delta=15\%$ | $\delta=10\%$ | $\delta=5\%$ | $\delta=15\%$ |
| | (1) | (2) | (3) | (4) | (5) | (6) |
| $\ln EHC \times \ln PH$ | -0.2218*** | -0.1622*** | -0.2380*** | -0.1892*** | -0.1363*** | -0.20278** |
| | (-9.19) | (-8.43) | (-8.84) | (-7.76) | (-7.02) | (-7.45) |
| $dGY \times \ln EHC$ | -0.3749*** | -0.3009*** | -0.3891*** | -0.2938*** | -0.2369*** | -0.2993*** |
| | (-6.22) | (-6.27) | (-5.78) | (-4.86) | (-4.92) | (-4.44) |
| $dGY \times \ln PH$ | -0.3349*** | -0.2200*** | -0.3690*** | -0.2171*** | -0.1191** | -0.2546*** |
| | (-4.46) | (-3.68) | (-4.41) | (-2.90) | (-2.00) | (-3.04) |
| $dGY \times \ln EHC \times \ln PH$ | 0.1766*** | 0.1420*** | 0.1833*** | 0.1413*** | 0.1139*** | 0.1441*** |
| | (6.29) | (6.36) | (5.84) | (5.02) | (5.08) | (4.59) |
| $\ln SIZE$ | 0.1001*** | 0.0967*** | 0.0976*** | 0.0874*** | 0.0869*** | 0.0847*** |
| | (9.29) | (11.29) | (8.11) | (8.14) | (10.20) | (7.06) |
| $\ln CI$ | -0.0373*** | -0.0114*** | -0.0514*** | -0.0387*** | -0.0127*** | -0.0524*** |
| | (-7.52) | (-2.92) | (-9.20) | (-7.69) | (-3.21) | (-9.24) |
| $\ln TRA$ | -0.0007 | -0.0035 | 0.0007 | 0.0001 | -0.0035 | 0.0019 |
| | (-0.16) | (-0.96) | (0.14) | (0.01) | (-0.98) | (0.38) |
| $\ln FZL$ | 0.1174*** | 0.1069*** | 0.1112*** | 0.1095*** | 0.0986*** | 0.1054*** |
| | (3.87) | (4.40) | (3.30) | (3.55) | (4.00) | (3.07) |
| $\ln BTQ$ | 0.4162*** | 0.2992*** | 0.4529*** | 0.4260*** | 0.3073*** | 0.4655*** |
| | (5.18) | (4.65) | (5.07) | (5.25) | (4.74) | (5.16) |
| $\ln TOT$ | 0.0617*** | 0.0305* | 0.0713*** | 0.0601*** | 0.0282* | 0.0703*** |
| | (3.02) | (1.88) | (3.13) | (2.91) | (1.72) | (3.04) |
| $\ln TD$ | -0.0851*** | -0.0558** | -0.0989*** | -0.1011*** | -0.0725*** | -0.1126*** |
| | (2.77) | (-2.28) | (-2.88) | (-3.20) | (-2.89) | (-3.19) |
| $\ln URB$ | -0.1346*** | -0.0762*** | -0.1628*** | -0.1120*** | -0.0581** | -0.1408*** |
| | (-4.31) | (-3.07) | (-4.67) | (-3.55) | (-2.32) | (-4.00) |
| $\ln NRE$ | 0.0009 | -0.0019 | 0.0030 | -0.0005 | -0.0030 | 0.0015 |
| | (0.15) | (-0.38) | (0.42) | (-0.07) | (-0.58) | (0.21) |
| $\ln ER$ | 0.0073* | 0.0043 | 0.0081* | 0.0059 | 0.0034 | 0.0067 |
| | (1.87) | (1.39) | (1.85) | (1.50) | (1.08) | (1.54) |

续表

| 解释变量 | $dgy=dSOE$ | | | $dgy=dOWN$ | | |
|---|---|---|---|---|---|---|
| | $\delta=10\%$ | $\delta=5\%$ | $\delta=15\%$ | $\delta=10\%$ | $\delta=5\%$ | $\delta=15\%$ |
| | (1) | (2) | (3) | (4) | (5) | (6) |
| $\ln CF$ | -0.1206*** | -0.0931*** | -0.1331*** | -0.1263*** | -0.0994*** | -0.1369*** |
| | (-7.64) | (-7.39) | (-7.61) | (-7.83) | (-7.70) | (-7.69) |
| $\ln TC$ | -0.1185*** | -0.0750*** | -0.1349*** | -0.1274*** | -0.0829*** | -0.1445*** |
| | (-4.91) | (-3.89) | (-5.04) | (-5.27) | (-4.32) | (-5.38) |
| $\ln MC$ | 0.1391*** | 0.0861*** | 0.1595*** | 0.1515*** | 0.0965*** | 0.1725*** |
| | (5.10) | (3.97) | (5.23) | (5.50) | (4.43) | (5.59) |
| $\ln IS$ | 0.1797*** | 0.2090*** | 0.1587*** | 0.1962*** | 0.2232*** | 0.1731*** |
| | (6.09) | (8.88) | (4.83) | (6.55) | (9.35) | (5.20) |
| $C$ | -0.1786 | -0.3007 | -0.0895 | -0.2352 | -0.3441* | -0.1354 |
| | (-0.78) | (-1.64) | (-0.35) | (-0.98) | (-1.80) | (-0.51) |
| $R^2$ | 0.9940 | 0.9969 | 0.9918 | 0.9939 | 0.9968 | 0.9916 |
| $F_1$ | 2124.58 | 4047.11 | 1536.33 | 2087.50 | 3998.88 | 1507.21 |
| $F_2$ | 294.36 | 488.32 | 230.71 | 277.51 | 460.51 | 218.20 |
| $LM$ | 1746.52 | 1884.54 | 1654.55 | 1676.79 | 1832.20 | 1584.98 |
| $Hausman$ | 145.43 | 137.66 | 145.64 | 123.56 | 107.64 | 124.74 |
| $Model$ | FE | FE | FE | FE | FE | FE |
| $Obs$ | 527 | 527 | 527 | 527 | 527 | 527 |

注：***、**、*分别代表在1%、5%、10%的水平上显著。表中的系数估计值保留4位小数。参数估计结果下面的括号内数值为 $t$ 统计量。为了避免混淆，本书设定 $F_1$ 是对回归方程的拟合结果的联合显著性检验的统计量，相当于 OLS 中的 $F$ 统计量，$F_2$ 检验则用来识别是否存在固定效应，原假设是不存在固定效应。LM 检验是用来识别是否存在随机效应模型，原假设是不存在随机效应。LM 检验在使用随机效应估计后才能进行，为了便于分析，本书也将 LM 检验结果报告在固定效应模型结果中。Hausman 检验的原假设是随机效应模型设定正确。

与私营企业不同，国有企业具有的双重委托代理机制导致国有企业经营者对创新剩余只拥有实际的创新控制权却不享有合法的创新收益权，而全体国民掌握合法的创新剩余的索取权而不具有合法的创新剩余的控制权，委托人和代理人均存在着创新收益权与创新控制权的不匹配，背离了创新效率最大化的基本原则，由此不可避免地降低国有企业的创新效应（吴延兵，2012）。这导致国有企业内部整体上缺乏足够的动力进行技术创新，也显著抑制了国有企业中专业技术人员的创新动机和创新能力。进一步地，国有企业的主要经营者一般由政府通过行政命令任命（杨德明和毕建琴，2019），并且这些被任命的国有企业经营者首先是党员领导干部，然后是企业经营者（吴延兵，2012），这些党员领导干部通常具有较强的组织领导能力和沟通协调能力，能够调动专业技术人员的创新积极性，这与作为一个企业家所必备的能力具有相通之处，因此国有企业经营者具有与专业技术人员互补的知识和技能，因此国有产权比重与企业家精神、专业人力资本的复合交互项为正，显著扭转了后两者对创新增长的替代作用。

## 二 基于平均企业规模差异的异质性检验

本书使用两种指标表征平均企业规模，第一种是前文在控制变量中使用的平均每个企业的物质资本存量衡量（$lnSIZE$），第二种采用张杰等（2012）的研究，采用每个企业的实际固定资产净值年平均余额度量（$lnSCA$）。表 5-14 显示了在不同折旧率取值情形下平均企业规模对企业家精神、专业人力资本及其交互作用的生产率提升效应的影响。表 5-14 所示，平均企业规模（$dGMO$）与企业精神的交互项在大部分情形下显著为负，与专业人力资本的交互项显著为正，与企业家精神和专业人力资本的复合交互项也都为正，均通过了 1% 水平的显著性检验，且独立于 $\delta$ 的取值。这表明，随着平均企业规模的增大，企业家精神促进 $TFP$ 增长的效果也在显著减弱，专业人力资本促进 $TFP$ 增长的效果在显著增强，同时显著削弱了两者对 $TFP$ 增长的替代效应。

表 5-14　　企业家精神、专业人力资本与工业 $TFP$ 增长：
平均企业规模的影响（被解释变量：$lnTFP$）

| 解释变量 | $dGMO=dSIZE$ | | | $dGMO=dSCA$ | | |
|---|---|---|---|---|---|---|
| | $\delta=10\%$ | $\delta=5\%$ | $\delta=15\%$ | $\delta=10\%$ | $\delta=5\%$ | $\delta=15\%$ |
| | (1) | (2) | (3) | (4) | (5) | (6) |
| $lnEHC$ | 0.2990*** | 0.2322*** | 0.3106*** | 0.2487*** | 0.14868*** | 0.2689*** |
| | (5.22) | (5.00) | (4.92) | (4.18) | (3.08) | (4.09) |
| $lnPH$ | 0.0070 | -0.0378 | 0.0151 | -0.0753 | -0.1552** | -0.0534 |
| | (0.09) | (-0.59) | (0.17) | (-0.88) | (-2.25) | (-0.57) |

续表

| 解释变量 | $dGMO=dSIZE$ | | | $dGMO=dSCA$ | | |
|---|---|---|---|---|---|---|
| | $\delta=10\%$ | $\delta=5\%$ | $\delta=15\%$ | $\delta=10\%$ | $\delta=5\%$ | $\delta=15\%$ |
| | (1) | (2) | (3) | (4) | (5) | (6) |
| $\ln EHC \times \ln PH$ | -0.1547*** | -0.1193*** | -0.1621*** | -0.1292*** | -0.0791*** | -0.1404*** |
| | (-5.73) | (-5.45) | (-5.45) | (-4.72) | (-3.56) | (-4.64) |
| $dGMO \times \ln EHC$ | -0.1571** | -0.1468*** | -0.1504** | -0.1315** | -0.0784 | -0.1343* |
| | (-2.56) | (-2.96) | (-2.23) | (-2.04) | (-1.50) | (-1.89) |
| $dGMO \times \ln PH$ | 0.2502*** | 0.2683*** | 0.2382*** | 0.3256*** | 0.3748*** | 0.3007*** |
| | (3.45) | (4.58) | (2.97) | (4.27) | (6.07) | (3.56) |
| $dGMO \times \ln EHC \times \ln PH$ | 0.0785*** | 0.0723*** | 0.0760** | 0.0656** | 0.0396① | 0.0673** |
| | (2.70) | (3.07) | (2.37) | (2.17) | (1.61) | (2.02) |
| $\ln SOE$ | -0.0323* | -0.0145 | -0.0365** | -0.0391** | -0.0199 | -0.0430** |
| | (-1.94) | (-1.08) | (-1.99) | (-2.33) | (-1.48) | (-2.32) |
| $\ln CI$ | -0.0329*** | -0.0082** | -0.0465*** | -0.0320*** | -0.0067* | -0.0457*** |
| | (-6.38) | (-2.00) | (-8.08) | (-6.22) | (-1.65) | (-7.92) |
| $\ln TRA$ | 0.0052 | 0.0012 | 0.0071 | 0.0080* | 0.0044 | 0.0095* |
| | (1.12) | (0.32) | (1.38) | (1.69) | (1.16) | (1.82) |
| $\ln FZL$ | 0.0422 | 0.0323 | 0.0373 | 0.0556* | 0.0431* | 0.0519 |
| | (1.30) | (1.22) | (1.04) | (1.72) | (1.65) | (1.45) |
| $\ln BTQ$ | 0.3246*** | 0.18498** | 0.3746*** | 0.3366*** | 0.2014*** | 0.3878*** |
| | (3.99) | (2.80) | (4.17) | (4.14) | (3.07) | (4.32) |
| $\ln TOT$ | 0.0121 | -0.0136 | 0.0223 | 0.0132 | -0.0127 | 0.0229 |
| | (0.57) | (-0.79) | (0.94) | (0.63) | (-0.75) | (0.98) |
| $\ln TD$ | -0.0926*** | -0.0550** | -0.1093*** | -0.1001*** | -0.0601** | -0.1172*** |
| | (-2.89) | (-2.13) | (-3.09) | (-3.13) | (-2.33) | (-3.30) |
| $\ln URB$ | -0.0420 | 0.0105 | -0.0705* | -0.0751** | -0.0222 | -0.1032*** |
| | (-1.26) | (0.39) | (-1.91) | (-2.32) | (-0.85) | (-2.87) |
| $\ln NRE$ | 0.0127* | 0.0086 | 0.0150** | 0.0148** | 0.0109** | 0.0167** |
| | (1.92) | (1.60) | (2.05) | (2.24) | (2.03) | (2.27) |
| $\ln ER$ | 0.0025 | -0.0001 | 0.0032 | 0.0029 | 0.0004 | 0.0037 |
| | (0.59) | (0.02) | (0.70) | (0.70) | (0.11) | (0.81) |

续表

| 解释变量 | dGMO=dSIZE | | | dGMO=dSCA | | |
|---|---|---|---|---|---|---|
| | δ=10% | δ=5% | δ=15% | δ=10% | δ=5% | δ=15% |
| | (1) | (2) | (3) | (4) | (5) | (6) |
| ln$CF$ | -0.1388*** | -0.1105*** | -0.1501*** | -0.1649*** | -0.1308*** | -0.1761*** |
| | (-8.55) | (-8.35) | (-8.48) | (-9.55) | (-9.30) | (-9.36) |
| ln$TC$ | -0.1297*** | -0.0882*** | -0.1445*** | -0.1119*** | -0.0698*** | -0.1281*** |
| | (-5.24) | (-4.40) | (-5.30) | (-4.47) | (-3.45) | (-4.63) |
| ln$MC$ | 0.1383*** | 0.0906*** | 0.1567*** | 0.1229*** | 0.0731*** | 0.1433*** |
| | (4.80) | (3.90) | (4.90) | (4.22) | (3.13) | (4.43) |
| ln$IS$ | 0.2108*** | 0.2401*** | 0.1885*** | 0.2370*** | 0.2630*** | 0.2143*** |
| | (6.88) | (9.67) | (5.59) | (7.74) | (10.61) | (6.33) |
| $C$ | -0.4583* | -0.6472*** | -0.3231 | -0.4034* | -0.5235*** | -0.2828 |
| | (-1.95) | (-3.36) | (-1.25) | (-1.70) | (-2.71) | (-1.09) |
| $R^2$ | 0.9935 | 0.9969 | 0.9912 | 0.9936 | 0.9965 | 0.9912 |
| $F_1$ | 1955.82 | 3628.92 | 1439.36 | 1978.67 | 3689.99 | 1446.13 |
| $F_2$ | 315.43 | 509.08 | 250.84 | 333.05 | 541.48 | 263.24 |
| $LM$ | 2281.35 | 2410.81 | 2159.47 | 2282.02 | 2446.74 | 2147.51 |
| Hausman | 73.43 | 71.88 | 81.32 | 70.90 | 80.45 | 75.98 |
| Model | FE | FE | FE | FE | FE | FE |
| Obs | 527 | 527 | 527 | 527 | 527 | 527 |

注：***、**、*分别代表在1%、5%、10%的水平上显著。表中的系数估计值保留4位小数。参数估计结果下面的括号内数值为$t$统计量。为了避免混淆，本书设定$F_1$是对回归方程的拟合结果的联合显著性检验的统计量，相当于OLS中的$F$统计量，$F_2$检验则用来识别是否存在固定效应，原假设是不存在固定效应。LM检验是用来识别是否存在随机效应模型，原假设是不存在随机效应。LM检验在使用随机效应估计后才能进行，为了便于分析，本书也将LM检验结果报告在固定效应模型结果中。Hausman检验的原假设是随机效应模型设定正确。系数的伴随概率为$p > |t| = 0.108$。

随着企业规模的不断扩大，企业管理层级逐渐增加，组织结构臃肿，信息传递的速度和效率在下降，导致内部协调成本的上升，从而降低了企业家的知识溢出效应（Fernandes，2007）。可见，单纯的企业规模的扩大和集团化并不必然增强企业家精神的生产率提升效应，需要企业家提高组织变革和制度创新能力，完善企业治理机制，提高组织行动效能

(周黎安和罗凯，2005）。与小企业相比，大企业内部的创新激励机制健全，能够汇聚高层次人才，具有稳定的盈利能力和雄厚的资本积累，可以为专业技术人员的研发活动提供有力的资本支持，从而能够强化专业人力资本的知识溢出效应（戴魁早和刘友金，2016）。一般地，企业的规模越大，面临的市场竞争强度也就越大（苏东水，2010），企业家和专业技术人员往往会形成一个密切相关的利益共同体，互动性会大大增强，在客观上有利于企业家发挥对专业技术人员的协调和整合能力，从而显著地弱化了两者在提高企业创新能力的负向替代效应。

### 三 基于经济外向度差异的异质性检验

本书采用两种指标来度量经济外向度，第一种是前文的控制变量中使用的外贸依存度（TRA），即企业出口交货值除以主营业务收入，第二种指标借鉴孙早和王文（2011）的研究，采用外商投资企业实收资本除以实收资本反映（FCD）。如表 5-15 显示了在不同折旧率取值情形下经济外向度对企业家精神、专业人力资本及其交互作用的生产率提升效应的影响。表 5-15 所示，经济外向度与企业精神、专业人力资本的交互项（$dWXD \times \ln ENT$、$dWXD \times \ln PH$）均为正，与企业家精神和专业人力资本的复合交互项（$dWXD \times \ln ENT \times \ln PH$）均为负，均通过了 1% 水平的显著性检验，且独立于 $\delta$ 的取值。这表明，随着经济外向度的增大，企业家精神、专业人力资本促进 TFP 增长的效果也在显著增强，同时进一步显著放大了两者对 TFP 增长的替代效应。

表 5-15　企业家精神、专业人力资本与工业 TFP 增长：
经济外向度的影响（被解释变量：ln*TFP*）

| 解释变量 | $dWXD=dTRA$ | | | $dWXD=dFCD$ | | |
|---|---|---|---|---|---|---|
| | $\delta=10\%$ | $\delta=5\%$ | $\delta=15\%$ | $\delta=10\%$ | $\delta=5\%$ | $\delta=15\%$ |
| | （1） | （2） | （3） | （4） | （5） | （6） |
| ln*EHC* | 0.1132*** | 0.0784*** | 0.1240*** | 0.1532*** | 0.1172*** | 0.1641*** |
| | (3.79) | (3.29) | (3.73) | (5.18) | (5.03) | (4.97) |
| ln*PH* | 0.1447*** | 0.1109*** | 0.1472*** | 0.1096*** | 0.0747*** | 0.1133** |
| | (3.39) | (3.25) | (3.10) | (2.58) | (2.23) | (2.39) |
| ln*EHC*×ln*PH* | -0.0519*** | -0.0341*** | -0.0586*** | -0.0725*** | -0.0550*** | -0.0788*** |
| | (-3.47) | (-2.85) | (-3.51) | (-4.82) | (-4.64) | (-4.70) |

续表

| 解释变量 | $dWXD=dTRA$ | | | $dWXD=dFCD$ | | |
|---|---|---|---|---|---|---|
| | $\delta=10\%$ | $\delta=5\%$ | $\delta=15\%$ | $\delta=10\%$ | $\delta=5\%$ | $\delta=15\%$ |
| | (1) | (2) | (3) | (4) | (5) | (6) |
| $dWXD\times\ln EHC$ | 0.2034*** | 0.1640*** | 0.2066*** | 0.1404** | 0.1074** | 0.1409** |
| | (3.56) | (3.59) | (3.25) | (2.33) | (2.26) | (2.10) |
| $dWXD\times\ln PH$ | 0.1938*** | 0.1476*** | 0.1995*** | 0.2130*** | 0.1405*** | 0.2339*** |
| | (3.04) | (2.89) | (2.81) | (3.16) | (2.64) | (3.11) |
| $dWXD\times\ln EHC\times\ln PH$ | -0.0954*** | -0.0753*** | -0.0977*** | -0.0615** | -0.0433** | -0.0632** |
| | (3.60) | (-3.55) | (-3.31) | (-2.20) | (-1.96) | (-2.03) |
| $\ln SOE$ | -0.0413*** | -0.0241* | -0.0447** | -0.0411** | -0.0235* | -0.0445** |
| | (-2.57) | (-1.87) | (-2.50) | (-2.56) | (-1.86) | (-2.50) |
| $\ln SIZE$ | 0.1066*** | 0.1039*** | 0.1030*** | 0.1117*** | 0.1093*** | 0.1078*** |
| | (9.42) | (11.48) | (8.17) | (9.64) | (11.97) | (8.34) |
| $\ln CI$ | -0.0298*** | -0.0035 | -0.0444*** | -0.0271*** | -0.0003 | -0.0421*** |
| | (-5.95) | (-0.89) | (-7.90) | (-5.42) | (-0.08) | (-7.48) |
| $\ln FZL$ | 0.1303*** | 0.1214*** | 0.1208*** | 0.1325*** | 0.1241*** | 0.1227*** |
| | (4.11) | (4.77) | (3.43) | (4.21) | (4.97) | (3.50) |
| $\ln BTQ$ | 0.4713*** | 0.3504*** | 0.5073*** | 0.4864*** | 0.3564*** | 0.5257*** |
| | (5.74) | (5.31) | (5.57) | (5.98) | (5.54) | (5.81) |
| $\ln TOT$ | 0.0552** | 0.0323* | 0.0615** | 0.0592*** | 0.0361** | 0.0658*** |
| | (2.56) | (1.88) | (2.55) | (2.79) | (2.16) | (2.77) |
| $\ln TD$ | -0.0952*** | -0.0611** | -0.1102*** | -0.0927*** | -0.0554** | -0.1094*** |
| | (-3.07) | (-2.46) | (-3.20) | (-3.00) | (-2.27) | (-3.17) |
| $\ln URB$ | -0.1408*** | -0.0884*** | -0.1657*** | -0.1195*** | -0.0587** | -0.1485*** |
| | (-4.49) | (-3.53) | (-4.75) | (-3.75) | (-2.34) | (-4.17) |
| $\ln NRE$ | -0.0001 | -0.0031 | 0.0022 | 0.0066 | 0.0044 | 0.0083 |
| | (-0.02) | (-0.59) | (0.30) | (1.01) | (0.84) | (1.13) |
| $\ln ER$ | 0.0085** | 0.0064** | 0.0087** | 0.0107*** | 0.0088*** | 0.0110** |
| | (2.14) | (2.04) | (1.99) | (2.71) | (2.82) | (2.48) |
| $\ln CF$ | -0.1184*** | -0.0892*** | -0.1307*** | -0.1116*** | -0.0836*** | -0.1234*** |
| | (-7.37) | (-6.91) | (-7.38) | (-6.92) | (-6.54) | (-6.94) |

续表

| 解释变量 | $dWXD=dTRA$ | | | $dWXD=dFCD$ | | |
|---|---|---|---|---|---|---|
| | $\delta=10\%$ | $\delta=5\%$ | $\delta=15\%$ | $\delta=10\%$ | $\delta=5\%$ | $\delta=15\%$ |
| | (1) | (2) | (3) | (4) | (5) | (6) |
| $\ln TC$ | -0.1323*** | -0.0911*** | -0.1469*** | -0.1343*** | -0.0905*** | -0.1499*** |
| | (-5.44) | (-4.68) | (-5.45) | (-5.54) | (-4.73) | (-5.56) |
| $\ln MC$ | 0.1440*** | 0.0915*** | 0.1644*** | 0.1457*** | 0.0918*** | 0.1668*** |
| | (5.13) | (4.09) | (5.25) | (5.21) | (4.18) | (5.33) |
| $\ln IS$ | 0.1442*** | 0.1767*** | 0.1237*** | 0.1301*** | 0.1589*** | 0.1116*** |
| | (4.85) | (7.41) | (3.75) | (4.34) | (6.70) | (3.35) |
| $C$ | 0.0847 | -0.0787 | 0.1898 | 0.1382 | -0.0133 | 0.2337 |
| | (0.36) | (-0.42) | (0.74) | (0.60) | (-0.07) | (0.92) |
| $R^2$ | 0.9938 | 0.9967 | 0.9914 | 0.9938 | 0.9968 | 0.9915 |
| $F_1$ | 2039.58 | 3860.60 | 1479.70 | 2056.18 | 4005.42 | 1484.50 |
| $F_2$ | 273.43 | 455.00 | 216.23 | 264.94 | 438.65 | 212.69 |
| $LM$ | 1648.52 | 1752.87 | 1576.99 | 1616.59 | 1641.71 | 1612.00 |
| $Hausman$ | 109.04 | 102.92 | 112.17 | 89.94 | 99.92 | 83.20 |
| $Model$ | FE | FE | FE | FE | FE | FE |
| $Obs$ | 527 | 527 | 527 | 527 | 527 | 527 |

注：***、**、*分别代表在1%、5%、10%的水平上显著。表中的系数估计值保留4位小数。参数估计结果下面的括号内数值为t统计量。为了避免混淆，本书设定$F_1$是对回归方程的拟合结果的联合显著性检验的统计量，相当于OLS中的F统计量，$F_2$检验则用来识别是否存在固定效应，原假设是不存在固定效应。LM检验是用来识别是否存在随机效应模型，原假设是不存在随机效应。LM检验在使用随机效应估计后才能进行，为了便于分析，本书也将LM检验结果报告在固定效应模型结果中。Hausman检验的原假设是随机效应模型设定正确。

经济外向度的增大强化了企业家精神和专业人力资本的生产率提升效应，选择扩大出口说明企业家"开辟了一个新市场"，为了满足海外市场的个性化需求，企业家必须采用新的生产方法，实现生产要素的新组合，可见，出口市场的扩大显著增强了企业家精神的知识溢出效应。在出口扩大的过程中，专业技术人员的"出口学习效应"也得到了加强，创新意识受到了启发，从而提升了创新绩效。外资引进具有产业间知识溢出效应（赖明勇等，2005），这与企业家精神和专业技术人员的创新效应相互增强，相得益彰。经济外向度与企业家精神、专业人力资本的复合交互项显著为负，这意味着企业家并没有从经济外向度扩大的过程中学习吸收先进的管理经验，提高组织效能，导致企业家对专业技术人员的整合能力的匮乏，不仅没有扭转反而助长了与专业技术人员在提高企业创新绩效的替代效应。

### 四 基于技术依存度差异的异质性检验

本书采用两种指标测算技术依存度，第一种指标是前文在控制变量中使用的指标（$TD$），即规模以上工业企业国外技术引进经费除以国外技术引进经费、技术改造经费、消化吸收经费与购买国内技术经费之和，第二种是规模以上工业企业国外技术引进经费除以主营业务收入（$TO$）。表5-16显示了在不同折旧率取值下技术依存度对企业家精神、专业人力资本及其交互作用的生产率提升效应的影响。表5-16所示，技术依存度与企业精神、专业人力资本的交互项（$dTDO\times \ln ENT$、$dTDO\times \ln PH$）均为负，与企业家精神和专业人力资本的复合交互项（$dTDO\times \ln ENT\times \ln PH$）均为正，至少在5%的水平上显著，且独立于$\delta$的取值。这表明，随着技术依存度的提高，企业家精神、专业人力资本促进$TFP$增长的效果在减弱，并且同时削弱了两者对$TFP$增长的替代效应。

表5-16　企业家精神、专业人力资本与工业$TFP$增长：技术依存度的影响（被解释变量：$\ln TFP$）

| 解释变量 | $dTDO=dTD$ |  |  | $dTDO=dTO$ |  |  |
|---|---|---|---|---|---|---|
|  | $\delta=10\%$ | $\delta=5\%$ | $\delta=15\%$ | $\delta=10\%$ | $\delta=5\%$ | $\delta=15\%$ |
|  | (1) | (2) | (3) | (4) | (5) | (6) |
| $\ln EHC$ | 0.2510*** | 0.2115*** | 0.2586*** | 0.2937*** | 0.2327*** | 0.3163*** |
|  | (6.87) | (7.33) | (6.36) | (8.35) | (8.45) | (8.03) |
| $\ln PH$ | 0.2027*** | 0.1567*** | 0.2210*** | 0.2756*** | 0.2386*** | 0.2868*** |
|  | (3.45) | (3.38) | (3.38) | (4.73) | (5.23) | (4.40) |
| $\ln EHC\times \ln PH$ | -0.1241*** | -0.1030*** | -0.1293*** | -0.1469*** | -0.1150*** | -0.1594*** |
|  | (-7.13) | (-7.49) | (-6.67) | (-8.83) | (-8.83) | (-8.57) |
| $dTDO\times \ln EHC$ | -0.0921** | -0.1206*** | -0.0788① | -0.1456*** | -0.1472*** | -0.1516*** |
|  | (-2.08) | (-3.44) | (-1.60) | (-3.56) | (-4.60) | (-3.32) |
| $dTDO\times \ln PH$ | -0.1149** | -0.0956** | -0.1335** | -0.2127*** | -0.2030*** | -0.2226*** |
|  | (-2.13) | (-2.24) | (-2.23) | (-4.30) | (-5.23) | (-4.02) |

续表

| 解释变量 | $dTDO=dTD$ |||  $dTDO=dTO$  |||
|---|---|---|---|---|---|---|
| | $\delta=10\%$ | $\delta=5\%$ | $\delta=15\%$ | $\delta=10\%$ | $\delta=5\%$ | $\delta=15\%$ |
| | (1) | (2) | (3) | (4) | (5) | (6) |
| $dTDO\times\ln EHC\times\ln PH$ | 0.0467** | 0.0614*** | 0.0395* | 0.0781*** | 0.0783*** | 0.0810*** |
| | (2.26) | (3.76) | (1.72) | (4.10) | (5.25) | (3.81) |
| $\ln SOE$ | −0.0422** | −0.0261* | −0.0460** | −0.0424*** | −0.0284** | −0.0449** |
| | (−2.49) | (−1.95) | (−2.44) | (−2.68) | (−2.29) | (−2.53) |
| $\ln SIZE$ | 0.0939*** | 0.0903*** | 0.0922*** | 0.1025*** | 0.1005*** | 0.0994*** |
| | (8.38) | (10.22) | (7.38) | (9.47) | (11.87) | (8.19) |
| $\ln CI$ | −0.0340*** | −0.0097** | −0.0477*** | −0.0347*** | −0.0096** | −0.0487*** |
| | (−6.53) | (−2.40) | (−8.16) | (−7.06) | (−2.54) | (−8.77) |
| $\ln TRA$ | 0.0072 | 0.0013 | 0.0104* | 0.0081* | 0.0034 | 0.0105** |
| | (1.49) | (0.35) | (1.94) | (1.77) | (0.94) | (2.06) |
| $\ln FZL$ | 0.1083*** | 0.1061*** | 0.0976*** | 0.1189*** | 0.1175*** | 0.1068*** |
| | (3.41) | (4.21) | (2.77) | (3.89) | (4.89) | (3.13) |
| $\ln BTQ$ | 0.4984*** | 0.3893*** | 0.5278*** | 0.4719*** | 0.3577*** | 0.5035*** |
| | (6.10) | (6.03) | (5.81) | (6.02) | (5.83) | (5.76) |
| $\ln TOT$ | 0.0390* | 0.0104 | 0.0480* | 0.0416* | 0.0145 | 0.0491** |
| | (1.73) | (0.59) | (1.91) | (1.89) | (0.84) | (1.98) |
| $\ln URB$ | −0.1323*** | −0.0591** | −0.1745*** | −0.1780*** | −0.1219*** | −0.2070*** |
| | (−3.65) | (−2.07) | (−4.33) | (−5.59) | (−4.89) | (−5.81) |
| $\ln NRE$ | 0.0048 | 0.0017 | 0.0067 | 0.0032 | −0.0003 | 0.0056 |
| | (0.73) | (0.33) | (0.91) | (0.50) | (−0.06) | (0.79) |
| $\ln ER$ | 0.0097** | 0.0069** | 0.0103** | 0.0093** | 0.0063** | 0.0099** |
| | (2.44) | (2.21) | (2.32) | (2.40) | (2.09) | (2.29) |
| $\ln CF$ | −0.1030*** | −0.0753*** | −0.1122*** | −0.0838*** | −0.0549*** | −0.0963*** |
| | (−6.46) | (−5.98) | (−6.40) | (−5.41) | (−4.53) | (−5.63) |
| $\ln TC$ | −0.1263*** | −0.0892*** | −0.1386*** | −0.1080*** | −0.0704*** | −0.1218*** |
| | (−5.13) | (−4.58) | (−5.06) | (−4.62) | (−3.83) | (−4.66) |
| $\ln MC$ | 0.1483*** | 0.1060*** | 0.1645*** | 0.1142*** | 0.0706*** | 0.1323*** |
| | (5.01) | (4.54) | (4.97) | (4.06) | (3.20) | (4.19) |

续表

| 解释变量 | $dTDO=dTD$ |  |  | $dTDO=dTO$ |  |  |
|---|---|---|---|---|---|---|
|  | $\delta=10\%$ | $\delta=5\%$ | $\delta=15\%$ | $\delta=10\%$ | $\delta=5\%$ | $\delta=15\%$ |
|  | (1) | (2) | (3) | (4) | (5) | (6) |
| $\ln IS$ | 0.1631*** | 0.1922*** | 0.1428*** | 0.1640*** | 0.1927*** | 0.1457*** |
|  | (5.16) | (7.69) | (4.07) | (5.48) | (8.22) | (4.36) |
| $C$ | 0.2657 | 0.0021 | 0.4377* | 0.4330** | 0.2261 | 0.5423** |
|  | (1.16) | (0.01) | (1.73) | (1.99) | (1.33) | (2.23) |
| $R^2$ | 0.9936 | 0.9967 | 0.9911 | 0.9941 | 0.9970 | 0.9918 |
| $F_1$ | 1974.92 | 3836.49 | 1430.88 | 2149.47 | 4248.78 | 1541.70 |
| $F_2$ | 260.97 | 422.75 | 213.82 | 323.23 | 550.72 | 255.77 |
| $LM$ | 1920.76 | 1995.77 | 1907.08 | 1950.75 | 2040.44 | 1903.34 |
| $Hausman$ | 117.10 | 128.00 | 109.06 | 206.13 | 216.75 | 201.08 |
| $Model$ | FE | FE | FE | FE | FE | FE |
| $Obs$ | 527 | 527 | 527 | 527 | 527 | 527 |

注：***、**、*分别代表在1%、5%、10%的水平上显著。表中的系数估计值保留4位小数。参数估计结果下面的括号内数值为 $t$ 统计量。为了避免混淆，本书设定 $F_1$ 是对回归方程的拟合结果的联合显著性检验的统计量，相当于 OLS 中的 $F$ 统计量，$F_2$ 检验则用来识别是否存在固定效应，原假设是不存在固定效应。LM 检验是用来识别是否存在随机效应模型，原假设是不存在随机效应。LM 检验在使用随机效应估计后才能进行，为了便于分析，本书也将 LM 检验结果报告在固定效应模型结果中。Hausman 检验的原假设是随机效应模型设定正确。系数的伴随概率为 $p>|t|=0.111$。

与经济学直觉不同的是，技术依存度的提高并不必然强化企业家和专业技术人员的生产率提升效应，却对两者对 TFP 增长的替代效应的减弱起到显著的积极作用。这可能是因为当地的技术与企业家盲目引进的技术之间的差距过大，导致企业家不能将引进的技术与本企业的技术基础和研究能力相结合，进而推进所引进技术知识的商业化进程。专业技术人员对所引进新技术的吸收能力欠缺，而且往往会注重引进技术，忽视了对新技术的消化吸收，显著降低了技术创新速度（赖明勇等，2005）。本书认为企业家通过技术引进往往会消化吸收先进的管理知识、管理经验和管理模式，高效整合专业技术人员等创新生产要素，从而提高组织运行效率，因此技术依存度的提高可以在很大程度上弱化企业家精神和专业人力资本对提高创新绩效的替代效应（Liang，2017）。

## 第五节 小结

本章通过设定一个含有企业家精神、专业人力资本及其交互作用的 TFP 增长决定方程，使用中国 31 个省份 2000—2016 的面板数据从经验层面考察企业家、专业人力资本及其交互作用的生产率效应，并在省级面板数据下进行了时空差异检验和基于地区工业特征差异的异质性检验。

本章的检验结果表明：第一，企业家精神、专业人力资本均显著促进了中国工业的 TFP 增长，二者在促进 TFP 增长具有显著的替代效应，并且结论不因折旧率的取值、变量指标的替换和内生性处理而发生系统性改变，显示出相当的稳健性。具体结果显示，企业家精神平均每提高一个百分点，将会促进中国工业 TFP 提升 0.12%—0.17%。

第二，分时期检验表明，企业家精神、专业人力资本及二者交互作用的创新效应表现出明显的时期差异。在国际金融危机发生前后，企业家精神的成长、专业人力资本的提高均能够显著促进中国工业的 TFP 增长，但是在国际金融危机后，二者的促进作用更大。企业家精神和专业人力资本对中国工业 TFP 增长在国际金融危机前后均表现出显著的替代效应，但在国际金融危机后，这种替代效应更强。

第三，区域差异检验表明，企业家精神、专业人力资本及二者交互作用的创新效应表现出明显的区域差异。在中西部地区，企业家精神的成长显著抑制了 TFP 的增长，专业人力资本水平的提高对 TFP 增长的促进作用缺乏稳健性。在东部地区，企业家精神、专业人力资本均显著促进了 TFP 的增长。企业家精神与专业人力资本对 TFP 增长的交互作用存在区域差异，在中西部表现为互补作用，在东部地区表现为替代作用。

第四，基于地区工业特征的异质性检验结果表明，在国有产权比重较低、经济外向度较高、技术依存度较低的省份，企业家精神、专业人力资本促进 TFP 增长的作用均更大，但是二者对 TFP 增长的替代作用也更大。在平均企业规模较大的省份，企业家精神的知识溢出效应更小，专业人力资本促进 TFP 增长的作用相对较大，二者对促进 TFP 增长的替代作用相对较弱。

# 第六章 企业家精神、市场化进程影响工业绩效的实证研究

## 第一节 研究设计

### 一 模型设定

本书通过扩展 Feki 和 Mnif（2016）的研究，将企业家精神、市场化进程及其交互项纳入创新生产过程，并控制一些变量以防止遗漏变量导致估计结果偏误，构建如下模型对假说4和假说5进行实证检验：

$$\ln APF = C + \beta_1 \ln EHC + \beta_2 \ln MAR + \beta_3 \ln EHC \times \ln MAR + \sum_{j=4}^{13} \beta_j Controls + \gamma_i + \gamma_t + \omega_{it}$$

(6-1)

在模型（6-1）中，变量前面的 ln 表示变量已取自然对数形式，$APF$ 表示人均有效发明专利，$EHC$ 表示企业家精神，$MAR$ 表示市场化程度，$\ln APF \times \ln MAR$ 为企业家精神与市场化程度对数形式的交互项，$Controls$ 表示一组控制变量，包括国有产权比重（$OWN$）、平均企业规模（$SIZE$）、技术密集度（$TI$）、盈利能力（$PRO$）、外资依存度（$FCD$）、资产负债率（$FZL$）、总资产周转率（$TAT$）、流动资金周转次数（$TOT$）、技能结构（$SOS$）、市场势力（$MP$）。$\gamma_j$ 代表省份固定效应，$\gamma_t$ 代表年份固定效应，$\omega_{it}$ 代表残差项。$\beta_2$、$\beta_3$ 是本书主要考察的系数，根据本书提出的假说4和假说5，本书预期 $\beta_2 > 0$，$\beta_3 > 0$，且均能通过显著性检验。

### 二 资料来源

本章的原始数据主要来源于《中国统计年鉴》（2001—2017）、《中国工业统计年鉴》（2001—2017）、《中国科技统计年鉴》（2001—2017）、《中国分省份市场化指数报告（2011）》以及各省统计年鉴。本章缺省的

数据采用均值插值或线性插值方法进行填充。

### 三 变量度量

（一）被解释变量

被解释变量是工业绩效，本书采用各省份规模以上工业企业的人均有效发明专利数（$APF$）来衡量。企业的专利申请量不一定都能获得授权，这意味着专利申请量通常多于专利授权量。专利申请量多于专利授权量的部分仅仅反映了企业家的创新意愿，通常难以显示出企业家的创新绩效（李小平和李小克，2017），因此专利申请量不是衡量企业创新绩效的良好显性指标。虽然发明专利申请条件和授权过程比实用新型和外观设计更为严格，质量也一般更高，但是有效发明专利比发明专利更能衡量企业家的创新绩效。有效发明专利是具有法律效力的那部分发明专利，与当年被授予的发明专利一样都可以作为企业家的创新产出，但是往年授予的没有失效的发明专利的授权时间越长，代表发明专利的技术含量和企业家的创新能力就越高。为了消除规模效应，本书借鉴孙早和宋炜（2012）、吴超鹏和唐菂（2016）的研究，采用各省份规模以上工业企业人均有效发明专利（各省份规模以上工业企业有效发明专利/从业人员）作为衡量工业绩效的代理变量。

（二）关键解释变量。

1. 企业家精神（$EHC$）。请详见第五章。

2. 市场化进程（$MAR$）。王小鲁等（2009）采用非国有经济在工业总产值中的比重来作为市场化程度的代理变量。市场化是指由计划经济体制向市场经济体制转变的历史进程，不是一项制度的变化、红头文件的下发就能完成的，而是一系列经济社会等体制的转变或变革（樊纲等，2003）。因此一两个单项指标不能全面、准确地衡量市场化转型进程。

樊纲等（2011）1997—2009年的市场化指数及分项指数，王小鲁等（2017）报告了市场化及分项指标在2008—2014年的最新进展，应用最为广泛，因此本书采用其编制的指标来度量市场化程度。考虑到2008年以来市场化变迁的趋势性，王小鲁等（2017）对2008年以来各省份的市场化及各方面变化重新进行了测算和评价，由于所使用的数据资料的调整和计算的基期年份不同，该指标结果与以往的存在着差异，并不具有可比性。为了全面、准确地反映市场化进程的最新趋势，采用王小鲁等（2017）2008—2014年的市场化及其分项指标数据。由于本书考察的时间为 2000—2016 年，因此，2000—2007、2015—2016 年份的数据缺省。缺省的 2015—2016 年由于时期较短，市场化程度及其分项指标保持相对稳定，因此本书借鉴王小鲁等（2017）的方法[①]使用 2014 年的数据作为 2015—2016 年的市场化及其分项指标。针对缺省的 2000—2007 年，本书参考韦倩等（2014）提供的拟合回归方法进行推算，以 2008—2014 年的市场化指数（MAR）作为因变量对非国有企业的总产值比重（1-SOEC）进行回归[②]，按照式（6-2）得到相应的估计参数，将得到的估计参数外推到 2000—2007 年，作为市场化总指数与非国有产权比重二者关系表达的近似参数，最后再将 2000—2007 的非国有企业的产值比重代入就可以推算得到 2000—2007 年的市场化指数，其中的五个分项指数也按照同样方法推算得到。

$$MAR_{it} = \alpha + \beta(1-SOEC_{it}) + \rho_i + v_{it} \qquad (6-2)$$

在式（6-2）中，SOEC 代表规模以上国有企业总产值占工业总产值的比重。本书将这种方法推算得到的市场化指数，记为市场化进程一（$MAR_1$），用于基本估计结果。本书还使用了非国有企业从业人员比重（1-SOED）以及同时使用非国有企业总产值比重和非国有企业从业人员比重的算术平均值（ANCD）进行拟合，分别记为市场化进程二（$MAR_2$）和市场化进程三（$MAR_3$）用于稳健性检验。

（三）控制变量

（1）技术密集度（TI）采用各省份规模以上工业平均每万名从业人员的物质资本存量，在计算物质资本存量时，$\delta$ 取 5%。（2）盈利能力（PRO）采用利润总额除以利润与税金总额之和。（3）外资依存度（FCD）。本书借鉴孙早和王文（2011）的研究，采用规模以上外商投资企业实收资本除以规模以上工业企业实收资本反映。（4）总资产周转率（TAT）采用各省份规模以上工业企业主营业务收入除以资产总计衡量，反映了企业的管理效率和决策水平。（5）技能结构（SOS）。本书借鉴夏良科（2010）的研究，采用各省份规模以上工业企业 R&D 人员除以从业人数。（6）市场势力（MP）。本书参考孙早和宋炜（2012）的思路，采

---

[①] 王小鲁等（2017）在测算 2009—2013 年各省份的市场化及其分项指数时采用了 2008 年的数据代替。

[②] 王小鲁等（2009）曾经采用非国有经济在工业总产值中的比重来直接作为市场化程度的代理变量。

用各省份规模工业企业利税总额与利息支出之和除以资产总计（总资产贡献率）衡量，这是因为利税总额与利息支出之和越大，市场势力越大，越有可能形成有利于自身的市场结构，反过来影响自身的创新行为。①

主要变量的定义和描述性统计如表6-1、表6-2所示。

表6-1　　　　　　　　　　　主要变量定义

| 变量名称 | 变量符号 | 衡量指标 | 单位 |
| --- | --- | --- | --- |
| 人均有效发明专利 | APF | 企业有效发明专利/从业人员 | 件/万人 |
| 企业家精神 | EHC | 企业家创业的数量效应×就业效应 | — |
| 市场化进程 | $MAR_1$ | 市场化总指数 | — |
| 国有产权比重 | OWN | 国有企业实收资本/规模以上企业实收资本 | — |
| 平均企业规模 | SIZE | 资产总计/企业单位数 | 亿元/个 |
| 技术密集度 | TI | 物质资本存量/从业人员 | 亿元/万人 |
| 盈利能力 | PRO | 利润总额/（利润总额+税金总额） | — |
| 外资依存度 | FCD | 外商投资企业实收资本/规模以上企业实收资本 | — |
| 资产负债率 | FZL | 负债总额/资产总计 | — |
| 总资产周转率 | TAT | 主营业务收入/资产总计 | 次/年 |
| 流动资金周转次数 | TOT | 主营业务收入/流动资产 | — |
| 技能结构 | SOS | R&D人员/从业人数 | — |
| 市场势力 | MP | 利润总额、税金总额与利息支出之和/资产总计 | — |

表6-2　　　　　　　　　　主要变量的描述性统计

| 变量 | 观测值 | 均值 | 标准差 | 最小值 | 最大值 |
| --- | --- | --- | --- | --- | --- |
| lnAPF | 527 | 2.0997 | 1.2143 | 0 | 5.6052 |
| lnEHC | 527 | 0.8572 | 1.3952 | -3.3887 | 3.3904 |
| $lnMAR_1$ | 527 | 1.9560 | 0.3692 | -0.2800 | 2.4807 |
| lnOWN | 527 | -0.7033 | 0.4755 | -2.4016 | -0.0737 |
| lnSIZE | 527 | 0.5180 | 0.7451 | -1.4721 | 2.5574 |

---

① 其余控制变量的计算与第五章相同。

续表

| 变量 | 观测值 | 均值 | 标准差 | 最小值 | 最大值 |
|---|---|---|---|---|---|
| ln$TI$ | 527 | 3.1536 | 1.0205 | -4.5253 | 5.9522 |
| ln$PRO$ | 527 | 0.4053 | 0.0960 | -0.2262 | 0.6702 |
| ln$FCD$ | 527 | -2.4000 | 1.0104 | -7.2116 | -0.6310 |
| ln$FZL$ | 527 | -0.5507 | 0.1546 | -1.4754 | -0.2734 |
| ln$TAT$ | 527 | 0.2235 | 0.4618 | -0.6601 | 1.8814 |
| ln$TOT$ | 527 | 0.6977 | 0.3584 | -0.5108 | 1.5261 |
| ln$SOS$ | 527 | 0.0262 | 0.0122 | 0 | 0.0730 |
| ln$MP$ | 527 | -2.1765 | 0.4005 | -3.7475 | -1.1699 |

## 第二节 实证结果及分析

### 一 基本估计结果及分析

企业家精神、市场化进程影响中国工业绩效的基本估计结果如表6-3所示。列（1）到列（4）均纳入了相同的控制变量，列（1）和（2）依次纳入企业家精神（ln$EHC$）、市场化进程变量（ln$MAR_1$），列（3）同时纳入企业家精神（ln$EHC$）和市场化进程变量（ln$MAR_1$），列（4）在列（3）的基础上纳入企业家精神（ln$EHC$）和市场化进程变量（ln$MAR_1$）的交互项（ln$EHC$×ln$MAR_1$），综合 LM 检验、$F_2$ 检验和 Hausman 检验的结果表明，列（1）到（4）均选择了固定效应模型。各列的 $R^2$ 均在 0.85 左右，$F_1$ 统计量远远超过 5，表明拟合优度非常高，变量选取解释了被解释变量变化的主要部分，因而具有相当的合理性。

表6-3 企业家精神、市场化进程影响中国工业绩效的基本估计结果（被解释变量：ln$APF$）

| 解释变量 | (1) | (2) | (3) | (4) |
|---|---|---|---|---|
| ln$EHC$ | 0.2306*** <br> (7.24) |  | 0.2277*** <br> (7.19) | -0.3811*** <br> (-3.05) |

续表

| 解释变量 | (1) | (2) | (3) | (4) |
| --- | --- | --- | --- | --- |
| $\ln MAR_1$ |  | 0.6891*** | 0.6272*** | 0.9006*** |
|  |  | (2.73) | (2.61) | (3.74) |
| $\ln EHC \times \ln MAR_1$ |  |  |  | 0.3237*** |
|  |  |  |  | (5.03) |
| $\ln OWN$ | -0.4149*** | -0.2990** | -0.3233** | -0.2382* |
|  | (-3.04) | (-2.03) | (-2.31) | (-1.73) |
| $\ln SIZE$ | 1.1212*** | 1.1236*** | 1.0518*** | 1.0452** |
|  | (19.24) | (16.99) | (16.51) | (16.80) |
| $\ln TI$ | 0.1660*** | 0.2068*** | 0.1662*** | 0.1734*** |
|  | (3.51) | (4.21) | (3.53) | (3.77) |
| $\ln PRO$ | -1.4771*** | -1.1281** | -1.5389*** | -1.0512** |
|  | (-3.12) | (-2.29) | (-3.27) | (-2.24) |
| $\ln FCD$ | -0.3267*** | -0.3825*** | -0.3648*** | -0.2389*** |
|  | (-6.83) | (-7.33) | (-7.33) | (-4.38) |
| $\ln FZL$ | -0.2572 | -0.1276 | -0.2085 | -0.0168 |
|  | (-0.85) | (-0.40) | (-0.69) | (-0.05) |
| $\ln TAT$ | 1.1895*** | 1.7107*** | 1.2185*** | 0.8574** |
|  | (3.41) | (4.78) | (3.51) | (2.48) |
| $\ln TOT$ | -1.3723*** | -1.0201*** | -1.4928*** | -1.2848*** |
|  | (-4.28) | (-3.08) | (-4.64) | (-4.06) |
| $\ln SOS$ | 12.3247*** | 11.7547*** | 12.1207*** | 10.3195*** |
|  | (5.35) | (4.89) | (5.29) | (4.56) |
| $\ln MP$ | 0.1896 | -0.0986 | 0.2610 | 0.1473 |
|  | (1.10) | (-0.57) | (1.51) | (0.86) |
| $C$ | 1.4915*** | -0.6524 | 0.5789 | -0.2317 |
|  | (2.73) | (-1.00) | (0.90) | (-0.36) |
| $R^2$ | 0.8548 | 0.8416 | 0.8568 | 0.8640 |
| $F_1$ | 259.62 | 234.19 | 241.41 | 235.97 |
| $F_2$ | 11.64 | 12.86 | 11.17 | 12.26 |
| $LM$ | 313.85 | 402.28 | 319.75 | 378.59 |
| $Hausman$ | 49.09 | 57.45 | 44.43 | 40.23 |

续表

| 解释变量 | (1) | (2) | (3) | (4) |
|---|---|---|---|---|
| *Model* | *FE* | *FE* | *FE* | *FE* |
| *Obs* | 527 | 527 | 527 | 527 |

注：\*\*\*、\*\*、\* 分别代表在1%、5%、10%的水平上显著。表中的系数估计值保留4位小数。参数估计结果下面的括号内数值为 $t$ 统计量。为了避免混淆，本书设定 $F_1$ 是对回归方程的拟合结果的联合显著性检验的统计量，相当于 *OLS* 中的 $F$ 统计量，$F_2$ 检验则用来识别是否存在固定效应，原假设是不存在固定效应。*LM* 检验是用来识别是否存在随机效应模型，原假设是不存在随机效应。*LM* 检验在使用随机效应估计后才能进行，为了便于分析，本书也将 *LM* 检验结果报告在固定效应模型结果中。*Hausman* 检验的原假设是随机效应模型设定正确。

在列（1）中，企业家精神（ln*EHC*）的估计系数为正，并且在1%的水平显著，在边际意义上，企业家精神水平每提高1%会使人均有效发明专利增加0.23%，表明企业家精神的发展显著提高了中国工业绩效。

从列（2）到列（4），无论是单独加入市场化进程指标（ln*MAR*₁），还是依次加入企业家精神（ln*EHC*）及其与市场化进程指标的交互项（ln*EHC*×ln*MAR*₁），市场化进程指标（ln*MAR*₁）的符号均为正，数值非常大，且通过了1%的显著性检验。市场化程度每提高1%，中国工业的人均有效发明专利将增加0.6%—0.9%。这说明市场化程度的提高对中国工业人均有效发明专利的增长具有显著的正效应。假说4得到了初步的经验支持。市场化程度之所以能够提高中国工业的创新绩效，主要原因可能在于：(1) 市场化程度的提高能够弱化地方保护主义，加速市场整合，促进公平竞争，倒逼企业增加 R&D 投入（孙早等，2014）；(2) 市场化程度的提高，各种产品、要素的价格对市场供求的反应更加灵敏，这能够引导各类创新要素配置到生产效率最高的行业和地区，有利于提高资源配置效率（张杰等，2011；黄先海等，2017）；(3) 市场化程度的提高能够促进资本市场的发展，后者能够为企业的研发活动提供信贷资源，缓解企业创新所面临的融资约束（Song et al.，2011）。

列（4）表明，企业家精神与市场化进程变量的交互项（ln*EHC*×ln*MAR*₁）系数的估计值为正，且通过了1%的显著性检验。这表明，市场化程度的提高强化了企业家精神对人均有效发明专利增加的积极作用，换句话说，在市场化程度较高的省份，企业家精神对工业绩效提升的作用越大。假说5得到了初步证实。这主要是因为：(1) 市场化进程的推进有利于企业家创业创新活动的报酬结构的加快形成，促使更多的个体选择成为企业家（张小蒂和姚瑶，2011）。（2）市场化程度作为企业家创新创业活动的制度环境，还影响着企业家活动的配置结构（周方召和刘文革，2013）。中国目前要素市场的改革落后于产品市场，一些官员有足够的激励进行对企业发展所需要的要素资源进行管制和设租，不少企业家需要花费精力和金钱等与政府建立联系谋取利益（张杰等，2011）。当市场化程度较高时，制度环境的改善会提高非生产性活动的成本和风险，促使企业家活动配置转移到生产性活动中去，对创新投入具有挤入效应，进而提高工业绩效（何轩等，2016）。可见，市场化程度的提高能够优化企业家精神的配置结构，提升工业绩效。（3）从动态的角度看，市场化程度的提高对企业家精神产生的促进作用具有"竞争效应"和"示范效应"。随着市场化程度的提高，企业家从事创业创新活动的积极性日益高涨，一方面，改变了市场竞争格局，对在位企业造成了威胁，迫使在位企业持续加大创新投入，竞争对创新的激励效应进一步增大（Bylykbashi et al.，2016）；另一方面，企业家创业创新的成功为自己赢得了高额的创新收益，对经济中其他个体产生了"示范效应"，形成一个"企业家呼唤企业家"的正反馈机制，进一步增强企业家精神的创新效应（张小蒂和姚瑶，2011；He et al.，2019）。

控制变量方面。技术密集度（$\ln TI$）的系数显著为正，表明技术密集度的提高显著有利于人均有效发明专利的增加，意味着工业绩效的提升需要企业自身具备一定的技术基础。利润率（$\ln PRO$）的估计值显著为负，意味着企业利润的增加不仅没有提高，反而降低了工业绩效，这可能是由于在追求高利润的动机驱使下，企业忽视了创新投入的持续增加，加上省份整体的创新激励下降所致（韩先锋等，2014）。外资依存度（$\ln FCD$）的系数显著为负，表明引进外资不仅不利于提升企业绩效，反而损害了企业绩效的提高。近年来，外商直接投资的大量引进在很大程度上对国内企业的创新投入形成了明显的替代作用，甚至阻碍内资企业缩小与外资企业在技术、管理等方面差距的努力，从而对内地企业的技术外溢及"示范效应"转变为抑制效应（平新乔等，2007；张小蒂和姚瑶，2011）。总资产周转率（$\ln TAT$）的系数显著为正，这说明企业总资产周转率的加快显著改善了企业绩效，总资产周转率越高，代表企业的营运能力和管理效率越高，就越能为企业的 R&D 活动提供资金支持，因此就有利于人均有效发明专利的增长（杨贵军等，2019）。流动资金周转次数（ln*TAT*）的系数显著为负，这表明流动资金周转次数越多，企业的盈利能力越强，但是后者并不一定能提高企业的创新绩效，如表6-3中以平均利润率（ln*APR*）为代表的盈利能力的估计系数显著为负。技能结构（ln*SOS*）的估计显著为正，并且系数估计值超过了10，表明研发人员占从业人数的比例越高，对企业人均有效发明专利的增加的作用就越大，技能结构的上升具有非常强烈的创新提升效应，这符合经济学直觉。市场势力（ln*MP*）系数的估计值在多数情形下为正，但不显著，表明市场势力的增强对企业创新绩效的提高具有不显著的积极作用。当一个企业在市场竞争格局中处于支配地位，可能导致该企业通过技术创新和技术进步提高市场份额的潜力相对不大，只能获得较少的创新租金，因此缺乏改善创新绩效的激励（苏东水，2010）。

**二 稳健性检验**

为了验证基准回归结果的稳健性和敏感度，除了采用较多的变量控制、遗漏变量控制外，本书拟从几个方面进行稳健性检验。

（一）替换工业绩效衡量指标

本书分别采用在第五章使用 SFA 方法计算得到的全要素生产率（ln*TFP*）和全员劳动生产率（ln*TLP*）来重新衡量工业绩效（ln*APF*）分别作为基准结果的稳健性检验一和稳健性检验二。在计算 TFP 的固定资本存量时，折旧率取值和本章计算技术密集度（ln*TI*）所使用的相同，取5%。全员劳动生产率（ln*TLP*）采用规模以上工业企业实际工业增加值除以全部从业人员平均人数。稳健性检验一和稳健性检验二结果分别如表6-4和表6-5所示。

表6-4 企业家精神、市场化进程影响中国工业绩效的稳健性检验一（被解释变量：ln*TFP*，$\delta=5\%$）

| 解释变量 | (1) | (2) | (3) | (4) |
| --- | --- | --- | --- | --- |
| ln*EHC* | 0.1608*** | | 0.1602*** | -0.0197 |
| | (23.72) | | (23.76) | (-0.76) |
| ln*MAR*$_1$ | | 0.1801** | 0.1366*** | 0.2174*** |
| | | (2.40) | (2.67) | (4.35) |
| ln*EHC*×ln*MAR*$_1$ | | | | 0.0957*** |
| | | | | (7.16) |

续表

| 解释变量 | (1) | (2) | (3) | (4) |
|---|---|---|---|---|
| lnOWN | -0.2002*** | -0.1632*** | -0.1803*** | -0.1551*** |
|  | (-6.90) | (-3.73) | (-6.05) | (-5.43) |
| lnSIZE | 0.4010*** | 0.4363*** | 0.3859*** | 0.3839*** |
|  | (32.32) | (22.15) | (28.44) | (29.73) |
| lnTI | 0.0427*** | 0.0713*** | 0.0428*** | 0.04498*** |
|  | (4.24) | (4.88) | (4.27) | (4.70) |
| lnPRO | -0.3276*** | -0.0520 | -0.3410*** | -0.1969** |
|  | (-3.25) | (-0.36) | (-3.40) | (-2.02) |
| lnFCD | -0.0108 | -0.0316** | -0.0191* | 0.0181 |
|  | (-1.06) | (-2.03) | (-1.80) | (1.60) |
| lnFZL | 0.1792*** | 0.2468*** | 0.1898*** | 0.2465*** |
|  | (2.77) | (2.61) | (2.95) | (3.99) |
| lnTAT | 0.4133*** | 0.7660*** | 0.4197*** | 0.3129*** |
|  | (5.56) | (7.19) | (5.68) | (4.35) |
| lnTOT | -0.3488*** | -0.0425 | -0.37508*** | -0.3135*** |
|  | (-5.11) | (-0.43) | (-5.47) | (-4.77) |
| lnSOS | 4.0084*** | 3.7064*** | 3.96408*** | 3.4316*** |
|  | (8.18) | (5.17) | (8.13) | (7.30) |
| lnMP | 0.1027*** | -0.1348*** | 0.1182*** | 0.0846** |
|  | (2.81) | (-2.60) | (3.21) | (2.39) |
| C | 1.9968*** | 0.9318*** | 1.7981*** | 1.5585*** |
|  | (17.19) | (4.79) | (13.10) | (11.55) |
| $R^2$ | 0.9632 | 0.9215 | 0.9638 | 0.9673 |
| $F_1$ | 1155.52 | 517.91 | 1073.24 | 1097.51 |
| $F_2$ | 70.95 | 35.75 | 68.46 | 75.15 |
| LM | 1406.75 | 958.36 | 1354.16 | 1425.75 |
| Hausman | 52.22 | 66.98 | 59.62 | 59.70 |
| Model | FE | FE | FE | FE |
| Obs | 527 | 527 | 527 | 527 |

注：***、**、*分别代表在1%、5%、10%的水平上显著。表中的系数估计值保留4位小数。参数估计结果下面的括号内数值为 t 统计量。为了避免混淆，本书设定 $F_1$ 是对回归方程的拟合结果的联合显著性检验的统计量，相当于 OLS 中的 F 统计量，$F_2$ 检验则用来识别是否存在固定效应，原假设是不存在固定效应。LM 检验是用来识别是否存在随机效应模型，原假设是不存在随机效应。LM 检验在使用随机效应估计后才能进行，为了便于分析，本书也将 LM 检验结果放在固定效应模型结果中。Hausman 检验的原假设是随机效应模型设定正确。

表6-5　企业家精神、市场化进程影响中国工业绩效的稳健性检验二（被解释变量：$\ln TLP$）

| 解释变量 | (1) | (2) | (3) | (4) |
| --- | --- | --- | --- | --- |
| $\ln EHC$ | 0.1357*** <br> (13.12) |  | 0.1348*** <br> (13.09) | −0.0894** <br> (−2.49) |
| $\ln MAR_1$ |  | 0.2242** <br> (2.47) | 0.1876** <br> (2.40) | 0.2035*** <br> (2.88) |
| $\ln EHC \times \ln MAR_1$ |  |  |  | 0.0830*** <br> (4.04) |
| $\ln OWN$ | −0.1331*** <br> (−3.01) | −0.0913* <br> (−1.85) | −0.1057** <br> (−2.32) | 0.0433 <br> (1.08) |
| $\ln SIZE$ | 0.4476*** <br> (23.65) | 0.4693*** <br> (19.73) | 0.4268*** <br> (20.60) | 0.2184*** <br> (6.72) |
| $\ln TI$ | 0.1598*** <br> (10.39) | 0.1839*** <br> (10.41) | 0.1598*** <br> (10.44) | 0.0917*** <br> (6.28) |
| $\ln PRO$ | −0.1493 <br> (−0.97) | 0.0754 <br> (0.43) | −0.1678 <br> (−1.10) | 0.1805 <br> (1.35) |
| $\ln FCD$ | −0.0981*** <br> (−6.31) | −0.1200*** <br> (−6.39) | −0.1095*** <br> (−6.77) | −0.0146 <br> (−0.84) |
| $\ln FZL$ | 0.1677* <br> (1.70) | 0.2302** <br> (2.02) | 0.1823* <br> (1.85) | 0.3077*** <br> (3.62) |
| $\ln TAT$ | 0.6461*** <br> (5.70) | 0.9462*** <br> (7.35) | 0.6548*** <br> (5.80) | 0.1940* <br> (1.80) |
| $\ln TOT$ | −0.1134 <br> (−1.09) | 0.1304 <br> (1.10) | −0.1494 <br> (−1.43) | 0.2579*** <br> (2.61) |
| $\ln SOS$ | 4.7603*** <br> (6.37) | 4.4823*** <br> (5.18) | 4.6993*** <br> (6.31) | 2.6061*** <br> (2.70) |
| $\ln MP$ | 0.0445 <br> (0.80) | −0.1470** <br> (−2.35) | 0.0659 <br> (1.17) | 0.0749 <br> (1.39) |
| $C$ | 1.6868*** <br> (9.52) | 0.6849*** <br> (2.91) | 1.4138*** <br> (6.74) | 1.2633*** <br> (5.67) |
| $R^2$ | 0.9491 | 0.9319 | 0.9447 | 0.9664 |
| $F_1$ | 821.91 | 603.14 | 761.31 | 462.52 |
| $F_2$ | 31.10 | 26.95 | 31.57 | 38.46 |

续表

| 解释变量 | (1) | (2) | (3) | (4) |
|---|---|---|---|---|
| LM | 838.45 | 769.41 | 837.99 | 1070.72 |
| Hausman | 47.59 | 54.92 | 50.08 | 41.57 |
| Model | FE | FE | FE | FE |
| Obs | 527 | 527 | 527 | 527 |

注：\*\*\*、\*\*、\* 分别代表在1%、5%、10%的水平上显著。表中的系数估计值保留4位小数。参数估计结果下面的括号内数值为 $t$ 统计量。为了避免混淆，本书设定 $F_1$ 是对回归方程的拟合结果的联合显著性检验的统计量，相当于 OLS 中的 $F$ 统计量，$F_2$ 检验则用来识别是否存在固定效应，原假设是不存在固定效应。LM 检验是用来识别是否存在随机效应模型，原假设是不存在随机效应。LM 检验在使用随机效应估计后才能进行，为了便于分析，本书也将 LM 检验结果报告在固定效应模型结果中。Hausman 检验的原假设是随机效应模型设定正确。

### （二）替换企业家精神测算指标

本书使用两种方法测算，第一种借鉴 Liargovas 和 Repousis (2015) 的研究，采用规模以上工业企业每万名从业人数拥有的私营企业单位数 ($\ln ENT$)，记为企业家精神二。第二种方法是本书仍然借鉴李小平和李小克（2017）的指标设计方法，采用各省份全社会企业家精神（$\ln SBEA$）来测算，记为企业家精神三。SBEA 采用式（6-3）计算：

$$SBEA = \frac{QNSG}{POP} \times \frac{QBSGJY}{DQCY} \tag{6-3}$$

在式（6-3）中，$QNSG$ 代表各省份私营企业和个体企业数量之和①，$POP$ 代表各省份年末人口数，$QBSGJY$ 代表各省份私营企业和个体年末从业人员数，$DQCY$ 代表各省份从业人员数，$\frac{QNSG}{POP}$ 代表各省份每万人所拥有的私营和个体企业户数，度量了企业家创业活动带来的数量效应，$\frac{QBSGJY}{DQCY}$ 代表各省份私营企业和个体年末从业人员所占比例，反映了企业家创新创业活动带来的就业效应。式（6-3）与式（6-2）具有内在的一致性，只是将各省份规模以上口径扩展到各省份全社会口径。

采用企业家精神二（$\ln ENT$）和企业家精神三（$\ln SBEA$）分别替换

---

① 私营企业是对企业的所有权性质来说的，个体企业是对企业的经营性质来说。两者之间的主要区别在于规模和市场地位不同。个体经济和私营经济的涵盖范围不存在交集，在本书中并列展示。

企业家精神（ln*QYJ*）进行稳健性检验三和稳健性检验四，检验结果分别见表6-6的列（1）到列（3）和列（4）到列（6）所示。

表6-6　　企业家精神、市场化进程影响中国工业绩效的稳健性检验三和稳健性检验四（被解释变量：ln*APF*）

| 解释变量 | 稳健性检验三（ln*QYJ*=ln*ENT*) | | | 稳健性检验四（ln*QYJ*=ln*SBEA*) | | |
|---|---|---|---|---|---|---|
| | (1) | (2) | (3) | (4) | (5) | (6) |
| ln*QYJ* | 0.4401*** | 0.4380*** | 0.0400 | 0.3459*** | 0.3360*** | -0.6992*** |
| | (7.68) | (7.69) | (0.19) | (6.69) | (6.50) | (-4.05) |
| ln*MAR*$_1$ | | 0.6645*** | 0.1799 | | 0.5573** | 3.7263*** |
| | | (2.79) | (0.52) | | (2.29) | (6.68) |
| ln*QYJ*×ln*MAR*$_1$ | | | 0.2148* | | | 0.4927*** |
| | | | (1.94) | | | (6.26) |
| ln*OWN* | -0.4142*** | -0.3173** | -0.3037** | -0.2321* | -0.1557 | -0.1431 |
| | (-3.06) | (-2.28) | (-2.19) | (-1.66) | (-1.09) | (-1.04) |
| ln*SIZE* | 1.1818*** | 1.1073*** | 1.1013*** | 0.9335*** | 0.8786*** | 1.0083*** |
| | (20.76) | (17.71) | (17.64) | (13.31) | (11.90) | (13.62) |
| ln*TI* | 0.1596*** | 0.1594*** | 0.1687*** | 0.1589*** | 0.1599*** | 0.0897* |
| | (3.38) | (3.40) | (3.60) | (3.32) | (3.35) | (1.90) |
| ln*PRO* | -1.4161*** | -1.4856*** | -1.3165*** | -1.2295*** | -1.2842*** | -1.0023** |
| | (-3.02) | (-3.18) | (-2.78) | (-2.59) | (-2.72) | (-2.19) |
| ln*FCD* | -0.3082*** | -0.3485*** | -0.3149*** | -0.2280*** | -0.2649*** | -0.2053*** |
| | (-6.46) | (-7.03) | (-6.02) | (-4.47) | (-4.97) | (-3.93) |
| ln*FZL* | -0.3538 | -0.3024 | -0.2741 | -0.1278 | -0.0868 | 0.5373* |
| | (-1.17) | (-1.00) | (-0.91) | (-0.42) | (-0.28) | (1.73) |
| ln*TAT* | 1.1891*** | 1.2154*** | 1.1505*** | 1.4251*** | 1.4526*** | 1.0332*** |
| | (3.43) | (3.53) | (3.34) | (4.11) | (4.20) | (3.04) |
| ln*TOT* | -1.3778*** | -1.5097*** | -1.4799*** | -0.8407*** | -0.9545*** | -0.4076 |
| | (-4.33) | (-4.73) | (-4.64) | (-2.66) | (-3.00) | (-1.28) |
| ln*SOS* | 12.2085*** | 11.9960*** | 11.6830*** | 11.3771*** | 11.2169*** | 6.0977*** |
| | (5.34) | (5.28) | (5.14) | (4.90) | (4.85) | (2.57) |
| ln*MP* | 0.2125 | 0.2913* | 0.2399 | -0.0612 | 0.0030 | -0.1061 |
| | (1.24) | (1.69) | (1.38) | (-0.37) | (0.02) | (-0.65) |

续表

| 解释变量 | 稳健性检验三（$\ln QYJ=\ln ENT$） ||| 稳健性检验四（$\ln QYJ=\ln SBEA$） |||
|---|---|---|---|---|---|---|
| | （1） | （2） | （3） | （4） | （5） | （6） |
| $C$ | 0.5706 | -0.3816 | 0.3580 | 3.1196*** | 2.2422*** | -4.4530*** |
| | (1.10) | (-0.62) | (0.49) | (4.65) | (2.91) | (-3.42) |
| $R^2$ | 0.8565 | 0.8588 | 0.8599 | 0.8527 | 0.8543 | 0.8652 |
| $F_1$ | 263.27 | 245.35 | 228.07 | 255.24 | 236.47 | 238.50 |
| $F_2$ | 11.30 | 10.91 | 11.10 | 13.71 | 13.69 | 15.64 |
| $LM$ | 303.91 | 317.10 | 310.16 | 500.86 | 498.60 | 531.73 |
| $Hausman$ | 47.75 | 41.55 | 42.78 | 43.43 | 45.019 | 56.47 |
| $Model$ | FE | FE | FE | FE | FE | FE |
| $Obs$ | 527 | 527 | 527 | 527 | 527 | 527 |

注：***、**、*分别代表在1%、5%、10%的水平上显著。表中的系数估计值保留4位小数。参数估计结果下面的括号内数值为$t$统计量。为了避免混淆，本书设定$F_1$是对回归方程的拟合结果的联合显著性检验的统计量，相当于$OLS$中的$F$统计量，$F_2$检验则用来识别是否存在固定效应，原假设是不存在固定效应。$LM$检验是用来识别是否存在随机效应模型，原假设是不存在随机效应。$LM$检验在使用随机效应估计后才能进行，为了便于分析，本书也将$LM$检验结果报告在固定效应模型结果中。$Hausman$检验的原假设是随机效应模型设定正确。

（三）替换市场化进程推算指标

为了检验缺省年份的市场化进程指标推算方法的可靠性，本书还使用2000—2007年的市场化总指标对非国有企业从业人员比重以及同时对非国有企业总产值比重和非国有企业从业人员比重的算术平均值进行拟合来推算，分别记为市场化进程二（$\ln MAR_2$）和市场化进程三（$\ln MAR_3$），并用市场化进程二和市场化进程三分别替换市场化进程指标（$\ln MAR$）进行稳健性检验五和稳健性检验六，结果分别如表6-7的列（1）到列（3）所示。

表6-7　　企业家精神、市场化进程影响中国工业绩效的稳健性检验五和六（被解释变量：$\ln APF$）

| 解释变量 | 稳健性检验五（$\ln MAR=\ln MAR_2$） ||| 稳健性检验六（$\ln MAR=\ln MAR_3$） |||
|---|---|---|---|---|---|---|
| | （1） | （2） | （3） | （4） | （5） | （6） |
| $\ln EHC$ | | 0.1956*** | -0.5908*** | | 0.2147*** | -0.3577*** |
| | | (5.90) | (-4.93) | | (6.65) | (-2.22) |

续表

| 解释变量 | 稳健性检验五（ln$MAR$=ln$MAR_2$） ||| 稳健性检验六（ln$MAR$=ln$MAR_3$） |||
|---|---|---|---|---|---|---|
| | (1) | (2) | (3) | (4) | (5) | (6) |
| ln$MAR$ | 1.11988** | 0.7259*** | 1.6149*** | 0.7508*** | 0.4975** | 1.0392*** |
| | (5.32) | (3.39) | (6.65) | (3.75) | (2.54) | (4.83) |
| ln$EHC$×ln$MAR$ | | | 0.4153*** | | | 0.3090*** |
| | | | (6.80) | | | (5.38) |
| ln$OWN$ | -0.2273 | -0.3010** | -0.0674 | -0.2565* | -0.3192** | -0.1572 |
| | (-1.59) | (-2.17) | (-0.49) | (-1.75) | (-2.27) | (-1.12) |
| ln$SIZE$ | 1.0807*** | 1.0554*** | 1.0194*** | 1.0994*** | 1.0595*** | 1.0213*** |
| | (17.22) | (17.35) | (17.45) | (16.84) | (16.86) | (16.60) |
| ln$TI$ | 0.1923*** | 0.1626*** | 0.1557*** | 0.2059*** | 0.1680*** | 0.1695*** |
| | (3.99) | (3.47) | (3.47) | (4.22) | (3.57) | (3.70) |
| ln$PRO$ | -1.54198** | -1.7289*** | -1.2301*** | -1.3387*** | -1.6363*** | -1.1541** |
| | (-3.15) | (-3.65) | (-2.68) | (-2.71) | (-3.44) | (-2.45) |
| ln$FCD$ | -0.3989*** | -0.3664*** | -0.2148*** | -0.4090*** | -0.3728*** | -0.2557*** |
| | (-7.96) | (-7.51) | (-4.16) | (-7.74) | (-7.32) | (-4.73) |
| ln$FZL$ | -0.1152 | -0.2034 | 0.0245 | -0.1558 | -0.2358 | -0.0654 |
| | (-0.37) | (-0.68) | (0.08) | (-0.49) | (-0.78) | (-0.22) |
| ln$TAT$ | 1.5907*** | 1.2033*** | 0.7326** | 1.6686*** | 1.2124*** | 0.8684** |
| | (4.53) | (3.48) | (2.17) | (4.70) | (3.49) | (2.53) |
| ln$TOT$ | -1.1466*** | -1.4699*** | -1.2688*** | -1.0870*** | -1.4749*** | -1.3418*** |
| | (-3.54) | (-4.62) | (-4.15) | (-3.30) | (-4.59) | (-4.28) |
| ln$SOS$ | 10.6511*** | 11.4140*** | 7.7244*** | 11.5166*** | 11.9775*** | 9.9295*** |
| | (6.50) | (4.98) | (3.42) | (4.82) | (5.23) | (4.39) |
| ln$MP$ | 0.0388 | 0.2763 | 0.1539 | -0.0275 | 0.2664 | 0.1602 |
| | (0.22) | (1.61) | (0.93) | (-0.16) | (1.53) | (0.94) |
| $C$ | -0.8234 | 0.5653 | -1.2111* | -0.4987 | 0.8597 | -0.3325 |
| | (-1.43) | (0.93) | (-1.91) | (-0.85) | (1.44) | (-0.54) |
| $R^2$ | 0.8480 | 0.8582 | 0.8706 | 0.8437 | 0.8567 | 0.8648 |
| $F_1$ | 245.99 | 244.09 | 249.95 | 237.91 | 241.20 | 237.70 |
| $F_2$ | 13.52 | 11.54 | 13.54 | 13.07 | 11.38 | 12.50 |
| $LM$ | 415.64 | 322.91 | 412.72 | 396.70 | 311.81 | 383.21 |
| $Hausman$ | 60.29 | 47.14 | 45.22 | 60.44 | 48.45 | 42.86 |

续表

| 解释变量 | 稳健性检验五（$\ln MAR = \ln MAR_2$） ||| 稳健性检验六（$\ln MAR = \ln MAR_3$） |||
|---|---|---|---|---|---|---|
| | (1) | (2) | (3) | (4) | (5) | (6) |
| Model | FE | FE | FE | FE | FE | FE |
| Obs | 527 | 527 | 527 | 527 | 527 | 527 |

注：\*\*\*、\*\*、\*分别代表在1%、5%、10%的水平上显著。表6-7中的系数估计值保留4位小数。参数估计结果下面的括号内数值为 $t$ 统计量。为了避免混淆，本书设定 $F_1$ 是对回归方程的拟合结果的联合显著性检验的统计量，相当于 OLS 中的 $F$ 统计量，$F_2$ 检验则用来识别是否存在固定效应，原假设是不存在固定效应。LM 检验是用来识别是否存在随机效应模型，原假设是不存在随机效应。LM 检验在使用随机效应估计后才能进行，为了便于分析，本书也将 LM 检验结果报告在固定效应模型结果中。Hausman 检验的原假设是随机效应模型设定正确。

通过将表6-4至表6-7的企业家精神变量、市场化进程变量及二者交互项的稳健性检验估计结果分别与表6-3的基本估计结果进行比较，发现本书重点关注的解释变量的符号均与基本估计结果完全一致，并且均通过了显著性检验。这表明估计结果不因指标选择的不同而发生实质性变化，从而保障了本书研究结论的稳健性，假说4和假说5仍然成立。

### 三　内生性检验

在本书中，一方面企业家精神、市场化进程虽然显著提高了创新产出，但是企业创新产出的提高，促进了技术进步和经济发展，反过来也会影响企业家精神的发挥和市场化的演进。因此二者可能暗含着双向因果关系。另一方面，由于作者的认知问题和目前该领域研究进展的局限性，即使参考相关的研究，采用了面板数据，也不可避免地存在遗漏变量和指标测算误差问题，也会导致内生性问题。内生性问题会导致估计结果出现偏误。鉴于 sysGMM 的特点和优势，考虑到样本观测量的有限性，本书采用企业家精神、市场化进程指标及其交互项的滞后项分别作为其工具变量来处理内生性问题。

表6-8报告了企业家精神、市场化进程影响中国工业绩效的内生性检验结果。如表6-8所示，AR（2）统计量的伴随概率均超过了0.1，因此不能拒绝残差项二阶无自相关的原假设，表明本书的模型设置是有效的。全部 Sargan test 的伴随概率值都为1，不能拒绝工具变量有效的原假设。将表6-8企业家精神变量、市场化进程变量及二者交互项的内生性检验估计结果与表6-4进行对照，发现不仅符号完全一致，而且均通过了显著性检验，表明本书的结论不因估计方法而发生根本改变，具有相

当的可信度。假说 4 和假说 5 均最终成立。

表 6-8  企业家精神、市场化进程影响中国工业绩效的内生性检验结果（被解释变量：ln$APF$）

| 解释变量 | (1) | (2) | (3) | (4) |
|---|---|---|---|---|
| $L.\ln APF$ | 0.4169*** | 0.3543*** | 0.3255*** | 0.3633*** |
|  | (9.12) | (11.39) | (7.22) | (7.31) |
| $\ln EHC$ | 0.1216*** |  | 0.1284** | -0.5921*** |
|  | (2.95) |  | (2.17) | (-2.64) |
| $\ln MAR_1$ |  | 1.4421*** | 1.2523*** | 1.2731*** |
|  |  | (4.68) | (3.54) | (3.55) |
| $\ln EHC \times \ln MAR_1$ |  |  |  | 0.4283*** |
|  |  |  |  | (3.61) |
| $\ln OWN$ | -0.5221** | -0.5588*** | -0.7160 | 0.0863 |
|  | (-2.06) | (-3.91) | (-1.32) | (0.23) |
| $\ln SIZE$ | 0.7196*** | 0.5561*** | 0.5209*** | 0.7216*** |
|  | (6.59) | (6.69) | (3.49) | (7.35) |
| $\ln TI$ | 0.2077** | 0.4241 | 0.3771** | 0.1865* |
|  | (1.99) | (4.33) | (2.23) | (1.66) |
| $\ln PRO$ | -1.0989 | 0.1445 | -0.6827 | -0.2035 |
|  | (-1.49) | (0.20) | (-0.82) | (-0.24) |
| $\ln FCD$ | -0.0002 | -0.0891*** | -0.1523** | -0.0396 |
|  | (-0.01) | (3.69) | (-2.54) | (-0.46) |
| $\ln FZL$ | -0.1514 | -0.1532 | -0.2390 | 0.6228 |
|  | (-0.28) | (-0.18) | (-0.36) | (0.46) |
| $\ln TAT$ | 0.5238* | 0.0742 | -0.0031 | -0.0516 |
|  | (1.65) | (0.21) | (-0.00) | (-0.13) |
| $\ln TOT$ | -0.9301*** | -0.4866 | -1.0536* | -0.7790 |
|  | (-2.93) | (-1.58) | (-1.95) | (-1.29) |
| $\ln SOS$ | 2.9718** | -1.0832 | 2.0026 | 1.7336 |
|  | (2.04) | (-0.34) | (0.67) | (0.46) |
| $\ln MP$ | 0.0554 | -0.1811 | 0.1938 | -0.0190 |
|  | (0.26) | (-1.28) | (0.78) | (-0.07) |

续表

| 解释变量 | （1） | （2） | （3） | （4） |
|---|---|---|---|---|
| C | 0.9774 | -3.8169*** | -2.1851 | -1.5363 |
|  | (1.10) | (-4.59) | (-1.64) | (-0.98) |
| AR（1） | 0.0280 | 0.0324 | 0.0432 | 0.0226 |
| AR（2） | 0.1916 | 0.1384 | 0.1591 | 0.2449 |
| Sargan test | 1.0000 | 1.0000 | 1.0000 | 1.0000 |
| Model | sysGMM | sysGMM | sysGMM | sysGMM |
| Obs | 496 | 496 | 496 | 496 |

注：\*\*\*、\*\*、\*分别代表在1%、5%、10%的水平上显著。表中的系数估计值保留4位小数。参数估计结果下面的括号内数值为对应的z统计量，AR（1）、AR（2）和Sargan test 均只报告了对应的P值。

## 第三节 省级面板数据下的时空差异检验

### 一 时期差异检验

2008年国际金融危机爆发后，中国实施了4万亿投资等一系列促进经济平稳较快增长的政策。一方面，这些政策减弱了金融危机对中国经济发展的负面影响，另一方面导致2008—2010年的市场化出现了某种程度的放缓、停滞甚至下降，大致自2011年以后才呈现明显的上升趋势（王小鲁等，2017），这在第四章的图4-11中可以直观地观测到。市场化进程的变化在很大程度上影响着其对企业家精神的创新效应的调节作用。因此，本书以2008年为时间节点设定时间虚拟变量（$dY$），将国际金融危机前（2000—2007）的$dY$赋值为0，将国际金融危机后（2008—2016）的$dY$赋值为1，并在式（6-1）中引入时间虚拟变量（$dY$）与企业家精神变量（$\ln QYJ$）、市场化进程变量（$\ln MAR$）[①]及其（复合）交互项（$dY \times \ln QYJ \times \ln MAR$）进行估计。表6-9显示了估计结果。

---

① 这里使用$\ln MAR$这个新的变量符号只是为了表述的方便，并没有引入新的市场化进程指标，下同。

表 6-9　企业家精神、市场化进程与中国工业绩效：时期差异检验（被解释变量：$\ln APF$）

| 解释变量 | 基准回归 (1) | 替换 $\ln QYJ$ $\ln QYJ = \ln ENT$ (2) | 替换 $\ln QYJ$ $\ln QYJ = \ln SBEA$ (3) | 替换 $\ln MAR$ $\ln MAR = \ln MAR_2$ (4) | 替换 $\ln MAR$ $\ln MAR = \ln MAR_3$ (5) | 替换 $\ln MAR$ $\ln MAR = \ln MAR_4$ (6) |
|---|---|---|---|---|---|---|
| $\ln QYJ$ | 0.0110 (0.09) | 0.1859 (0.91) | -0.1973 (-1.01) | -0.3084*** (-2.65) | -0.1064 (-1.00) | -0.2552 (-1.02) |
| $\ln MAR$ | 1.0857*** (4.95) | 0.7174** (2.17) | 1.7090*** (2.60) | 1.5264*** (6.88) | 1.0668*** (5.46) | 0.3161① (1.64) |
| $\ln QYJ \times \ln MAR$ | 0.1055② (1.64) | 0.0939 (0.86) | 0.1639* (1.67) | 0.2467*** (4.13) | 0.1590*** (2.86) | 0.1050③ (1.62) |
| $dY \times \ln QYJ$ | -1.8054*** (-7.48) | -0.8257*** (-6.65) | 0.0605 (0.72) | -1.5788*** (-6.89) | -1.7487*** (-7.58) | -1.2150*** (-2.60) |
| $dY \times \ln MAR$ | 0.4068*** (7.47) | 0.4406*** (3.18) | 0.8070*** (5.04) | 0.3854*** (7.29) | 0.4024*** (7.46) | -0.1036 (-0.98) |
| $dY \times \ln QYJ \times \ln MAR$ | 0.7743*** (7.02) | 0.3230*** (4.61) | 0.0765 (1.37) | 0.6800*** (6.49) | 0.7486*** (7.10) | 0.3395*** (2.85) |
| $\ln OWN$ | -0.1405 (-1.11) | -0.1267 (-0.98) | -0.0214 (-0.16) | -0.0098 (-0.08) | -0.0801 (-0.62) | -0.2026 (-1.32) |
| $\ln SIZE$ | 0.7523*** (11.07) | 1.0138*** (13.79) | 0.8329*** (10.86) | 0.7669*** (12.11) | 0.7499*** (11.25) | 1.0703*** (15.80) |
| $\ln TI$ | 0.1119*** (2.63) | 0.0726 (1.64) | 0.0336 (0.75) | 0.0988** (2.38) | 0.1137*** (2.69) | 0.1104** (2.32) |
| $\ln PRO$ | -0.4511 (-1.03) | -0.5996 (-1.33) | -0.5748 (-1.32) | -0.6103 (-1.42) | -0.5283 (-1.21) | -1.1541** (-2.47) |
| $\ln FCD$ | -0.3332*** (-6.41) | -0.2225*** (-4.52) | -0.1891*** (-3.72) | -0.2708*** (-5.59) | -0.3264*** (-6.47) | -0.2834*** (-5.56) |
| $\ln FZL$ | 0.4822* (1.74) | 0.1519 (0.54) | 0.1316 (0.44) | 0.4779* (1.76) | 0.4472 (1.62) | -0.2747 (-0.93) |
| $\ln TAT$ | -0.0474 (-0.15) | 0.2375 (0.72) | 0.3723 (1.13) | -0.1741 (-0.55) | -0.0931 (-0.29) | 0.6968** (2.00) |

续表

| 解释变量 | 基准回归 | 替换 ln*QYJ* | | 替换 ln*MAR* | | |
|---|---|---|---|---|---|---|
| | | ln*QYJ*=ln*ENT* | ln*QYJ*=ln*SBEA* | ln*MAR*=ln*MAR*$_2$ | ln*MAR*=ln*MAR*$_3$ | ln*MAR*=ln*MAR*$_4$ |
| | (1) | (2) | (3) | (4) | (5) | (6) |
| ln*TOT* | -0.1002 | -0.3771 | 0.2846 | -0.0726 | -0.0992 | -0.8113** |
| | (-0.32) | (-1.20) | (0.90) | (-0.24) | (-0.32) | (-2.41) |
| ln*SOS* | 3.9534* | 3.1707 | 3.4596 | 2.0389 | 3.4762 | 9.8065*** |
| | (1.83) | (1.36) | (1.48) | (0.95) | (1.61) | (4.18) |
| ln*MP* | -0.1097 | -0.0789 | -0.2261 | -0.1143 | -0.1123 | 0.1178 |
| | (-0.70) | (-0.48) | (-1.46) | (-0.74) | (-0.72) | (0.70) |
| *C* | -2.0188*** | -1.4831** | -2.3613* | -2.5154*** | -1.8881*** | 1.3670** |
| | (-3.24) | (-2.14) | (-1.75) | (-4.20) | (-3.19) | (2.18) |
| $R^2$ | 0.8892 | 0.8827 | 0.8816 | 0.8939 | 0.8903 | 0.8664 |
| $F_1$ | 240.71 | 225.85 | 223.40 | 252.88 | 243.37 | 194.53 |
| $F_2$ | 13.59 | 12.19 | 13.59 | 14.89 | 14.09 | 11.40 |
| *LM* | 381.71 | 316.86 | 416.87 | 418.69 | 389.51 | 294.37 |
| *Hausman* | 44.53 | 47.96 | 40.66 | 51.66 | 48.84 | 44.25 |
| *Model* | FE | FE | FE | FE | FE | FE |
| *Obs* | 527 | 527 | 527 | 527 | 527 | 527 |

注：\*\*\*、\*\*、\* 分别代表在1%、5%、10%的水平上显著。表中的系数估计值保留4位小数。参数估计结果下面的括号内数值为 $t$ 统计量。为了避免混淆，本书设定 $F_1$ 是对回归方程的拟合结果的联合显著性检验的统计量，相当于 OLS 中的 $F$ 统计量， $F_2$ 检验则用来识别是否存在固定效应，原假设是不存在固定效应。LM 检验是用来识别是否存在随机效应模型，原假设是不存在随机效应。LM 检验在使用随机效应估计后才能进行，为了便于分析，本书也将 LM 检验结果报告在固定效应模型结果中。Hausman 检验的原假设是随机效应模型设定正确。①系数的伴随概率为 $p>|t|$ =0.102，②系数的伴随概率为 $p>|t|$ =0.101，③系数的伴随概率为 $p>|t|$ =0.107。

如表6-9所示，列（1）分别采用 ln*EHC*、ln*MAR*$_1$ 衡量企业家精神和市场化进程作为基准回归，列（2）、列（3）分别使用 ln*ENT* 和 ln*SBEA* 替换列（1）中的企业家精神指标（ln*EHC*），列（4）到列（6）分别采用 ln*MAR*$_2$、ln*MAR*$_3$、ln*MAR*$_4$ 代替列（1）的市场化进程指标（ln*MAR*$_1$）进行稳健性检验。本书借鉴戴魁和刘友金（2013）的指标设计方法，采用各省份规模以上非国有企业的工业总产值比重、从业人员比重与资产总计比重之和的算术平均值作为市场化指标四（$\ln MAR_4$）。从列（1）到列（6），市场化进程（$\ln MAR$）的估计系数均显著为正，表明在国际金融危机前，市场化改革显著促进了中国工业的人均有效发明专利数量的增长。时间虚拟变量与市场化进程的交互项（$dY \times \ln MAR$）显著为正，表明在国际金融危机后，市场化改革对中国工业创新产出增长的提升作用在增强。观察各列的 $\ln QYJ \times \ln MAR$ 和 $dY \times \ln QYJ \times \ln MAR$ 的估计结果，发现前者在绝大部分情形下均显著为正，后者均显著为正，这表明市场化程度无论在国际金融危机发生前还是在国际金融危机发生后均对企业家精神的知识产出起着显著的正向调节作用，而且这种正向调节作用在国际金融危机发生后更大。这主要是因为，一方面，尽管市场化程度在2008—2010出现了某种程度的放缓，但是2011年以来市场化进程在加快，市场化程度在不断提高，这从图4-11可以得到证实；另一方面，在这一时期，国内宏观经济环境发生了积极向好的变化，政府对企业技术创新的支持力度增大，普惠金融、互联网金融等的迅猛发展降低了企业的融资约束，知识产权制度不断完善，市场准入门槛降低，消费者对产品和服务的需求更加多样化和个性化，有利于企业家发展的社会激励结构加快完善，这均有利于企业家创新精神的进一步发挥（徐远华，2019）。

**二　区域差异检验**

一方面，在考察期内，全国31个省份的市场化总指数整体上都实现了一定程度的上升，表明市场化在所有省份都在深化，但是另一方面，各地区的市场化改革开始的先后、对外开放力度等方面的不同导致市场化进程表现出较大的区域差异。因此市场化程度在很大程度上对企业家精神创新绩效的调节效果具有显著的区域差异。本书将全国分为东部和中西部地区，并设置虚拟变量（$dR$），将东部和中西部地区的 $dR$ 分别赋值为1和0，并在式（6-1）中加入时间虚拟变量（$dR$）与企业家精神变量（$\ln QYJ$）、市场化进程变量（$\ln MAR$）及其交互项的（复合）交互项（$dR \times \ln QYJ \times \ln MAR$）进行估计。表6-10显示了估计结果。

如表6-10所示，列（1）分别采用 $\ln EHC$、$\ln MAR_1$ 衡量企业家精神和市场化进程作为基准回归，列（2）、列（3）分别使用 $\ln ENT$ 和 $\ln SBEA$ 替换列（1）中的企业家精神指标（$\ln EHC$），列（4）到列（6）分别采用 $\ln MAR_2$、$\ln MAR_3$、$\ln MAR_4$ 代替列（1）的市场化进程指标

($\ln MAR_1$) 进行稳健性检验。

表6-10 企业家精神、市场化进程与中国工业绩效：
区域差异检验（被解释变量：$\ln APF$）

| 解释变量 | 基准回归 | 替换 $\ln QYJ$ | | 替换 $\ln MAR$ | | |
|---|---|---|---|---|---|---|
| | | $\ln QYJ = \ln ENT$ | $\ln QYJ = \ln SBEA$ | $\ln MAR = \ln MAR_2$ | $\ln MAR = \ln MAR_3$ | $\ln MAR = \ln MAR_4$ |
| | (1) | (2) | (3) | (4) | (5) | (6) |
| $\ln QYJ$ | -0.3584** | 0.0344 | -0.4711** | -0.5106*** | -0.2873** | 0.1268 |
| | (-2.53) | (0.15) | (-2.29) | (-3.96) | (-2.44) | (0.50) |
| $\ln MAR$ | 0.6895*** | -0.0694 | 2.9000*** | 1.4393*** | 0.8808*** | -0.3903** |
| | (2.79) | (-0.16) | (4.26) | (5.47) | (3.97) | (-2.14) |
| $\ln QYJ \times \ln MAR$ | 0.3331*** | 0.2467* | 0.3384*** | 0.3886*** | 0.2881*** | -0.0260 |
| | (4.14) | (1.83) | (3.39) | (5.51) | (4.34) | (-0.36) |
| $dR \times \ln QYJ$ | -0.9620** | -2.9744*** | -0.1460 | -1.1829*** | -1.1997*** | -1.3323*** |
| | (-2.13) | (-3.12) | (-0.26) | (-2.97) | (-3.01) | (-2.80) |
| $dR \times \ln MAR$ | 1.4451*** | -1.2312 | 0.7140 | 0.8209** | 1.1185*** | 0.7355*** |
| | (3.19) | (-1.15) | (0.46) | (2.13) | (3.07) | (2.86) |
| $dR \times \ln QYJ \times \ln MAR$ | 0.3927* | 1.3021*** | 0.1666 | 0.5093*** | 0.5118*** | 0.2896** |
| | (1.88) | (2.93) | (0.69) | (2.76) | (2.78) | (2.44) |
| $\ln OWN$ | -0.2241 | -0.2457* | -0.1347 | -0.0434 | -0.1166 | 0.0949 |
| | (-1.64) | (-1.74) | (-0.97) | (-0.32) | (-0.84) | (0.83) |
| $\ln SIZE$ | 1.0095*** | 1.0489*** | 0.9705*** | 0.9951*** | 0.9862*** | 0.2647*** |
| | (16.16) | (16.83) | (12.57) | (16.99) | (16.02) | (3.06) |
| $\ln TI$ | 0.1590*** | 0.1656*** | 0.1235** | 0.1460*** | 0.1592*** | -0.0685* |
| | (3.43) | (3.57) | (2.56) | (3.22) | (3.45) | (-1.75) |
| $\ln PRO$ | -0.8976* | -1.0434** | -1.0206** | -1.1415** | -0.9928** | -0.0876 |
| | (-1.91) | (-2.20) | (-2.21) | (-2.46) | (-2.10) | (-0.24) |
| $\ln FCD$ | -0.2193*** | -0.2935*** | -0.2562*** | -0.2194*** | -0.2536*** | -0.0290 |
| | (-3.77) | (-5.42) | (-4.69) | (-4.08) | (-4.50) | (-0.67) |
| $\ln FZL$ | 0.1011 | -0.1111 | 0.5295* | 0.0478 | 0.0069 | -0.0548 |
| | (0.34) | (-0.37) | (1.71) | (0.17) | (0.02) | (-0.24) |
| $\ln TAT$ | 0.9832*** | 1.3353*** | 1.1969*** | 0.8211** | 1.0083*** | 0.1543 |
| | (2.83) | (3.92) | (3.47) | (2.42) | (2.93) | (0.53) |

续表

| 解释变量 | 基准回归 | 替换 ln$QYJ$ | | 替换 ln$MAR$ | | |
|---|---|---|---|---|---|---|
| | | ln$QYJ$=ln$ENT$ | ln$QYJ$=ln$SBEA$ | ln$MAR$=ln$MAR_2$ | ln$MAR$=ln$MAR_3$ | ln$MAR$=ln$MAR_4$ |
| | (1) | (2) | (3) | (4) | (5) | (6) |
| ln$TOT$ | -1.3056*** | -1.4739*** | -0.4139 | -1.2198*** | -1.3217*** | 0.2215 |
| | (-4.13) | (-4.69) | (-1.30) | (-3.94) | (-4.19) | (0.81) |
| ln$SOS$ | 8.3195*** | 8.6548*** | 4.3669* | 5.8972** | 7.6466*** | 15.2628*** |
| | (3.57) | (3.72) | (1.80) | (2.52) | (3.26) | (5.75) |
| ln$MP$ | 0.0334 | 0.0520 | -0.1936 | 0.0692 | 0.0345 | -0.0817 |
| | (0.19) | (0.30) | (-1.16) | (0.40) | (0.20) | (-0.57) |
| $C$ | -0.9943 | 1.5480 | -3.6972** | -1.6473** | -1.0450 | -0.0835 |
| | (-1.40) | (1.55) | (-2.46) | (-2.48) | (-1.58) | (-0.15) |
| $R^2$ | 0.8679 | 0.8662 | 0.8678 | 0.8734 | 0.8686 | 0.9286 |
| $F_1$ | 197.08 | 194.20 | 196.94 | 206.98 | 198.39 | 188.67 |
| $F_2$ | 9.87 | 8.96 | 15.93 | 10.77 | 10.04 | 13.08 |
| $LM$ | 173.99 | 116.60 | 529.40 | 181.92 | 168.20 | 398.24 |
| Hausman | 82.90 | 116.23 | 61.97 | 92.46 | 89.76 | 40.91 |
| Model | FE | FE | FE | FE | FE | FE |
| Obs | 527 | 527 | 527 | 527 | 527 | 527 |

注：***、**、*分别代表在1%、5%、10%的水平上显著。表中的系数估计值保留4位小数。参数估计结果下面的括号内数值为$t$统计量。为了避免混淆，本书设定$F_1$是对回归方程的拟合结果的联合显著性检验的统计量，相当于$OLS$中的$F$统计量，$F_2$检验则用来识别是否存在固定效应，原假设是不存在固定效应。$LM$检验是用来识别是否存在随机效应模型，原假设是不存在随机效应。$LM$检验在使用随机效应估计后才能进行，为了便于分析，本书也将$LM$检验结果报告在固定效应模型结果中。Hausman检验的原假设是随机效应模型设定正确。

表6-10列（1）到列（6）中ln$MAR$和$dR×$ln$MAR$的估计系数，发现二者在大多数情形下显著为正，这说明无论在中西部地区还是在东部地区，市场化进程的加快均对中国工业人均有效发明专利的增长具有显著的正效应，但在东部地区这种正效应更大。这可能是因为，一方面在市场化程度较高的东部地区具有完善的产权保护制度和公平竞争的市场环境为企业的技术创新提供了良好的外部条件（黄先海等，2017）；另一方面中西部地区的市场化改革也在加快进行，市场化程度也在不断提高。

观察表6-10列（1）到列（6）中ln$QYJ×$ln$MAR$和$dR×$ln$QYJ×$ln$MAR$的估计结果，发现前者在绝大多数情形下显著为正，后者均为正值，且在绝大多数情形下通过了显著性检验。这表明无论在东部还是在中西部地区，市场化程度的提高均显著增强了企业家精神的创新效应，并且这种积极作用在东部地区更大。这可能是因为，在东部地区，市场化程度的提高，如说简政放权，市场在资源配置中发挥决定性作用，建立负面清单管理制度，一方面，促进更多的企业家资源进一步显现化，激励企业家从事创新创业活动，另一方面降低了企业家配置到非生产性领域的资源比重，促使更多的企业家的时间、精力和资源配置到生产领域和技术创新领域，加快知识的产业化程度（程俊杰，2016）。

## 第四节 市场化分项指标的影响

为了全面地考察市场化程度对企业家的创新绩效的影响，本书进一步考察市场化的五个分项指标即政府与市场的关系（$GM$）、非国有经济的发展（$NS$）、产品市场的发育程度（$PM$）、要素市场的发育程度（$FM$）与市场中介组织的发育和法律制度环境（$ML$）对企业家精神的知识溢出效应的调节作用。从市场化五个分项指标对企业家创新绩效的调节作用的角度确定新一轮市场化改革的方向和重点。

### 一 政府与市场的关系的影响

本书将各省份的政府与市场的关系指标得分在考察期的均值从高到低进行排序，将排序靠前的15个省份定义政府与市场的关系指标得分较高的省份，并设定虚拟变量 $dGM$ 为1；而将排序靠后的16个省份定义为指标得分较低的省份，并设定虚拟变量 $dGM$ 为0。在式（6-1）中估计企业家精神与政府与市场的关系的虚拟变量的交互项（$dGM×\ln EHC$）。[①] 估计结果如表6-11所示。在表6-11中，列（1）使用人均有效发明专利（$\ln APF$）作为被解释变量进行基准回归，列（2）和列（3）分别采用在SFA框架下计算的全要素生产率（$\ln TFP$）和全员劳动生产率（$\ln TLP$）代替人均有效发明专利（$\ln APF$），列（4）、列（5）和列（6）分别采用各省份规模以上工业企业每万名从业人员私营企业单位数（$\ln ENT$）、各省份全社会

---

[①] 下文对于非国有经济的发展（$dNS$）、产品市场的发育程度（$dPM$）、要素市场的发育程度（$dFM$）、市场中介组织的发育和法律制度环境（$dML$）与政府与市场的关系（$dGM$）变量的处理类似。

企业家精神（ln*SBEA*）和各省份规模以上工业每万名从业人员所有类型的企业单位数（ln*ENQ*）代替企业家精神（ln*EHC*）。

表 6-11　企业家精神与中国工业绩效：政府与市场关系的影响

| 解释变量 | 基准回归<br>被解释变量<br>ln*APF*<br>(1) | 替换 ln*APF*<br>ln*APF* =<br>ln*TFP*<br>(2) | ln*APF* =<br>ln*TLP*<br>(3) | 替换 ln*EHC*<br>ln*EHC* =<br>ln*ENT*<br>(4) | ln*EHC* =<br>ln*SBEA*<br>(5) | ln*EHC* =<br>ln*ENQ*<br>(6) |
|---|---|---|---|---|---|---|
| ln*EHC* | 0.1734*** <br>(4.73) | 0.1448*** <br>(18.68) | 0.1195*** <br>(10.01) | 0.3406*** <br>(5.11) | 0.2630*** <br>(4.30) | 1.14708*** <br>(7.44) |
| d*GM*×ln*EHC* | 0.1159*** <br>(3.07) | 0.0324*** <br>(4.06) | 0.0327*** <br>(2.66) | 0.2145*** <br>(2.86) | 0.1404** <br>(2.50) | 0.2912① <br>(1.61) |
| ln*OWN* | -0.3889*** <br>(-2.84) | -0.1930*** <br>(-6.74) | -0.1257*** <br>(-2.85) | -0.3927*** <br>(-2.92) | -0.2567* <br>(-1.85) | -0.1746 <br>(-1.31) |
| ln*SIZE* | 1.1557*** <br>(19.64) | 0.4106*** <br>(33.00) | 0.4573*** <br>(23.87) | 1.2090*** <br>(21.10) | 0.9833*** <br>(13.55) | 1.5700*** <br>(23.39) |
| ln*TI* | 0.1585*** <br>(3.37) | 0.0406*** <br>(4.09) | 0.1576*** <br>(10.30) | 0.1528*** <br>(3.26) | 0.1413*** <br>(2.93) | 0.0096 <br>(0.19) |
| ln*PRO* | -1.3647*** <br>(-2.90) | -0.2961*** <br>(-2.97) | -0.1176 <br>(-0.77) | -1.3318*** <br>(-2.85) | -1.2038** <br>(-2.55) | -0.9732** <br>(-2.15) |
| ln*FCD* | -0.3050*** <br>(-6.36) | -0.0047 <br>(0.47) | -0.0920*** <br>(-5.89) | -0.2944*** <br>(-6.19) | -0.2231*** <br>(-4.39) | -0.2113*** <br>(-4.34) |
| ln*FZL* | -0.2748 <br>(-0.91) | 0.1743*** <br>(2.74) | 0.1627* <br>(1.66) | -0.3719 <br>(-1.24) | -0.0538 <br>(-0.18) | -0.4974* <br>(-1.69) |
| ln*TAT* | 1.0408*** <br>(2.98) | 0.3717*** <br>(5.03) | 0.6042*** <br>(5.31) | 1.0761*** <br>(3.11) | 1.2434*** <br>(3.52) | 1.3492*** <br>(4.06) |
| ln*TOT* | -1.1588*** <br>(-3.56) | -0.2890*** <br>(-4.20) | -0.0532 <br>(-0.50) | -1.2236*** <br>(-3.82) | -0.6138* <br>(-1.88) | -1.3835*** <br>(-4.51) |
| ln*SOS* | 11.1661*** <br>(4.83) | 3.6841*** <br>(7.53) | 4.4334*** <br>(5.89) | 11.3360*** <br>(4.95) | 9.7268*** <br>(4.05) | 11.1481*** <br>(5.00) |
| ln*MP* | 0.1148 <br>(0.67) | 0.0818** <br>(2.25) | 0.0234 <br>(0.42) | 0.1523 <br>(0.89) | -0.1086 <br>(-0.65) | 0.1665 <br>(1.03) |

续表

| 解释变量 | 基准回归 | 替换 ln*APF* | | 替换 ln*EHC* | | |
|---|---|---|---|---|---|---|
| | 被解释变量 ln*APF* | ln*APF*=ln*TFP* | ln*APF*=ln*TLP* | ln*EHC*=ln*ENT* | ln*EHC*=ln*SBEA* | ln*EHC*=ln*ENQ* |
| | （1） | （2） | （3） | （4） | （5） | （6） |
| *C* | 1.1725** | 1.9075*** | 1.5967*** | 0.3043 | 2.8196*** | -2.5441*** |
| | (2.13) | (16.38) | (8.91) | (0.58) | (4.16) | (-4.35) |
| $R^2$ | 0.8576 | 0.9645 | 0.9498 | 0.8589 | 0.8546 | 0.8652 |
| $F_1$ | 242.9 | 1094.49 | 763.45 | 245.59 | 237.04 | 258.77 |
| $F_2$ | 12.08 | 71.65 | 30.72 | 10.96 | 12.52 | 9.07 |
| *LM* | 329.18 | 1424.75 | 844.38 | 329.65 | 433.01 | 269.35 |
| *Hausman* | 49.13 | 49.34 | 44.45 | 34.51 | 44.34 | 31.40 |
| *Model* | *FE* | *FE* | *FE* | *FE* | *FE* | *FE* |
| *Obs* | 527 | 527 | 527 | 527 | 527 | 527 |

注：***、**、* 分别代表在1％、5％、10％的水平上显著。表中的系数估计值保留4位小数。参数估计结果下面的括号内数值为 $t$ 统计量。为了避免混淆，本书设定 $F_1$ 是对回归方程的拟合结果的联合显著性检验的统计量，相当于 *OLS* 中的 *F* 统计量，$F_2$ 检验则用来识别是否存在固定效应，原假设是不存在固定效应。*LM* 检验是用来识别是否存在随机效应模型，原假设是不存在随机效应。*LM* 检验在使用随机效应估计后才能进行，为了便于分析，本书也将 *LM* 检验结果报告在固定效应模型结果中。*Hausman* 检验的原假设是随机效应模型设定正确。系数的伴随概率为 $p>|t|=0.108$。

如表6-11所示，无论是替换被解释变量（ln*APF*）的列（2）和列（3），还是替换企业家精神（ln*EHC*）的列（4）、列（5）和列（6），只有列（6）中企业家精神与虚拟变量（*dGM*）的交互项（*dGM*×ln*EHC*）的估计的 $t$ 统计量相对较小，但仍接近于在10％的水平上显著，中间四列即从列（2）到列（5）中企业家精神（ln*EHC*）与虚拟变量（*dGM*）的交互项（*dGM*×ln*EHC*）的估计结果都与列（1）的基准回归结果保持一致，均显著为正，这表明政府与市场的关系指标得分较高的省份，企业家精神对中国工业绩效的提升作用较强。这主要是因为，政府与市场的关系指标得分越高，意味着政府通过计划方式分配经济资源比重的下降，政府对企业干预的减少降低了企业的额外负担，改善了市场环境，行政审批手续变得简捷容易操作，这都有利于增强企业家的知识溢出效应（赵文军和于津平，2014）。

## 二 非国有经济的发展的影响

如表6-12所示，无论是替换被解释变量（ln$APF$）的列（2）和列（3），还是替换企业家精神（ln$EHC$）的列（4）、列（5）和列（6），列（2）到列（6）中企业家精神与虚拟变量（$dNS$）的交互项（$dNS×$ln$EHC$）的估计结果都与列（1）中的基准回归保持一致，即显著为正，这表明非国有经济的发展指标得分较高的省份，企业家精神的创新绩效较强。这主要是因为，非国有经济的发展水平越高，表明非国有经济的工业主营业务收入、固定资产投资和就业人数比重逐渐提高（樊纲等，2011），这会推动最终产品的需求日益多样化，创造更大的消费市场，也会增加对中间品的积累和需求，激励企业家加快技术创新，提高知识的产业化进程；非国有经济的分工更加细密，更加专业化，迫切需要企业家进行组织管理创新，实现生产要素的新组合，改善资源配置效率（程俊杰，2016）；非国有经济的发展促进了竞争，竞争反过来比垄断更能加快信息、知识、技术等在企业间、行业间、地区间的扩散速度，这有利于改善企业家精神的工业创新绩效（张杰等，2014）。

表6-12　企业家精神与中国工业绩效：非国有经济发展的影响

| 解释变量 | 基准回归 | 替换ln$APF$ | | 替换ln$EHC$ | | |
|---|---|---|---|---|---|---|
| | 被解释变量 ln$APF$ | ln$APF=$ ln$TFP$ | ln$APF=$ ln$TLP$ | ln$EHC=$ ln$ENT$ | ln$EHC=$ ln$SBEA$ | ln$EHC=$ ln$ENQ$ |
| | (1) | (2) | (3) | (4) | (5) | (6) |
| ln$EHC$ | 0.1583*** (4.26) | 0.1464*** (18.44) | 0.1212*** (9.94) | 0.3167*** (4.75) | 0.2492*** (4.04) | 1.1250*** (7.13) |
| $dNS$×ln$EHC$ | 0.1384*** (3.64) | 0.0277*** (3.41) | 0.0278** (2.23) | 0.2638*** (3.51) | 0.1623*** (2.83) | 0.3191* (1.74) |
| ln$OWN$ | -0.3326** (-2.44) | -0.1838*** (-6.31) | -0.1165*** (-2.61) | -0.3448** (-2.55) | -0.2047 (-1.47) | -0.1670 (-1.25) |
| ln$SIZE$ | 1.1502*** (19.80) | 0.4068*** (32.83) | 0.4534*** (23.83) | 1.2039*** (21.26) | 0.9820*** (13.69) | 1.5548*** (23.20) |
| ln$TI$ | 0.1856*** (3.94) | 0.0466*** (4.64) | 0.1637*** (10.62) | 0.17388*** (3.71) | 0.1653*** (3.47) | 0.0275 (0.55) |
| ln$PRO$ | -1.3442*** (-2.87) | -0.3010*** (-3.01) | -0.1227 (-0.80) | -1.3037*** (-2.80) | -1.2484*** (-2.65) | -0.9848** (-2.17) |

续表

| 解释变量 | 基准回归 | 替换 ln$APF$ | | 替换 ln$EHC$ | | |
|---|---|---|---|---|---|---|
| | 被解释变量 ln$APF$ | ln$APF$ = ln$TFP$ | ln$APF$ = ln$TLP$ | ln$EHC$ = ln$ENT$ | ln$EHC$ = ln$SBEA$ | ln$EHC$ = ln$ENQ$ |
| | (1) | (2) | (3) | (4) | (5) | (6) |
| ln$FCD$ | -0.3037*** | -0.0062 | -0.0935*** | -0.2934*** | -0.2271*** | -0.2141*** |
| | (-6.37) | (-0.61) | (-5.99) | (-6.20) | (-4.48) | (-4.39) |
| ln$FZL$ | -0.2021 | 0.1903*** | 0.1787* | -0.3140 | 0.0329 | -0.4813 |
| | (-0.67) | (2.97) | (1.82) | (-1.05) | (0.11) | (-1.63) |
| ln$TAT$ | 1.1571*** | 0.4069*** | 0.6396*** | 1.1707*** | 1.3352*** | 1.3699*** |
| | (3.35) | (5.53) | (5.66) | (3.42) | (3.86) | (4.13) |
| ln$TOT$ | -1.2654*** | -0.3274*** | -0.0919 | -1.3207*** | -0.6715** | -1.4176*** |
| | (-3.98) | (-4.83) | (-0.88) | (-4.20) | (-2.11) | (-4.62) |
| ln$SOS$ | 10.5567*** | 3.6548*** | 4.4058*** | 10.8205*** | 9.0916*** | 11.2456*** |
| | (4.54) | (7.37) | (5.79) | (4.71) | (3.73) | (5.04) |
| ln$MP$ | 0.1001 | 0.0848** | 0.0266 | 0.1389 | -0.1155 | 0.1671 |
| | (0.58) | (2.32) | (0.47) | (0.82) | (-0.70) | (1.03) |
| $C$ | 1.24398** | 1.9473*** | 1.6371*** | 0.3607 | 2.8812*** | -2.5257*** |
| | (2.29) | (16.82) | (9.21) | (0.70) | (4.29) | (-4.33) |
| $R^2$ | 0.8587 | 0.9641 | 0.9496 | 0.8601 | 0.8551 | 0.8653 |
| $F_1$ | 245.08 | 1083.43 | 759.98 | 247.98 | 238.04 | 259.03 |
| $F_2$ | 11.93 | 72.23 | 31.34 | 10.23 | 11.85 | 8.05 |
| $LM$ | 330.69 | 1415.42 | 845.01 | 307.02 | 389.56 | 238.60 |
| $Hausman$ | 47.37 | 50.75 | 45.53 | 35.55 | 51.92 | 29.66 |
| $Model$ | $FE$ | $FE$ | $FE$ | $FE$ | $FE$ | $FE$ |
| $Obs$ | 527 | 527 | 527 | 527 | 527 | 527 |

注：***、**、*分别代表在1%、5%、10%的水平上显著。表6-12中的系数估计值保留4位小数。参数估计结果下面的括号内数值为$t$统计量。为了避免混淆，本书设定$F_1$是对回归方程的拟合结果的联合显著性检验的统计量，相当于$OLS$中的$F$统计量，$F_2$检验则用来识别是否存在固定效应，原假设是不存在固定效应。$LM$检验是用来识别是否存在随机效应模型，原假设是不存在随机效应。$LM$检验在使用随机效应估计后才能进行，为了便于分析，本书也将$LM$检验结果报告在固定效应模型结果中。$Hausman$检验的原假设是随机效应模型设定正确。

## 三 产品市场的发育程度的影响

如表6-13所示，尽管列（5）中企业家精神（ln$EHC$）与虚拟变量

($dPM$)的交互项（$dPM×\ln EHC$）的系数没有通过显著性检验，但仍然为正。尽管列（6）中企业家精神（$\ln EHC$）与虚拟变量（$dPM$）的交互项（$dPM×\ln EHC$）的估计结果的 $t$ 统计量相对较小，但仍接近于在10%的水平上显著。中间三列，即列（2）到列（4）中企业家精神（$\ln EHC$）与虚拟变量（$dPM$）的交互项（$dPM×\ln EHC$）都与列（1）中的基准回归结果保持一致，均显著为正。列（1）到列（6）的总体估计结果表明，产品市场发育程度越高的省份，企业家促进技术创新的效应越大。这主要是因为，产品市场的发育程度越高，社会零售食品价格、生产资料价格和农产品价格由市场决定的比重越高，产品市场上的地方保护主义越弱（樊纲等，2003）。在这种情形下，价格能够灵敏反映各类产品的供求信息，市场在资源配置中起决定性作用，一方面，有利于企业家提高决策效率，减少资源误配，另一方面，市场决定价格机制会强化市场竞争程度，后者倒逼企业家致力于技术创新活动（张杰等，2014）。不断弱化的地方保护主义和不断健全的市场准入制度有利于促进公平竞争，加快产品流通的市场化进程，从而改善企业家的资源配置效率，激发企业家的创新动力（孙早等，2014）。

表6-13　企业家精神与中国工业绩效：产品市场发育程度的影响

| 解释变量 | 基准回归 被解释变量 $\ln APF$ | 替换 $\ln APF$ $\ln APF=$ $\ln TFP$ | 替换 $\ln APF$ $\ln APF=$ $\ln TLP$ | 替换 $\ln EHC$ $\ln EHC=$ $\ln ENT$ | 替换 $\ln EHC$ $\ln EHC=$ $\ln SBEA$ | 替换 $\ln EHC$ $\ln EHC=$ $\ln ENQ$ |
|---|---|---|---|---|---|---|
| | (1) | (2) | (3) | (4) | (5) | (6) |
| $\ln EHC$ | 0.1943*** (5.47) | 0.1152*** (20.05) | 0.1202*** (10.46) | 0.3832*** (5.91) | 0.3097*** (5.18) | 1.1576*** (7.66) |
| $dPM×\ln EHC$ | 0.0899** (2.27) | 0.0239*** (2.84) | 0.0384*** (3.00) | 0.1470* (1.86) | 0.0680 (1.20) | 0.2941[①] (1.60) |
| $\ln OWN$ | -0.3923*** (-2.88) | -0.1942*** (-6.72) | -0.1234*** (-2.80) | -0.3985*** (-2.94) | -0.2411* (-1.73) | -0.1741 (-1.30) |
| $\ln SIZE$ | 1.1511*** (19.35) | 0.40898*** (32.37) | 0.4604*** (23.92) | 1.2038*** (20.75) | 0.9577*** (13.13) | 1.5730*** (23.37) |
| $\ln TI$ | 0.1559*** (3.29) | 0.0400*** (3.98) | 0.1554*** (10.14) | 0.1511*** (3.20) | 0.1481*** (3.04) | 0.0065 (0.13) |

续表

| 解释变量 | 基准回归 被解释变量 ln*APF* | 替换 ln*APF* ln*APF* = ln*TFP* | 替换 ln*APF* ln*APF* = ln*TLP* | 替换 ln*EHC* ln*EHC* = ln*ENT* | 替换 ln*EHC* ln*EHC* = ln*SBEA* | 替换 ln*EHC* ln*EHC* = ln*ENQ* |
|---|---|---|---|---|---|---|
|  | (1) | (2) | (3) | (4) | (5) | (6) |
| ln*PRO* | −1.3806*** | −0.3019*** | −0.1081 | −1.3474*** | −1.1916** | −0.9847** |
|  | (−2.92) | (−3.00) | (−0.71) | (−2.87) | (−2.51) | (−2.17) |
| ln*FCD* | −0.3160*** | −0.0080 | −0.0935*** | −0.3030*** | −0.2278*** | −0.2117*** |
|  | (−6.60) | (−0.78) | (−6.04) | (−3.36) | (−4.47) | (−4.35) |
| ln*FZL* | −0.3556 | 0.1530** | 0.1257 | −0.4385 | −0.1405 | −0.5214* |
|  | (−1.16) | (2.36) | (1.27) | (−1.44) | (−0.46) | (−1.77) |
| ln*TAT* | 0.9563*** | 0.3513*** | 0.5466*** | 1.0122*** | 1.2777*** | 1.3178*** |
|  | (2.64) | (4.56) | (4.66) | (2.82) | (3.47) | (3.95) |
| ln*TOT* | −1.1352*** | −0.2857*** | −0.0122 | −1.2043*** | −0.6905** | −1.3430*** |
|  | (−3.38) | (−4.01) | (−0.11) | (−3.64) | (−2.04) | (−4.35) |
| ln*SOS* | 11.5974*** | 3.8149*** | 4.4498*** | 11.7306*** | 10.7748*** | 10.9286*** |
|  | (5.01) | (7.76) | (5.94) | (5.11) | (4.54) | (4.92) |
| ln*MP* | 0.1503 | 0.0922** | 0.0278 | 0.1844 | −0.0747 | 0.1613 |
|  | (0.87) | (2.53) | (0.50) | (1.08) | (−0.45) | (0.99) |
| *C* | 1.1457** | 1.9049*** | 1.5392*** | 0.2733 | 2.9402*** | −2.6215*** |
|  | (2.03) | (15.91) | (8.43) | (0.50) | (4.28) | (−4.44) |
| $R^2$ | 0.8564 | 0.9638 | 0.9500 | 0.8576 | 0.8531 | 0.8651 |
| $F_1$ | 240.45 | 1075.39 | 766.55 | 242.84 | 234.31 | 258.75 |
| $F_2$ | 11.86 | 69.68 | 30.47 | 11.16 | 13.44 | 9.66 |
| *LM* | 322.39 | 1426.68 | 852.33 | 308.22 | 495.46 | 271.54 |
| *Hausman* | 49.52 | 48.04 | 42.76 | 44.69 | 41.36 | 38.20 |
| Model | FE | FE | FE | FE | FE | FE |
| *Obs* | 527 | 527 | 527 | 527 | 527 | 527 |

注: ***、**、*分别代表在1%、5%、10%的水平上显著。表中的系数估计值保留4位小数。参数估计结果下面的括号内数值为 *t* 统计量。为了避免混淆, 本书设定 $F_1$ 是对回归方程的拟合结果的联合显著性检验的统计量, 相当于 *OLS* 中的 *F* 统计量, $F_2$ 检验则用来识别是否存在固定效应, 原假设是不存在固定效应。*LM* 检验是用来识别是否存在随机效应模型, 原假设是不存在随机效应。*LM* 检验在使用随机效应估计后才能进行, 为了便于分析, 本书也将 *LM* 检验结果报告在固定效应模型结果中。*Hausman* 检验的原假设是随机效应模型设定正确。系数的伴随概率为 $p>|t|=0.110$。

## 四 要素市场的发育程度的影响

如表 6-14 所示，列（1）中企业家精神（lnEHC）与虚拟变量（dFM）的交互项（dFM×lnEHC）的基准回归结果虽然为正，但是没有通过显著性检验。列（2）、列（4）和列（5）的交互项系数为正，但不显著，列（3）中的结果显著为正，列（6）中的系数为负值，也不显著。因此，列（1）到列（6）的总体估计结果表明，要素市场发育程度越高的省份，企业家促进技术创新的效应越大，但是不显著，换句话说，要素市场的发育程度的提高并没有显著提高企业家精神的工业绩效。这主要是因为，在渐进式改革下，与产品市场的发育程度相比，目前中国要素市场的发育程度仍然较低（盖庆恩等，2015；戴魁早和刘友金，2015；白俊红和卞元超，2016）。要素市场扭曲会刺激企业家密集使用有形生产要素，弱化了企业家从事自主创新的压力和动机。企业家不得不花费更多的时间利用要素市场扭曲带来的寻租机会，通过与政府官员建立政治联系牟取低成本资源或其他要素，导致企业家精神的配置扭曲，从而难以有效提高企业家的工业绩效（余明桂等，2010）。随着近年来中国要素市场化改革加快，在 2008—2015 年的得分有了比较明显的上升，2008 年的 4.01 分上升到 2015 年的 5.93 分，提高了 47.9%（王小鲁等，2017）。综合以上分析，本书得出要素市场的发育程度正向调节企业家的创新产出的结果却不显著的结果就不足为奇了。

表 6-14　企业家精神与中国工业绩效：要素市场发育程度的影响

| 解释变量 | 基准回归 被解释变量 $\ln APF$ | 替换 $\ln APF$ $\ln APF=$ $\ln TFP$ | 替换 $\ln APF$ $\ln APF=$ $\ln TLP$ | 替换 $\ln EHC$ $\ln EHC=$ $\ln ENT$ | 替换 $\ln EHC$ $\ln EHC=$ $\ln SBEA$ | 替换 $\ln EHC$ $\ln EHC=$ $\ln ENQ$ |
|---|---|---|---|---|---|---|
| | (1) | (2) | (3) | (4) | (5) | (6) |
| $\ln EHC$ | 0.2013*** (5.25) | 0.1565*** (19.16) | 0.1156*** (9.35) | 0.3976*** (5.67) | 0.3109*** (5.23) | 1.3054*** (7.78) |
| $dFM\times\ln EHC$ | 0.0515 (1.37) | 0.0077 (0.96) | 0.0353*** (2.92) | 0.0790 (1.05) | 0.0631 (1.20) | -0.0671 (-0.34) |
| $\ln OWN$ | -0.4015*** (-2.94) | -0.1982*** (-6.81) | -0.1238*** (-2.85) | -0.4066*** (-3.00) | -0.2207 (-1.58) | -0.1905 (-1.42) |
| $\ln SIZE$ | 1.1215*** (19.26) | 0.4010*** (32.32) | 0.4477*** (23.84) | 1.1791*** (20.69) | 0.9463*** (13.34) | 1.5663*** (22.83) |

续表

| 解释变量 | 基准回归 | 替换 ln*APF* | | 替换 ln*EHC* | | |
|---|---|---|---|---|---|---|
| | 被解释变量 ln*APF* | ln*APF*=ln*TFP* | ln*APF*=ln*TLP* | ln*EHC*=ln*ENT* | ln*EHC*=ln*SBEA* | ln*EHC*=ln*ENQ* |
| | (1) | (2) | (3) | (4) | (5) | (6) |
| ln*TI* | 0.1745*** | 0.0440*** | 0.1656*** | 0.1658*** | 0.1596*** | 0.0094 |
| | (3.66) | (4.33) | (10.76) | (3.49) | (3.33) | (0.18) |
| ln*PRO* | -1.3260*** | -0.3050*** | -0.0456 | -1.3060*** | -1.2029** | -0.9743** |
| | (-2.73) | (-2.95) | (-0.29) | (-2.72) | (-2.54) | (-2.13) |
| ln*FCD* | -0.3273*** | -0.0109 | -0.0985*** | -0.3110*** | -0.2318*** | -0.1975*** |
| | (-6.85) | (-1.07) | (-6.39) | (-6.51) | (-4.54) | (-3.90) |
| ln*FZL* | -0.2138 | 0.1857*** | 0.1975** | -0.3198 | -0.0855 | -0.5055* |
| | (-0.70) | (2.86) | (2.01) | (-1.05) | (-0.28) | (-1.70) |
| ln*TAT* | 1.1757*** | 0.4113*** | 0.6366*** | 1.1798*** | 1.4098*** | 1.3741*** |
| | (3.37) | (5.53) | (5.66) | (3.40) | (4.06) | (4.13) |
| ln*TOT* | -1.3279*** | -0.3422*** | -0.0829 | -1.3531*** | -0.7900** | -1.3921*** |
| | (-4.13) | (-4.99) | (-0.80) | (-4.24) | (-2.48) | (-4.52) |
| ln*SOS* | 12.0768*** | 3.9714*** | 4.5901*** | 12.1026*** | 10.8301*** | 10.7848*** |
| | (5.23) | (8.08) | (6.17) | (5.28) | (4.58) | (4.76) |
| ln*MP* | 0.1562 | 0.0977*** | 0.0216 | 0.1904 | -0.0776 | 0.1513 |
| | (0.90) | (2.64) | (0.39) | (1.11) | (-0.47) | (0.93) |
| *C* | 1.3352** | 1.9735*** | 1.5795*** | 0.4684 | 3.0298*** | -2.4674*** |
| | (2.40) | (16.63) | (8.80) | (0.89) | (4.49) | (-4.21) |
| $R^2$ | 0.8554 | 0.9633 | 0.9500 | 0.8569 | 0.8531 | 0.8645 |
| $F_1$ | 238.58 | 1059.15 | 765.87 | 241.47 | 234.30 | 257.25 |
| $F_2$ | 11.49 | 70.96 | 31.86 | 11.13 | 13.30 | 9.67 |
| *LM* | 280.42 | 1405.09 | 844.24 | 274.47 | 460.82 | 263.03 |
| *Hausman* | 49.12 | 50.12 | 45.84 | 48.62 | 45.87 | 42.41 |
| *Model* | FE | FE | FE | FE | FE | FE |
| *Obs* | 527 | 527 | 527 | 527 | 527 | 527 |

注：\*\*\*、\*\*、\*分别代表在1%、5%、10%的水平上显著。表中的系数估计值保留4位小数。参数估计结果下面的括号内数值为 *t* 统计量。为了避免混淆，本书设定 $F_1$ 是对回归方程的拟合结果的联合显著性检验的统计量，相当于 *OLS* 中的 *F* 统计量，$F_2$ 检验则用来识别是否存在固定效应，原假设是不存在固定效应。*LM* 检验是用来识别是否存在随机效应模型，原假设是不存在随机效应。*LM* 检验在使用随机效应估计后才能进行，为了便于分析，本书也将 *LM* 检验结果报告在固定效应模型结果中。*Hausman* 检验的原假设是随机效应模型设定正确。

### 五 市场中介组织的发育和法律制度环境的影响

如表6-15所示,列(1)中企业家精神($\ln EHC$)与虚拟变量($dML$)的交互项($dML\times\ln EHC$)的系数的基准回归结果显著为正,在1%的水平上显著,并且列(2)到列(6)与列(1)中的符号和显著性完全一致。因此列(1)到列(6)的估计结果表明,市场中介组织的发育比较成熟和法律制度环境比较完善的省份,律师、会计师等市场中介组织服务企业的条件越完善,行业协会对企业的帮助程度越大,技术服务条件和出口服务条件得以不断改善,消费者的合法权益受到有力的保护,对企业家合法权益的保护等均会强化企业家的创新动机,鼓励企业家加大研发投入力度(樊纲等,2011)。不断完善的法律制度以及知识产权保护制度的健全是市场秩序正常运行、保障技术进步和激励企业家创新的重要前提(Acemoglu和Johnson,2005;Acemoglu et al.,2015)。知识产权制度规定了专利发明者在一定期限内垄断使用专利的权利,以保证获得超额利润,同时还规定了对侵权者的惩罚,从而激励企业家精神配置到创新创业活动中,夺取技术制高点,获取垄断租金(孙早和徐远华,2018)。

表6-15 企业家精神与中国工业绩效:市场中介组织的发育和法律制度环境的影响

| 解释变量 | 基准回归 | 替换 $\ln APF$ | | 替换 $\ln EHC$ | | |
|---|---|---|---|---|---|---|
| | 被解释变量 $\ln APF$ | $\ln APF=$ $\ln TFP$ | $\ln APF=$ $\ln TLP$ | $\ln EHC=$ $\ln ENT$ | $\ln EHC=$ $\ln SBEB$ | $\ln EHC=$ $\ln ENQ$ |
| | (1) | (2) | (3) | (4) | (5) | (6) |
| $\ln EHC$ | 0.0950** | 0.1249*** | 0.0747*** | 0.2088*** | 0.1980*** | 0.9889*** |
| | (2.56) | (16.16) | (6.44) | (3.05) | (3.30) | (5.76) |
| $dML\times\ln EHC$ | 0.2341*** | 0.0621*** | 0.1053*** | 0.4224*** | 0.2458*** | 0.5032*** |
| | (6.43) | (8.20) | (9.27) | (5.78) | (4.60) | (2.60) |
| $\ln OWN$ | -0.4398*** | -0.2068*** | -0.1442*** | -0.4244*** | -0.3312** | -0.1918 |
| | (-3.36) | (-7.59) | (-3.53) | (-3.24) | (-2.39) | (-1.44) |
| $\ln SIZE$ | 1.1676*** | 0.4133*** | 0.4684*** | 1.2057*** | 1.0096*** | 1.5363*** |
| | (20.68) | (35.22) | (26.61) | (21.81) | (14.28) | (22.82) |
| $\ln TI$ | 0.1812*** | 0.0467*** | 0.1666*** | 0.1789*** | 0.1346*** | 0.0366 |
| | (3.98) | (4.93) | (11.72) | (3.91) | (2.85) | (0.73) |

续表

| 解释变量 | 基准回归 | 替换 ln*APF* | | 替换 ln*EHC* | | |
|---|---|---|---|---|---|---|
| | 被解释变量 ln*APF* | ln*APF* = ln*TFP* | ln*APF* = ln*TLP* | ln*EHC* = ln*ENT* | ln*EHC* = ln*SBEB* | ln*EHC* = ln*ENQ* |
| | (1) | (2) | (3) | (4) | (5) | (6) |
| ln*PRO* | -0.8839* | -0.1703* | 0.1174 | -0.9203** | -1.0872** | -0.8783* |
| | (-1.90) | (-1.76) | (0.81) | (-1.99) | (-2.34) | (-1.94) |
| ln*FCD* | -0.3085*** | -0.0060 | -0.0899*** | -0.3054*** | -0.2230*** | -0.2311*** |
| | (-6.70) | (-0.63) | (-6.26) | (-6.61) | (-4.46) | (-4.68) |
| ln*FZL* | -0.1337 | 0.2120*** | 0.2232** | -0.2030 | -0.0171 | -0.4080 |
| | (-0.46) | (3.49) | (2.45) | (-0.69) | (-0.06) | (-1.38) |
| ln*TAT* | 0.8275** | 0.3173*** | 0.4834*** | 0.9100*** | 1.2290*** | 1.2536*** |
| | (2.43) | (4.49) | (4.56) | (2.69) | (3.59) | (3.76) |
| ln*TOT* | -1.0229*** | -0.2561*** | 0.0437 | -1.1530*** | -0.5991* | -1.3844*** |
| | (-3.27) | (-3.94) | (0.45) | (-3.72) | (-1.91) | (-4.53) |
| ln*SOS* | 10.4684*** | 3.5161*** | 3.9256*** | 10.9997*** | 8.8445*** | 11.8228*** |
| | (4.69) | (7.58) | (5.64) | (4.94) | (3.78) | (5.28) |
| ln*MP* | 0.1159 | 0.0831** | 0.0114 | 0.1677 | -0.1332 | 0.2260 |
| | (0.70) | (2.42) | (0.22) | (1.01) | (-0.81) | (1.38) |
| *C* | 0.8300 | 1.8214*** | 1.3893*** | 0.1344 | 2.6048*** | -2.3669*** |
| | (1.55) | (16.41) | (8.34) | (0.26) | (3.91) | (-4.06) |
| $R^2$ | 0.8662 | 0.9677 | 0.9568 | 0.8658 | 0.8589 | 0.8663 |
| $F_1$ | 261.21 | 1209.51 | 892.51 | 260.22 | 245.45 | 261.34 |
| $F_2$ | 13.80 | 77.51 | 34.64 | 13.12 | 14.94 | 9.91 |
| *LM* | 350.45 | 1454.61 | 920.93 | 319.58 | 499.42 | 273.98 |
| *Hausman* | 54.78 | 51.18 | 44.08 | 55.64 | 59.19 | 42.27 |
| *Model* | FE | FE | FE | FE | FE | FE |
| *Obs* | 527 | 527 | 527 | 527 | 527 | 527 |

注：***、**、*分别代表在1%、5%、10%的水平上显著。表中的系数估计值保留4位小数。参数估计结果下面的括号内数值为 *t* 统计量。为了避免混淆，本书设定 $F_1$ 是对回归方程的拟合结果的联合显著性检验的统计量，相当于 *OLS* 中的 *F* 统计量，$F_2$ 检验则用来识别是否存在固定效应，原假设是不存在固定效应。*LM* 检验是用来识别是否存在随机效应模型，原假设是不存在随机效应。*LM* 检验在使用随机效应估计后才能进行，为了便于分析，本书也将 *LM* 检验结果报告在固定效应模型结果中。*Hausman* 检验的原假设是随机效应模型设定正确。

市场化分项指标对企业家精神的创新绩效的调节作用的检验表明，政府与市场的关系、非国有经济的发展、产品市场的发育程度、市场中介组织的发育和法律制度环境的改善均显著提高了企业家精神的创新效应，要素市场的发育程度虽然能起到正向调节作用，但是不显著。因此，政府应该着重将推进要素市场的发展，构建更加完善的要素市场化配置体制机制作为新一轮市场化改革的重点和主攻方向。

## 第五节　小结

本书通过设定一个含有企业家精神、市场化进程及其交互作用的创新生产方程，使用中国 31 个省份 2000—2016 年的面板数据从经验层面考察市场化程度及其与企业家精神的交互作用的创新效应，还在省级面板数据下进行了分时间段和分区域考察，并进一步考察市场化的五个分项指标即政府与市场的关系、非国有经济的发展、产品市场的发育程度、要素市场的发育程度与市场中介组织的发育和法律制度环境对企业家精神的工业绩效的调节作用。

本书得出以下基本结论：第一，中国的市场化进程大体经历了快速推进阶段（2000—2007 年）、略微退步阶段（2008—2011 年）和继续推进阶段（2012—2016 年），还表现出显著的地域差异性，市场化程度最高的 5 个省份全部是东部省区，最低的 5 个省份全部在西部地区。

第二，市场化程度的提高对中国工业绩效的增长具有显著的正效应，并且强化了企业家精神的知识溢出效应，结论不因遗漏变量控制、变量替换和内生性处理而发生系统性改变，显示出相当的稳健性。

第三，分时间检验结果表明，无论在国际金融危机发生前还是在国际金融危机发生后，市场化程度的提高均能够显著促进中国工业绩效的增长，而且这种促进作用在国际金融危机后更大；市场化程度的提高对企业家精神的技术创新能力起着显著的正向调节作用，而且这种正向调节作用在国际金融危机发生后趋于增强。

第四，分区域检验结果表明，无论在东部，还是在中西部，这表明市场化进程的加快推进对中国工业绩效的增长均具有显著的正效应，而且这种正效应在东部地区大于中西部地区；市场程度的提高强化了东部和中西部地区企业家精神的知识溢出效应,且对东部企业家精神的知识溢出效应的正向调节作用大于中西部。

第五,市场化分项指标对企业家精神的创新绩效的调节作用的检验表明,政府与市场的关系、非国有经济的发展、产品市场的发育程度、市场中介组织的发育和法律制度环境的改善均显著提高了企业家精神的创新效应,要素市场的发育程度虽然起到正向调节作用,但是不显著。

# 第七章 企业家精神、信息化程度影响工业绩效的实证研究

## 第一节 研究设计

### 一 模型设定

为了检验假说 6 和假说 7，本书通过扩展 Edquist 和 Henrekson（2017）的研究，将企业家精神、信息化程度及其交互项纳入创新生产过程，并控制一些变量以防止估计结果偏误，构建如下计量模型：

$$lnAPF = C + \eta_1 lnEHC + \eta_2 lnIDI + \eta_3 lnEHC \times lnIDI + \sum_{j=4}^{13} \eta_j Controls + \delta_i + \delta_t + \zeta_{it}$$

(7-1)

在模型（7-1）中，变量前面的 ln 表示变量已取自然对数形式，$APF$ 代表工业绩效，$EHC$ 表示企业家精神，$IDI$ 表示信息化程度，$lnEHC \times lnIDI$ 为企业家精神与信息化程度对数形式的交互项，$Controls$ 表示一组控制变量，包括国有产权比重（$OWN$）、平均企业规模（$SIZE$）、技术密集度（$TI$）、平均利润率（$APR$）、外资依存度（$FCD$）、资产负债率（$FZL$）、总资产周转率（$TAT$）、流动资金周转次数（$TOT$）、专业人力资本（$PH$）、市场势力（$MP$）。$\delta_i$ 代表省份固定效应，$\delta_t$ 代表时间固定效应，$\zeta_{it}$ 代表残差项。$\eta_2$、$\eta_3$ 是本书主要考察的系数，根据本书提出的假说 6 和假说 7，本书预期 $\eta_2>0$，$\eta_3>0$，且能通过显著性检验。

### 二 资料来源

如无特别说明，本章的原始数据主要来源于《中国统计年鉴》（2001—2017）、《中国工业统计年鉴》（2001—2017）、《中国科技统计年鉴》（2001—2017）及《中国信息年鉴》（2001—2017）和各省统计年

鉴。本章缺省数据采用均值插值或线性插值方法进行填充。

### 三 变量度量

（一）被解释变量

工业绩效（APF）是被解释变量。本书使用有效发明专利来测度工业绩效。为了消除规模效应，本书借鉴孙早和宋炜（2012a）、吴超鹏和唐茚（2016）的研究，采用各省份规模以上工业企业人均有效发明专利（有效发明专利/从业人员）作为衡量创新绩效的代理变量。

（二）解释变量

（1）企业家精神（EHC）。请详见第五章。

（2）信息化进程（IDI）。不少研究往往使用单一的指标来衡量信息化程度，如人均邮电业务量（刘生龙和胡鞍钢，2010）、电信服务价格（Röller 和 Waverman，2001）、小灵通和固定电话普及率及移动电话普及率（Démurger，2001；Ward 和 Zhang，2012；郑世林、周黎安和何维达，2014）、ICT 资本投入（蔡跃洲和张钧南，2015；Corrado et al.，2017；孙早和刘李华，2018；Gomes et al.，2018）、互联网普及率（Fan 和 Zhang，2004；郭家堂和骆品亮，2016）、信息化密度（李坤望等，2015）、宽带普及率（Czernich et al.，2011；Whitacre et al.，2014；Haller 和 Lyons，2015），等等。随着信息技术和信息消费的不断升级，单一的指标已经难以准确地反映信息化发展的趋势和特征（Bloom et al.，2012；Yunis et al.，2018；Koutroumpis et al.，2020）。因此，最近的一些研究开始尝试采用综合性指标度量信息化程度，而且随着信息技术的发展，这一指标的内涵不断充实，外延不断延伸（孙早和徐远华，2018）。谢康等（2012）选取各省市网站综述、互联网普及率等五项指标，使用主成分分析方法得到各省份的信息化发展水平，茶洪旺和左鹏飞（2017）则采用信息基础设施等四个一级指标及其所属的十三个二级指标并使用主成分分析方法测算了各省份层面的信息化水平，韩先锋等（2019）则基于互联网的普及等五个维度，选取网民普及率等十一个二级指标，借鉴王小鲁等（2017）设计市场化指标的方法构造信息化综合指标，以度量中国工业行业层面的信息化水平。

研究组曾前后编制了两套信息化指标体系，即信息化发展指数（Ⅰ）和信息化发展指数（Ⅱ）。信息化发展指数（Ⅱ）是在信息化发展指数（Ⅰ）的基础上，进一步优化信息化发展指数指标体系、完善统计监测方法，从而为准确把握我国及各省信息化发展水平和发展进程提供科学的依据。信息化发展总指数（Ⅱ）涵盖信息基础设施指数、产业技术指数、应用消费指数、知识支撑指数和效果发展指数 5 个一级指标，每个一级指标下又涵盖若干个二级指标。图 7-1 反映了这 5 个一级指标之间的关系。信息化发展指数的指标体系如表 7-1 所示。

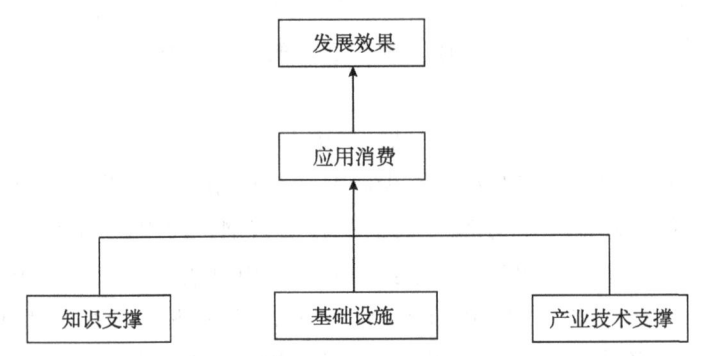

**图 7-1　信息化分项指标体系结构**

资料来源：来自作者绘制。

**表 7-1　信息化发展指数的指标体系**

| 总指数 | 一级指标 | | 二级指标 |
|---|---|---|---|
| 信息化发展总指数（*IDI*） | 一、基础设施指数 | 1 | 电话拥有率（部/百人） |
| | | 2 | 电视机拥有率（台/百人） |
| | | 3 | 计算机拥有率（台/百人） |
| | 二、产业技术指数 | 4 | 人均电信业产值（元/人） |
| | | 5 | 每百万人发明专利申请量（件/百万人） |
| | 三、应用消费指数 | 6 | 互联网普及率（户/百人） |
| | | 7 | 人均信息消费额（元/人） |
| | 四、知识支撑指数 | 8 | 信息产业从业人数占比重（%） |
| | | 9 | 教育指数（国外：成人识字率×2/3+综合入学率×1/3；国内：成人识字率×2/3+平均受教育年限×1/3） |
| | 五、效果发展指数 | 10 | 信息产业增加值占比重（%） |
| | | 11 | 信息产业研发经费占比重（%） |
| | | 12 | 人均国内生产总值（元/人） |

注：受数据所限，"信息产业从业人数比重""信息产业增加值比重"两指标中的"信息产业"暂由"第三产业"替代；"信息产业研发经费比重"指标暂由"全社会研发经费比重"替代。

为了准确地测度各省份的信息化发展水平，本书根据研究组（2011）的研究，采用简单线性加权的方法，通过对每个二级指标的标准化数据进行加权计算，分别得到各个分类指标（一级指标），然后通过各个分类指数加权得到总指数。信息化发展指数（IDI）的具体计算公式为：

$$IDI = \sum_{i=1}^{n} W_i \left( \sum_{j=1}^{m} W_{ij} Z_{ijt} \right) \tag{7-3}$$

在式（7-3）中，$z_{ij}$ 为 12 个指标标准化后的得分，$m$ 为分类指标所属的二级指标的数量，$W_i$ 为第 $i$ 个分类指标（一级指标）在信息化总指数（IDI）中的权重，且 $\sum_{i}^{n} W_i = 1$，即五个的一级指标权重之和为 1，$W_{ij}$ 为第 $j$ 项指标在第 $i$ 个分类指标中的权重，且 $\sum_{j}^{n} W_{ij} = 1$，每一个一级指标内所有二级指标的权重之和为 1。

计算各省份的信息化发展指数（IDI），需要通过以下步骤。首先，对 12 个二级指标进行标准化，只有经过标准化后才能将不同量纲的各类指标进行运算。

其次，确定二级指标的权重，即 $W_{ij}$ 的值。最近几年来，主要国际组织对信息化综合指数的测算，几乎都采用平均赋权的方法作为权重。如数字鸿沟指数（DDIX）、数字接入指数（DAI）等。因此，为了不失准确性和计算的简便性，本书可以确定 $W_{ij} = 1/m$。

最后，确定分类指数（一级指标）指标的权重，即 $W_i$ 的值。研究组（2011）采用专家评分法对各分类指数的相对重要性进行赋权，即对各指标赋予的权重为专家们赋权的平均值。本书采用研究组（2011）发布的信息化研究专家的调查问卷的汇总结果，$W_1 = 22\%$，$W_2 = 17\%$，$W_3 = 21\%$，$W_4 = 19\%$，$W_5 = 21\%$。

（三）控制变量

平均利润率（APR）采用各地区规模以上企业利润总额除以主营业务收入。①

主要变量的定义和描述性统计分别如表 7-2、表 7-3 所示。

---

① 其余控制变量的计算与前面章节相同。

表7-2　　　　　　　　　　　主要变量定义

| 变量名称 | 变量符号 | 衡量指标 | 单位 |
| --- | --- | --- | --- |
| 人均有效发明专利 | APF | 企业有效发明专利/从业人员 | 件/万人 |
| 企业家精神 | EHC | 企业家创业的数量效应*就业效应 | — |
| 信息化程度 | IDI | 信息化总指数 | — |
| 国有产权比重 | OWN | 国有企业实收资本/规模以上企业实收资本 | — |
| 平均企业规模 | SIZE | 资产总计/企业单位数 | 亿元/个 |
| 技术密集度 | TI | 物质资本存量/从业人员 | 亿元/万人 |
| 平均利润率 | APR | 利润总额/主营业务收入 | — |
| 外资依存度 | FCD | 外商投资企业实收资本/规模以上企业实收资本 | — |
| 资产负债率 | FZL | 负债总额/资产总计 | — |
| 总资产周转率 | TAT | 主营业务收入/资产总计 | 次/年 |
| 流动资金周转次数 | TOT | 主营业务收入/流动资产 | — |
| 专业人力资本 | PH | 从业人员的平均受教育年限 | 年 |
| 市场势力 | MP | 利润总额、税金总额与利息支出之和/资产总计 | — |

表7-3　　　　　　　　　　主要变量的描述性统计

| 变量 | 观测值 | 均值 | 标准差 | 最小值 | 最大值 |
| --- | --- | --- | --- | --- | --- |
| ln$APF$ | 527 | 2.0997 | 1.2143 | 0 | 5.6052 |
| ln$EHC$ | 527 | 0.8572 | 1.3952 | -3.3887 | 3.3904 |
| ln$IDI$ | 527 | -0.5315 | 0.3802 | -1.6877 | 0.2960 |
| ln$OWN$ | 527 | -0.7033 | 0.4755 | -2.4016 | -0.0737 |
| ln$SIZE$ | 527 | 0.5180 | 0.7451 | -1.4721 | 2.5574 |
| ln$TI$ | 527 | 3.1536 | 1.0205 | -4.5253 | 5.9522 |
| ln$APR$ | 527 | 0.0650 | 0.0328 | -0.0106 | 0.2064 |
| ln$FCD$ | 527 | -2.4000 | 1.0104 | -7.2116 | -0.6310 |
| ln$FZL$ | 527 | -0.5507 | 0.1546 | -1.4754 | -0.2734 |
| ln$TAT$ | 527 | 0.2235 | 0.4618 | -0.6601 | 1.8814 |
| ln$TOT$ | 527 | 0.6977 | 0.3584 | -0.5108 | 1.5261 |
| ln$PH$ | 527 | 2.1665 | 0.1860 | 1.0348 | 2.5983 |
| ln$MP$ | 527 | -2.1765 | 0.4005 | -3.7475 | -1.1699 |

## 第二节 实证结果及分析

### 一 基本估计结果及分析

企业家精神、信息化程度影响中国工业企业绩效的基本估计结果，如表7-4所示。列（1）到列（4）均纳入了相同的控制变量，列（1）和列（2）依次纳入企业家精神（lnEHC）、信息化程度变量（lnIDI），列（3）同时纳入企业家精神和信息化程度变量，列（4）在列（3）的基础上纳入企业家精神和信息化程度变量的交互项（lnEHC×lnIDI），综合 $LM$ 检验、$F_2$ 检验和 $Hausman$ 检验的结果表明，列（1）到（4）均选择了固定效应模型。各列的 $R^2$ 均大于0.85，$F_1$ 统计量远远超过5，表明本书选取的变量解释了被解释变量变化的主要部分，可以认为变量的选取具有相当的合理性。由于列（4）添加了所有变量，并且 $R^2$ 最大，因此本书主要以列（4）的估计结果进行分析。

表7-4　　企业家精神、信息化程度影响中国工业绩效的
基本估计结果（被解释变量：lnAPF）

| 解释变量 | （1） | （2） | （3） | （4） |
|---|---|---|---|---|
| lnEHC | 0.2289*** <br> (7.11) | | 0.0317 <br> (0.86) | 0.2277*** <br> (4.30) |
| lnIDI | | 1.6543*** <br> (11.98) | 1.5685*** <br> (9.22) | 1.3413*** <br> (7.79) |
| lnEHC×lnIDI | | | | 0.2342*** <br> (5.02) |
| lnOWN | -0.2840** <br> (-2.05) | 0.0335 <br> (0.26) | 0.0173 <br> (0.13) | 0.1235 <br> (0.95) |
| lnSIZE | 1.0923*** <br> (14.79) | 0.8138*** <br> (11.01) | 0.8201*** <br> (11.04) | 0.8723*** <br> (11.91) |
| lnTI | 0.1144** <br> (2.39) | -0.0052 <br> (-0.11) | -0.0030 <br> (-0.06) | 0.0017 <br> (0.04) |
| lnAPR | -7.1501*** <br> (-3.76) | -7.9523*** <br> (-4.52) | -8.0012*** <br> (-4.55) | -7.9643*** <br> (-4.64) |

续表

| 解释变量 | （1） | （2） | （3） | （4） |
|---|---|---|---|---|
| ln$FCD$ | -0.3275*** <br> (-6.75) | -0.2840*** <br> (-6.31) | -0.2847*** <br> (-6.33) | -0.1977*** <br> (-4.19) |
| ln$FZL$ | -0.7382** <br> (-2.36) | -0.4542 <br> (-1.57) | -0.4792* <br> (-1.65) | -0.4807* <br> (-1.70) |
| ln$TAT$ | 0.7781** <br> (2.09) | 0.3106 <br> (0.89) | 0.2899 <br> (0.83) | -0.0234 <br> (-0.07) |
| ln$TOT$ | -1.4249*** <br> (-4.45) | -1.1912*** <br> (-4.13) | -1.2492*** <br> (-4.21) | -0.8632*** <br> (-2.88) |
| ln$PH$ | 1.2348*** <br> (3.14) | 0.9170** <br> (2.53) | 0.9463*** <br> (2.60) | 0.7837** <br> (2.20) |
| ln$MP$ | 0.6552*** <br> (2.68) | 0.8409*** <br> (3.74) | 0.8660*** <br> (3.82) | 0.9117*** <br> (4.11) |
| $C$ | -0.0309 <br> (-0.03) | 2.9272*** <br> (2.90) | 2.8473*** <br> (2.81) | 2.9384*** <br> (2.97) |
| $R^2$ | 0.8504 | 0.8726 | 0.8728 | 0.8791 |
| $F_1$ | 250.65 | 301.89 | 276.65 | 270.06 |
| $F_2$ | 12.92 | 13.65 | 13.01 | 13.29 |
| $LM$ | 482.24 | 432.02 | 421.84 | 449.96 |
| $Hausman$ | 29.71 | 43.19 | 39.54 | 39.22 |
| $Model$ | FE | FE | FE | FE |
| $Obs$ | 527 | 527 | 527 | 527 |

注：***、**、*分别代表在1%、5%、10%的水平上显著。表中的系数估计值保留4位小数。参数估计结果下面的括号内数值为 $t$ 统计量。为了避免混淆，本书设定 $F_1$ 是对回归方程的拟合结果的联合显著性检验的统计量，相当于 OLS 中的 $F$ 统计量，$F_2$ 检验则用来识别是否存在固定效应，原假设是不存在固定效应。LM 检验是用来识别是否存在随机效应模型，原假设是不存在随机效应。LM 检验在使用随机效应估计后才能进行，为了便于分析，本书也将 LM 检验结果报告在固定效应模型结果中。Hausman 检验的原假设是随机效应模型设定正确。

列（4）中，企业家精神（ln$EHC$）的估计系数为正，$t$ 统计量非常大，通过了1%水平的显著性检验。在边际意义上，企业家精神水平每提高1%会促进中国工业企业的人均有效发明专利增加0.228%。这表明企业家精神的发展显著提高了中国工业绩效。

从列（2）到（4），无论是单独加入信息化程度变量（ln$IDI$），还是依次加入企业家精神（ln$EHC$）及其与信息化变量的交互项（ln$EHC$×

ln*IDI*），信息化变量的系数均大于1，数值非常大，$t$统计量均远远超过了2.56，且在1%的水平上显著。在边际意义上，信息化程度每提高1%，人均有效发明专利将会增加1.34%—1.65%，高于刘生龙和胡鞍钢（2010）、孙早和徐远华（2018）的研究结果。因此，信息化程度的提高显著促进了中国工业的创新产出的增长。假说6得到了初步的经验支持。这主要是因为：信息化的发展导致信息通信技术产品的相对价格出现大幅下跌，改善了企业从事研发活动的物质技术条件和基础（蔡跃洲和张钧南，2015）；作为一种通用技术和知识资本，ICT具有较强的外部性、通用性和渗透性，促进产业融合，加快技术扩散，增强对关联行业的知识溢出效应（孙早和刘李华，2018）。

列（4）表明，企业家精神与信息化程度的交互项（ln*EHC*×ln*IDI*）估计系数为正，并且通过了1%水平的显著性检验。这表明，信息化程度的提高增强了企业家精神的创新效应，即在信息化程度越高的地区，企业家精神对创新绩效的提升作用也越大。假说7得到了初步证实。这可能是因为：信息化程度的提高加快了知识和信息等传递的速度，扩大了企业家信息搜寻的范围，在这种条件下，企业家能够敏锐地捕捉市场空白，迅速确定研发活动的方向和领域，提高创新绩效（Gomes et al.，2018）；信息技术通过变革组织形态，推动企业从垂直结构向扁平化结构转变，促进企业家的决策从集权向分权转变等管理创新，降低X-非效率，进而提高企业家决策效率（Acemoglu et al.，2007）；信息化程度的提高通过降低企业的沟通协调成本，推动企业家扩大企业规模，能够获取较强的规模经济优势（孙早和刘李华，2018）；信息化建设通过促进要素市场发展会提高企业家资源配置的效率（孙早和徐远华，2018），也会降低非生产性活动的偏好和收益从而企业家将资源配置到研发活动中来，这均有利于企业家创新精神的进一步发挥（庄子银，2007）。

控制变量方面。列（4）中企业平均利润率（ln*APR*）的系数为负，且在1%的水平上显著，这表明企业平均利润率的上升不仅没有促进反而抑制了人均有效发明专利的增长，这可能是因为在追求高利润的动机驱使下，企业忽略了创新投入的持续增加，加上地区整体的创新激励下降，导致出现这样的结果（韩先锋等，2014）。列（4）中企业专业人力资本（ln*PH*）的系数为正，且在5%的水平上显著，表明企业专业人力资本的积累带来人力资本存量的增加，从而有利于知识技术的传播、先进机器设备的使用,有利于提高创新产出(何小钢等,2019)。

## 二 稳健性检验

为了验证基准回归结果的敏感度,除了采用较多的变量控制外,本书拟从以下几个方面进行稳健性检验:

### (一)替换工业绩效衡量指标

本书采用以下三种方式替换有效发明专利数量:(1)采用人均发明专利数量($\ln PIP$)进行替换作为稳健性检验一,检验结果如表7-5所示。(2)采用第五章使用SFA方法计算得到的$\ln TFP$作为稳健性检验二,折旧率与在控制变量中计算技术密集度($\ln TI$)所使用的相同,取5%,检验结果如表7-6所示。(3)采用各省份规模以上企业全员劳动生产率($\ln TLP$)作为稳健性检验三,全员劳动生产率($\ln TLP$)等于各省份规模以上人均工业实际增加值,检验结果如表7-7所示。

表7-5 企业家精神、信息化程度影响中国工业绩效的稳健性检验一(被解释变量:$\ln PIP$)

| 解释变量 | (1) | (2) | (3) | (4) |
| --- | --- | --- | --- | --- |
| $\ln EHC$ | 0.2180*** <br> (7.95) | | 0.0539* <br> (1.86) | 0.2818*** <br> (6.37) |
| $\ln IDI$ | | 1.4517*** <br> (12.28) | 1.3056*** <br> (8.98) | 1.0414*** <br> (7.25) |
| $\ln EHC \times \ln IDI$ | | | | 0.2723*** <br> (6.99) |
| $\ln OWN$ | -0.2223* <br> (-1.89) | 0.0562 <br> (0.50) | 0.0285 <br> (0.25) | 0.1520 <br> (1.40) |
| $\ln SIZE$ | 0.8165*** <br> (12.99) | 0.5792*** <br> (9.15) | 0.5900*** <br> (9.30) | 0.6507*** <br> (10.64) |
| $\ln TI$ | 0.1250*** <br> (3.08) | 0.0235 <br> (0.60) | 0.0273 <br> (0.70) | 0.0328 <br> (0.88) |
| $\ln APR$ | -6.5732*** <br> (-4.06) | -7.1984*** <br> (-4.78) | -7.2816*** <br> (-4.84) | -7.2388*** <br> (-5.05) |
| $\ln FCD$ | -0.3407*** <br> (-8.26) | -0.3040*** <br> (-7.89) | -0.3052*** <br> (-7.94) | -0.2040*** <br> (-5.17) |
| $\ln FZL$ | -0.6951*** <br> (-2.61) | -0.4369* <br> (-1.77) | -0.4795* <br> (-1.93) | -0.4813** <br> (-2.03) |

续表

| 解释变量 | (1) | (2) | (3) | (4) |
|---|---|---|---|---|
| ln$TAT$ | 1.2532*** <br> (3.89) | 0.8641*** <br> (2.90) | 0.8289*** <br> (2.78) | 0.4646 <br> (1.61) |
| ln$TOT$ | -1.5323*** <br> (-5.62) | -1.2872*** <br> (-5.21) | -1.3860*** <br> (-5.47) | -0.9372*** <br> (-3.75) |
| ln$PH$ | 1.1949*** <br> (3.58) | 0.9048*** <br> (2.92) | 0.9548*** <br> (3.07) | 0.7657*** <br> (2.57) |
| ln$MP$ | 0.6179*** <br> (2.97) | 0.7506*** <br> (3.90) | 0.7934*** <br> (4.09) | 0.8465*** <br> (4.57) |
| $C$ | -0.1476 <br> (-0.17) | 2.3843*** <br> (2.76) | 2.2483*** <br> (2.60) | 2.3542*** <br> (2.85) |
| $R^2$ | 0.8539 | 0.8783 | 0.8791 | 0.8902 |
| $F_1$ | 268.34 | 318.23 | 293.14 | 301.09 |
| $F_2$ | 16.45 | 15.13 | 14.78 | 16.02 |
| $LM$ | 694.39 | 567.04 | 575.36 | 645.78 |
| $Hausman$ | 25.58 | 33.71 | 31.21 | 33.63 |
| $Model$ | FE | FE | FE | FE |
| $Obs$ | 527 | 527 | 527 | 527 |

注：\*\*\*、\*\*、\*分别代表在1%、5%、10%的水平上显著。表中的系数估计值保留4位小数。参数估计结果下面的括号内数值为$t$统计量。为了避免混淆，本书设定$F_1$是对回归方程的拟合结果的联合显著性检验的统计量，相当于$OLS$中的$F$统计量，$F_2$检验则用来识别是否存在固定效应，原假设是不存在固定效应。$LM$检验是用来识别是否存在随机效应模型，原假设是不存在随机效应。$LM$检验在使用随机效应估计后才能进行，为了便于分析，本书也将$LM$检验结果报告在固定效应模型结果中。$Hausman$检验的原假设是随机效应模型设定正确。

表7-6　企业家精神、信息化程度影响中国工业绩效的稳健性检验二（被解释变量：ln$TFP$，$\delta=5\%$）

| 解释变量 | (1) | (2) | (3) | (4) |
|---|---|---|---|---|
| ln$EHC$ | 0.1700*** <br> (23.97) | | 0.1037*** <br> (14.70) | 0.1457*** <br> (14.39) |
| ln$IDI$ | | 0.8084*** <br> (25.29) | 0.5271*** <br> (16.08) | 0.4783*** <br> (14.52) |
| ln$EHC$×ln$IDI$ | | | | 0.0503*** <br> (5.63) |

续表

| 解释变量 | (1) | (2) | (3) | (4) |
|---|---|---|---|---|
| $\ln OWN$ | -0.1827*** | -0.0282 | -0.0814*** | -0.0586** |
|  | (-6.00) | (-0.93) | (-3.20) | (-2.35) |
| $\ln SIZE$ | 0.4395*** | 0.3273*** | 0.3480*** | 0.3592*** |
|  | (27.03) | (19.12) | (24.31) | (25.61) |
| $\ln TI$ | 0.0597*** | 0.0129 | 0.0203** | 0.0213** |
|  | (5.68) | (1.22) | (2.30) | (2.48) |
| $\ln APR$ | -1.6149*** | -1.7408*** | -1.9010*** | -1.8930*** |
|  | (-3.85) | (-4.28) | (-5.61) | (-5.76) |
| $\ln FCD$ | -0.0302*** | -0.0136 | -0.0158* | 0.0029 |
|  | (-2.83) | (-1.30) | (-1.82) | (0.32) |
| $\ln FZL$ | 0.0789 | 0.2480*** | 0.1660*** | 0.1656*** |
|  | (1.14) | (3.70) | (2.96) | (3.05) |
| $\ln TAT$ | 0.3597*** | 0.2635*** | 0.1956*** | 0.1283* |
|  | (4.38) | (3.27) | (2.91) | (1.94) |
| $\ln TOT$ | -0.3802*** | -0.1309* | -0.3211*** | -0.2381*** |
|  | (-5.39) | (-1.96) | (-5.62) | (-4.16) |
| $\ln PH$ | 0.2290*** | 0.0359 | 0.1321* | 0.0972 |
|  | (2.65) | (0.43) | (1.88) | (1.42) |
| $\ln MP$ | 0.2096*** | 0.1982*** | 0.2804*** | 0.2902*** |
|  | (3.89) | (3.80) | (6.41) | (6.84) |
| $C$ | 1.6654*** | 2.8945*** | 2.6327*** | 2.6523*** |
|  | (7.25) | (12.39) | (13.48) | (14.01) |
| $R^2$ | 0.9665 | 0.9684 | 0.9782 | 0.9795 |
| $F_1$ | 1272.42 | 1352.60 | 1807.45 | 1776.81 |
| $F_2$ | 70.22 | 66.73 | 96.03 | 97.71 |
| $LM$ | 1381.70 | 1358.55 | 1628.27 | 1555.03 |
| $Hausman$ | 52.56 | 58.41 | 51.18 | 53.58 |
| $Model$ | FE | FE | FE | FE |
| $Obs$ | 527 | 527 | 527 | 527 |

注：***、**、*分别代表在1%、5%、10%的水平上显著。表中的系数估计值保留4位小数。参数估计结果下面的括号内数值为 $t$ 统计量。为了避免混淆，本书设定 $F_1$ 是对回归方程的拟合结果的联合显著性检验的统计量，相当于 OLS 中的 $F$ 统计量，$F_2$ 检验则用来识别是否存在固定效应，原假设是不存在固定效应。LM 检验是用来识别是否存在随机效应模型，原假设是不存在随机效应。LM 检验在使用随机效应估计后才能进行，为了便于分析，本书也将 LM 检验结果报告在固定效应模型结果中。Hausman 检验的原假设是随机效应模型设定正确。

表 7-7　企业家精神、信息化程度影响中国工业绩效的稳健性检验三（被解释变量：$\ln TLP$）

| 解释变量 | (1) | (2) | (3) | (4) |
| --- | --- | --- | --- | --- |
| $\ln EHC$ | 0.1345*** | | 0.0604*** | 0.1332*** |
| | (12.56) | | (5.09) | (7.82) |
| $\ln IDI$ | | 0.7530*** | 0.5891*** | 0.5047*** |
| | | (16.39) | (10.68) | (9.12) |
| $\ln EHC \times \ln IDI$ | | | | 0.0870*** |
| | | | | (5.79) |
| $\ln OWN$ | -0.1077** | 0.0364 | 0.0054 | 0.0449 |
| | (-2.34) | (0.84) | (0.13) | (1.07) |
| $\ln SIZE$ | 0.4865*** | 0.3722*** | 0.3842*** | 0.4036*** |
| | (19.81) | (15.14) | (15.94) | (17.13) |
| $\ln TI$ | 0.1426*** | 0.0942*** | 0.0985*** | 0.1003*** |
| | (8.98) | (6.18) | (6.62) | (6.96) |
| $\ln APR$ | -0.9347 | -1.1610** | -1.2543** | -1.2406** |
| | (-1.48) | (-1.99) | (-2.20) | (-2.25) |
| $\ln FCD$ | -0.1066*** | -0.0892*** | -0.0905*** | -0.0582*** |
| | (-6.61) | (-5.96) | (-6.20) | (-3.83) |
| $\ln FZL$ | 0.0651 | 0.2102** | 0.1624* | 0.1618* |
| | (0.63) | (2.19) | (1.72) | (1.77) |
| $\ln TAT$ | 0.5797*** | 0.4358*** | 0.3963*** | 0.2799** |
| | (4.67) | (3.77) | (3.51) | (2.52) |
| $\ln TOT$ | -0.0999 | 0.0769 | -0.0339 | 0.1095 |
| | (-0.94) | (0.80) | (-0.35) | (1.14) |
| $\ln PH$ | 0.0943 | -0.0701 | -0.0141 | -0.0745 |
| | (0.72) | (-0.58) | (-0.12) | (-0.65) |
| $\ln MP$ | 0.1072 | 0.1385* | 0.1864** | 0.2034*** |
| | (1.32) | (1.85) | (2.53) | (2.85) |
| $C$ | 1.6958*** | 2.9293*** | 2.77688*** | 2.8107*** |
| | (4.88) | (8.73) | (8.45) | (8.83) |
| $R^2$ | 0.9450 | 0.9531 | 0.9555 | 0.9584 |
| $F_1$ | 757.65 | 896.24 | 865.84 | 855.62 |

续表

| 解释变量 | (1) | (2) | (3) | (4) |
|---|---|---|---|---|
| $F_2$ | 28.04 | 28.54 | 29.51 | 28.36 |
| LM | 799.15 | 938.01 | 963.29 | 867.10 |
| Hausman | 44.57 | 39.52 | 38.95 | 41.32 |
| Model | FE | FE | FE | FE |
| Obs | 527 | 527 | 527 | 527 |

注：***、**、*分别代表在1%、5%、10%的水平上显著。表中的系数估计值保留4位小数。参数估计结果下面的括号内数值为 $t$ 统计量。为了避免混淆，本书设定 $F_1$ 是对回归方程的拟合结果的联合显著性检验的统计量，相当于 OLS 中的 $F$ 统计量，$F_2$ 检验则用来识别是否存在固定效应，原假设是不存在固定效应。LM 检验是用来识别是否存在随机效应模型，原假设是不存在随机效应。LM 检验在使用随机效应估计后才能进行，为了便于分析，本书也将 LM 检验结果报告在固定效应模型结果中。Hausman 检验的原假设是随机效应模型设定正确。

（二）替换企业家精神测算指标

本章从两个方面扩展第五章关于企业家精神的内涵。第一，采用各地区私营和个体层面的企业家精神（ln$SBEA$）作为代理变量，稳健性检验四如表7-8的列（1）到列（3）所示，$SBEA$ 使用式（7-6）计算。

表7-8　　企业家精神、信息化程度影响中国工业绩效的
稳健性检验四和五（被解释变量：ln$APF$）

| 解释变量 | 稳健性检验四 ln$EHC$=ln$SBEA$ ||| 稳健性检验五 ln$EHC$=ln$SBEB$ |||
|---|---|---|---|---|---|---|
|  | (1) | (2) | (3) | (4) | (5) | (6) |
| ln$EHC$ | 0.3497*** | 0.20778*** | 0.3947*** | 0.3812*** | 0.19458*** | 0.3029*** |
|  | (6.55) | (4.16) | (7.15) | (9.23) | (4.37) | (6.76) |
| ln$IDI$ |  | 1.4977*** | 3.3390*** |  | 1.3138*** | 3.1133*** |
|  |  | (10.63) | (11.02) |  | (8.40) | (10.89) |
| ln$EHC$×ln$IDI$ |  |  | 0.3647*** * |  |  | 0.2255*** |
|  |  |  | (6.78) |  |  | (7.37) |
| ln$OWN$ | -0.1173 | 0.1039 | 0.0984 | -0.0958 | 0.0650 | 0.0700 |
|  | (-0.83) | (0.80) | (0.79) | (-0.71) | (0.51) | (0.57) |
| ln$SIZE$ | 0.9687*** | 0.7198*** | 0.7228*** | 0.8090*** | 0.6979*** | 0.6523*** |
|  | (12.05) | (9.45) | (9.92) | (9.94) | (9.03) | (8.86) |

## 第七章 企业家精神、信息化程度影响工业绩效的实证研究

续表

| 解释变量 | 稳健性检验四 lnEHC=lnSBEA | | | 稳健性检验五 lnEHC=lnSBEB | | |
|---|---|---|---|---|---|---|
| | (1) | (2) | (3) | (4) | (5) | (6) |
| ln*TI* | 0.1208** | -0.0129 | -0.0248 | 0.0936** | -0.0051 | 0.0011 |
| | (2.51) | (-0.29) | (-0.57) | (2.02) | (-0.11) | (0.02) |
| ln*APR* | -7.1383*** | -8.3920*** | -7.6169*** | -7.4066*** | -8.2367*** | -7.7731*** |
| | (-3.72) | (-4.84) | (-4.59) | (-4.02) | (-4.77) | (-4.74) |
| ln*FCD* | -0.2292*** | -0.2207*** | -0.1788*** | -0.1988*** | -0.2218*** | -0.1706*** |
| | (-4.42) | (-4.72) | (-3.96) | (-4.01) | (-4.78) | (-3.82) |
| ln*FZL* | -0.5266* | -0.4148 | -0.2075 | -0.7190** | -0.5391 | -0.3239 |
| | (-1.67) | (-1.46) | (-0.76) | (-2.37) | (-1.90) | (-1.19) |
| ln*TAT* | 1.0159*** | 0.2364 | 0.1571 | 0.4851 | 0.0990 | 0.0866 |
| | (2.74) | (0.69) | (0.48) | (1.33) | (0.29) | (0.26) |
| ln*TOT* | -0.8872*** | -1.1591*** | -0.5318* | -1.1265*** | -1.2487*** | -0.5401* |
| | (-2.83) | (-4.08) | (1.85) | (-3.72) | (-4.40) | (-1.89) |
| ln*PH* | 0.6193 | 0.6558* | 0.6052* | 0.3812 | 0.5921 | 0.7204** |
| | (1.54) | (1.81) | (1.75) | (0.98) | (1.63) | (2.09) |
| ln*MP* | 0.4371* | 0.8945*** | 0.7665*** | 0.6350*** | 0.9148*** | 0.7265*** |
| | (1.81) | (4.04) | (3.60) | (2.71) | (4.13) | (3.43) |
| C | 3.0475** | 4.9009*** | 5.3051*** | 5.4140*** | 5.3561*** | 5.1225*** |
| | (2.53) | (4.45) | (5.03) | (4.46) | (4.71) | (4.75) |
| $R^2$ | 0.8482 | 0.8770 | 0.8877 | 0.8595 | 0.8774 | 0.8898 |
| $F_1$ | 246.43 | 287.46 | 293.57 | 269.76 | 288.62 | 299.92 |
| $F_2$ | 15.17 | 14.16 | 13.79 | 16.47 | 14.62 | 13.95 |
| LM | 641.67 | 477.73 | 459.19 | 639.98 | 457.97 | 437.74 |
| Hausman | 28.87 | 37.25 | 40.05 | 36.92 | 40.61 | 36.67 |
| Model | FE | FE | FE | FE | FE | FE |
| Obs | 527 | 527 | 527 | 527 | 527 | 527 |

注：***、**、*分别代表在1%、5%、10%的水平上显著。表中的系数估计值保留4位小数。参数估计结果下面的括号内数值为 t 统计量。为了避免混淆，本书设定 $F_1$ 是对回归方程的拟合结果的联合显著性检验的统计量，相当于 OLS 中的 F 统计量，$F_2$ 检验则用来识别是否存在固定效应，原假设是不存在固定效应。LM 检验是用来识别是否存在随机效应模型，原假设是不存在随机效应。LM 检验在使用随机效应估计后才能进行，为了便于分析，本书也将 LM 检验结果报告在固定效应模型结果中。Hausman 检验的原假设是随机效应模型设定正确。

$$SBEA = \frac{QNSG}{POP} \times \frac{QBSGJY}{DQCY} \tag{7-6}$$

在式（7-6）中，QNSG 代表各省份全社会私营和个体企业数量，POP 代表各省份年末人口数，QBSGJY 代表各省份全社会私营企业和个体年底从业人员数，DQCY 代表各省份从业人员数，$\frac{QNSG}{POP}$ 代表各省份全社会每万人拥有的私营和个体企业数目，度量了企业家创业活动带来的数量效应，$\frac{QBSGJY}{DQCY}$ 代表各省份全社会私营企业和个体年底从业人员所占比例，反映了企业家创业活动带来的就业效应。式（7-6）与式（7-2）具有内在的一致性，只是将各省份规模以上口径扩展到各省份全社会口径，衡量的所有制企业从私营企业扩展到全社会私营和个体层面。

第二，采用各省份全社会私营层面的企业家精神（lnSBEB）作为企业家精神的代理变量，稳健性检验结果五如表 7-8 的列（4）到列（6）所示，SBEB 使用式（7-7）计算。

$$SBEB = \frac{QNSY}{POP} \times \frac{QBSYJY}{DQCY} \tag{7-7}$$

在式（7-7）中，QNSY 代表各省份全社会私营企业户数，POP 代表各地区年末人口数，QBSYJY 代表各省份全社会私营企业年底从业人员数，DQCY 代表各省份从业人员数，$\frac{QNSY}{POP}$ 代表各省份每万人拥有的私营企业户数，度量了企业家创业活动带来的数量效应，$\frac{QBSYJY}{DQCY}$ 代表各省份全社会私营企业年末从业人员所占比例，反映了企业家创业活动带来的就业效应。式（7-7）与式（7-2）具有内在的一致性，只是将各省份规模以上口径扩展到各省份全部工业口径。

（三）替换信息化程度指标

为了消除规模因素，本书尝试采用人均 ICT 资本存量来测度信息化程度。孙琳琳等（2012）将 ICT 资本划分为计算机、软件和通信设备，并且采用几何折旧模式计算折旧率，假设计算机、通信设备和软件的使用寿命分别为 11 年、28 年和 8.5 年，估计出三者的折旧率分别为 25.4%、11.5%和 31.5%。蔡跃洲和张钧南（2015）将 ICT 资本划分为 ICT 硬件和 ICT 软件，前者包括信息技术产业制造业，后者包括软件业，将二者的服务年限统一设定为 8 年,采用几何折旧法估算出折旧率为 33.13%。本书综合上述研究,通过改变 ICT 资本的内涵和设定不同的折旧率,并采用式(7-8)所表达的永续盘存法计算出 ICT 资本存量,并除以各省份年末人口数得到人均意义上的 ICT 资本存量。

$$K_t = \left(\frac{INV}{FPI}\right)_t + K_{t-1}(1-\delta) \tag{7-8}$$

在式(7-8)中,$K_t$ 为 $t$ 年的 ICT 固定资本存量,$INV$ 为 ICT 的固定资产投资,$FPI$ 为固定资产投资价格指数,$K_{t-1}$ 为前一年的 ICT 固定资本存量,$\delta$ 为折旧率。

第一,本书将各省份全社会计算机、通信和其他电子设备制造业划分为 ICT 硬件,信息传输、软件和信息技术服务业划分为 ICT 软件,在不同的折旧率下计算出三种 ICT 资本存量。

(a)本书参考孙琳琳等(2012)的做法,将 ICT 硬件的折旧率设定为 25.4%,[①] 后者的折旧率设定为 31.5%,得到人均 ICT 固定资本存量—(SIA)。稳健性检验六的结果如表 7-9 的列(1)到列(3)所示。

表 7-9　　企业家精神、信息化程度影响中国工业绩效的稳健性检验六和稳健性检验七(被解释变量:ln$APF$)

| 解释变量 | 稳健性检验六 ln$IDI$=ln$SIA$ ||| 稳健性检验七 ln$IDI$=ln$SIB$ |||
|---|---|---|---|---|---|---|
| | (1) | (2) | (3) | (4) | (5) | (6) |
| ln$EHC$ | | 0.1656*** (5.03) | 0.2631*** (6.94) | | 0.1738*** (5.63) | 0.2485*** (6.91) |
| ln$IDI$ | 0.4958*** (7.78) | 0.3881*** (5.90) | 0.30778*** (4.64) | 0.51968*** (8.13) | 0.4370*** (7.52) | 0.3357*** (5.08) |
| ln$EHC$×ln$IDI$ | | | 0.0794*** (4.88) | | | 0.0757*** (4.95) |
| ln$OWN$ | -0.0572 (-0.41) | -0.1051 (-0.77) | -0.0106 (-0.08) | -0.0504 (-0.36) | -0.1561 (-1.31) | -0.0009 (-0.01) |
| ln$SIZE$ | 0.9945*** (13.06) | 0.9679*** (13.00) | 1.0083*** (13.77) | 0.9686*** (12.67) | 0.8720*** (13.66) | 0.9874*** (13.43) |

---

① 在《中国工业统计年鉴》中各省份计算机、通信和其他电子设备制造业行业无法分离出计算机、通信设备行业,所以本书对计算机和通信设备行业的折旧率的设定分别进行尝试。

续表

| 解释变量 | 稳健性检验六 ln$IDI$=ln$SIA$ ||| 稳健性检验七 ln$IDI$=ln$SIB$ |||
|---|---|---|---|---|---|---|
| | (1) | (2) | (3) | (4) | (5) | (6) |
| ln$TI$ | 0.0185 | 0.0162 | 0.0387 | 0.0091 | -0.0080 | 0.0290 |
| | (0.37) | (0.33) | (0.80) | (0.18) | (-0.18) | (0.60) |
| ln$APR$ | -6.4556*** | -7.1364*** | -6.8843*** | -6.4657*** | -7.9067*** | -6.8744*** |
| | (-3.43) | (-3.88) | (-3.83) | (-3.46) | (-4.56) | (-3.85) |
| ln$FCD$ | -0.2201*** | -0.2342*** | -0.1851*** | -0.2073*** | -0.1653*** | -0.1730*** |
| | (-4.35) | (-4.73) | (-3.75) | (-4.09) | (-4.01) | (-3.51) |
| ln$FZL$ | -0.1900 | -0.3694 | -0.2842 | -0.1467 | -0.4117 | -0.2377 |
| | (-0.60) | (-1.19) | (-0.94) | (-0.47) | (-1.45) | (-0.79) |
| ln$TAT$ | 0.3635 | 0.1902 | -0.0628 | 0.2744 | 0.2878 | -0.1552 |
| | (0.95) | (0.51) | (-0.17) | (0.72) | (0.83) | (-0.42) |
| ln$TOT$ | -0.8073*** | -1.2104*** | -0.8339*** | -0.7516** | -1.4033*** | -0.7793** |
| | (-2.61) | (-3.88) | (-2.65) | (-2.44) | (-4.88) | (-2.49) |
| ln$PH$ | 0.8893** | 1.0397*** | 0.8082** | 0.8865** | 1.1270*** | 0.8016** |
| | (2.28) | (2.73) | (2.15) | (2.29) | (3.51) | (2.15) |
| ln$MP$ | 0.5664** | 0.7892*** | 0.7854*** | 0.5879** | 0.8454*** | 0.7976*** |
| | (2.37) | (3.32) | (3.38) | (2.47) | (3.82) | (3.45) |
| $C$ | 1.5227 | 1.6162 | 1.7577* | 1.5532 | 1.9427** | 1.8070* |
| | (1.42) | (1.54) | (1.72) | (1.46) | (2.04) | (1.78) |
| $R^2$ | 0.8532 | 0.8604 | 0.8670 | 0.8547 | 0.8609 | 0.8687 |
| $F_1$/$Wald$ | 256.17 | 248.68 | 242.20 | 259.28 | 2999.73 | 245.73 |
| $F_2$ | 12.53 | 11.45 | 12.54 | 12.34 | 11.31 | 12.41 |
| $LM$ | 456.64 | 430.24 | 475.27 | 457.11 | 434.46 | 481.74 |
| $Hausman$ | 26.39 | 20.20 | 26.86 | 24.36 | 17.98 | 24.29 |
| Model | FE | RE | FE | FE | RE | FE |
| Obs | 527 | 527 | 527 | 527 | 527 | 527 |

注：***、**、*分别代表在1%、5%、10%的水平上显著。表中的系数估计值保留4位小数。参数估计结果下面的括号内数值为 t 统计量。为了避免混淆，本书设定 $F_1$ 是对回归方程的拟合结果的联合显著性检验的统计量，相当于 OLS 中的 F 统计量，$F_2$ 检验则用来识别是否存在固定效应，原假设是不存在固定效应。LM 检验是用来识别是否存在随机效应模型，原假设是不存在随机效应。LM 检验在使用随机效应估计后才能进行，为了便于分析，本书也将 LM 检验结果报告在固定效应模型结果中。Hausman 检验的原假设是随机效应模型设定正确。

(b) 本书参考孙琳琳等（2012）的做法，将 ICT 硬件的折旧率设定为 11.5%，将 ICT 软件的折旧率设定为 31.5%，计算出人均 ICT 固定资本存量二（SIB）。稳健性检验结果如表 7-9 的列（4）到列（6）所示。

(c) 本书借鉴孙琳琳等（2012）的做法，本书假定 ICT 硬件的折旧率为计算机和通信设备二者折旧率的算术平均值，设定为 18.45%，并将 ICT 软件的折旧率设定为 31.5%，得到人均 ICT 固定资本存量三（SIAB）。稳健性检验结果如表 7-10 的列（1）到列（3）所示。

表 7-10　企业家精神、信息化程度影响中国工业绩效的稳健性检验八和稳健性检验九（被解释变量：ln*APF*）

| 解释变量 | 稳健性检验八 ln*IDI*=ln*SIAB* | | | 稳健性检验九 ln*IDI*=ln*TSI* | | |
|---|---|---|---|---|---|---|
| | (1) | (2) | (3) | (4) | (5) | (6) |
| ln*EHC* | | 0.1742*** | 0.2570*** | | 0.1687*** | 0.2728*** |
| | | (5.60) | (6.94) | | (5.09) | (7.02) |
| ln*IDI* | 0.5059*** | 0.4228*** | 0.3192*** | 0.4743*** | 0.3639*** | 0.2877*** |
| | (7.93) | (7.19) | (4.82) | (7.43) | (5.52) | (4.34) |
| ln*EHC*×ln*IDI* | | | 0.0777*** | | | 0.0806*** |
| | | | (4.90) | | | (4.85) |
| ln*OWN* | -0.0537 | -0.1636 | -0.0059 | -0.0736 | -0.1212 | -0.0251 |
| | (-0.38) | (-1.37) | (-0.04) | (-0.52) | (-0.88) | (-0.18) |
| ln*SIZE* | 0.9835*** | 0.8781*** | 0.9998*** | 1.0139*** | 0.9847*** | 1.0225*** |
| | (12.90) | (13.71) | (13.63) | (13.35) | (13.25) | (14.00) |
| ln*TI* | 0.0144 | 0.0049 | 0.0345 | 0.0261 | 0.0236 | 0.0453 |
| | (0.29) | (0.11) | (0.72) | (0.52) | (0.48) | (0.94) |
| ln*APR* | -6.4547*** | -7.8568*** | -6.8782*** | -6.3871*** | -7.0927*** | -6.8441*** |
| | (-3.44) | (-4.51) | (-3.83) | (-3.38) | (-3.84) | (-3.79) |
| ln*FCD* | -0.2143*** | -0.1658*** | -0.1797*** | -0.2291*** | -0.2428*** | -0.1933*** |
| | (-4.23) | (-4.00) | (-3.64) | (-4.52) | (-4.90) | (-3.91) |
| ln*FZL* | -0.1692 | -0.4468 | -0.2630 | -0.2293 | -0.4078 | -0.3227 |
| | (-0.54) | (-1.57) | (-0.87) | (-0.73) | (-1.32) | (-1.06) |
| ln*TAT* | 0.3230 | 0.3682 | -0.1042 | 0.4289 | 0.2477 | -0.0080 |
| | (0.85) | (1.07) | (-0.28) | (1.12) | (0.66) | (-0.02) |

续表

| 解释变量 | 稳健性检验八 lnIDI=lnSIAB | | | 稳健性检验九 lnIDI=lnTSI | | |
|---|---|---|---|---|---|---|
| | (1) | (2) | (3) | (4) | (5) | (6) |
| lnTOT | -0.7816** | -1.4574*** | -0.8104*** | -0.8461*** | -1.2488*** | -0.8738*** |
| | (-2.54) | (-5.07) | (-2.58) | (-2.73) | (-3.99) | (-2.77) |
| lnPH | 0.8855** | 1.1691*** | 0.8033** | 0.8877** | 1.0435*** | 0.8120** |
| | (2.28) | (3.63) | (2.15) | (2.27) | (2.73) | (2.15) |
| lnMP | 0.5759** | 0.8218*** | 0.7910*** | 0.5407** | 0.7701*** | 0.7704*** |
| | (2.41) | (3.70) | (3.42) | (2.25) | (3.23) | (3.31) |
| C | 1.5427 | 1.8440* | 1.7854* | 1.4459 | 1.5316 | 1.6859 |
| | (1.44) | (1.93) | (1.75) | (1.34) | (1.46) | (1.64) |
| $R^2$ | 0.8538 | 0.8598 | 0.8677 | 0.8517 | 0.8593 | 0.8658 |
| $F_1$ | 257.52 | 2969.43 | 243.71 | 253.28 | 246.28 | 239.72 |
| $F_2$ | 12.42 | 11.37 | 12.46 | 12.60 | 11.50 | 12.57 |
| LM | 455.61 | 431.10 | 476.70 | 455.72 | 427.54 | 471.77 |
| Hausman | 25.42 | 19.19 | 25.71 | 27.48 | 21.28 | 27.99 |
| Model | FE | RE | FE | FE | FE | FE |
| Obs | 527 | 527 | 527 | 527 | 527 | 527 |

注：***、**、*分别代表在1%、5%、10%的水平上显著。表中的系数估计值保留4位小数。参数估计结果下面的括号内数值为 t 统计量。为了避免混淆，本书设定 $F_1$ 是对回归方程的拟合结果的联合显著性检验的统计量，相当于 OLS 中的 F 统计量，$F_2$ 检验则用来识别是否存在固定效应，原假设是不存在固定效应。LM 检验是用来识别是否存在随机效应模型，原假设是不存在随机效应。LM 检验在使用随机效应估计后才能进行，为了便于分析，本书也将 LM 检验结果报告在固定效应模型结果中。Hausman 检验的原假设是随机效应模型设定正确。

第二，本书将各省份计算机、通信和其他电子设备制造业与信息传输、软件和信息技术服务业的固定资产投资统称为 ICT 投资，根据孙早和刘李华（2018）的研究，将 ICT 投资的折旧率统一设定为33.13%，计算出人均 ICT 固定资本存量四（TSI）。稳健性检验结果如表7-10的列（4）到列（6）所示。

通过将表7-5企业家精神变量、信息化程度变量及二者的交互项的稳健性检验结果到表7-10的企业家精神变量、信息化程度变量及二者的交互项的稳健性检验估计结果与表7-4的基本回归结果进行比较，发现信息化程度及其与企业家精神的交互项符号完全一致，并且也均通过了显著性检验。表明本书的估计结果不因指标选择的不同而发生实质性变化,从而保障了本书研究结论的稳健性,假说 6 和假说 7 仍然成立。

### 三 内生性检验

如果存在内生性问题,上文的基准估计结果可能不是一致估计。一方面企业家精神、信息化程度虽然显著提高了企业绩效,但是企业绩效的提高促进了技术进步和经济增长,反过来也会影响企业家创新创业精神的进一步发挥和信息化的建设(郭家堂和骆品亮,2016),因此二者可能暗含着双向因果关系。另一方面,由于目前该领域研究进展的局限性,不可避免地存在遗漏变量和指标测算误差问题。鉴于 sysGMM 两步法的优势,考虑到样本观测量的有限性,本书采用企业家精神、信息化程度变量指标及其交互项的滞后项分别作为其工具变量处理内生性问题。

表 7-11 显示了企业家精神、信息化程度影响中国工业创新能力的内生性检验结果。从表 7-11 中 sysGMM 两步法的估计结果来看,尽管列(1)中 AR(1)的伴随概率小于 0.05,拒绝了残差项一阶序列无自相关的原假设,但是所有列的 AR(2)的伴随概率均超过了 0.1,因此不能拒绝残差项二阶无自相关的原假设,表明本书的模型设置是有效的。全部 Sargan test 的伴随概率值都为 1,不能拒绝工具变量有效的原假设。将表 7-11 的企业家精神变量、信息化程度变量及二者的交互项的内生性检验估计结果与表 7-4 进行对照,发现不仅符号完全一致,而且均通过了显著性检验,表明本书的结论不因估计方法而发生根本改变,因而具有相当的可信度。假说 6 和假说 7 均最终成立。

表 7-11  企业家精神、信息化程度影响中国工业绩效的
内生性检验结果(被解释变量:lnAPF)

| 解释变量 | (1) | (2) | (3) | (4) |
| --- | --- | --- | --- | --- |
| L. lnAPF | 0.3896*** | 0.2847*** | 0.2643*** | 0.2368*** |
|  | (8.51) | (8.85) | (4.94) | (4.82) |
| lnEHC | 0.1398*** |  | 0.1002** | 0.3041*** |
|  | (3.35) |  | (2.05) | (2.64) |
| lnIDI |  | 1.6294*** | 1.3778*** | 1.3027*** |
|  |  | (9.70) | (5.49) | (5.64) |

续表

| 解释变量 | (1) | (2) | (3) | (4) |
|---|---|---|---|---|
| ln$EHC$×ln$IDI$ | | | | 0.2300*** |
| | | | | (3.10) |
| ln$OWN$ | -0.7981** | -0.1924*** | -0.6873 | -0.4876* |
| | (-2.04) | (-2.61) | (-1.51) | (-1.77) |
| ln$SIZE$ | 0.4081*** | 0.4983*** | 0.5385*** | 0.5744** |
| | (2.75) | (4.26) | (3.34) | (2.54) |
| ln$TI$ | 0.2708*** | -0.0005 | -0.1217 | -0.1719 |
| | (2.76) | (-0.00) | (-0.60) | (-0.52) |
| ln$APR$ | -9.8722*** | -14.5510*** | -12.6628*** | -17.1467*** |
| | (-3.09) | (-5.02) | (-5.35) | (-6.92) |
| ln$FCD$ | 0.0539 | 0.0161 | 0.0731 | 0.1815** |
| | (1.28) | (0.36) | (0.98) | (2.19) |
| ln$FZL$ | -0.7001 | -0.9910 | -0.9516 | -0.7757 |
| | (-1.22) | (-1.48) | (-1.56) | (-1.14) |
| ln$TAT$ | -1.0171** | -1.0263*** | -1.6278** | -1.6347*** |
| | (-2.42) | (-2.91) | (-2.35) | (-2.57) |
| ln$TOT$ | -0.2258 | -0.9675*** | -0.8483*** | -0.9069*** |
| | (-0.74) | (-3.83) | (-2.72) | (-2.81) |
| ln$PH$ | 2.2810** | 0.8533* | 1.6535*** | 1.5481** |
| | (2.44) | (1.68) | (2.96) | (2.22) |
| ln$MP$ | 0.8207*** | 1.5825*** | 1.5598*** | 1.8698*** |
| | (3.08) | (5.48) | (5.12) | (6.01) |
| $C$ | -3.2441 | 4.4874** | 2.3579 | 4.1109* |
| | (-1.25) | (2.40) | (1.52) | (1.76) |
| AR(1) | 0.0440 | 0.0588 | 0.0829 | 0.1113 |
| AR(2) | 0.1876 | 0.1210 | 0.1182 | 0.1524 |
| Sargan test | 1.0000 | 1.0000 | 1.0000 | 1.0000 |
| Model | sysGMM | sysGMM | sysGMM | sysGMM |
| Obs | 496 | 496 | 496 | 496 |

注：***、**、*分别代表在1%、5%、10%的水平上显著。表中的系数估计值保留4位小数。参数估计结果下面的括号内数值为对应的$z$统计量，AR(1)、AR(2)和Sargan test均显示了对应的$P$值。

## 第三节 省级面板数据下的时空差异检验

### 一 时期差异检验

前面的分析表明，信息化程度指标（lnIDI）也在2008年后从平稳发展阶段进入加速发展阶段。信息化程度在2008年前后的变化在很大程度上影响着其对企业家精神作用于绩效增长的调节作用。因此，本书将国际金融危机前（2000—2007）的 $dY$ 赋值为0，将国际金融危机后（2008—2016）的 $dY$ 赋值为1，并在式（7-1）中引入时间虚拟变量（$dY$）与企业家精神变量（lnQYJ）、信息化程度（lnIDI）及其交互项的（复合）交互项（$dY \times$lnEHC$\times$lnIDI）进行估计。估计结果如表7-12所示。

表7-12　　　　企业家精神、信息化程度与工业绩效：
时期差异检验（被解释变量：lnAPF）

| 解释变量 | 基准回归 | 替换 lnEHC | 替换 lnIDI | | | |
|---|---|---|---|---|---|---|
| | | lnEHC=lnENT | lnIDI=lnSIA | lnIDI=lnSIB | lnIDI=lnSIAB | lnIDI=lnTSI |
| | (1) | (2) | (3) | (4) | (5) | (6) |
| lnEHC | 0.0983 | 0.2486* | -0.0154 | -0.0225 | -0.0184 | -0.0121 |
| | (1.19) | (1.73) | (-0.32) | (-0.48) | (-0.39) | (-0.25) |
| lnIDI | 0.1933 | -0.6958* | -0.1985*** | -0.1874*** | -0.1943*** | -0.2019*** |
| | (0.81) | (-1.84) | (-3.07) | (-2.88) | (-3.00) | (-3.16) |
| lnEHC×lnIDI | 0.1686** | 0.3774*** | 0.0365 | 0.0309* | 0.0342* | 0.0382** |
| | (2.55) | (2.83) | (2.02) | (1.82) | (1.94) | (2.07) |
| dY×lnEHC | -0.2652*** | -0.4868*** | -0.1864*** | -0.1726*** | -0.1799*** | -0.1965*** |
| | (-3.64) | (-3.41) | (-4.26) | (-4.02) | (-4.16) | (-4.41) |
| dY×lnIDI | 0.6426** | 1.9380** | 0.3317*** | 0.3001*** | 0.3181*** | 0.3441*** |
| | (2.21) | (2.36) | (4.92) | (4.74) | (4.85) | (5.00) |
| dY×lnEHC×lnIDI | -0.1779 | -0.5152* | -0.1093*** | -0.0885** | -0.0999*** | -0.1178*** |
| | (-1.18) | (-1.79) | (-2.82) | (-2.42) | (-2.65) | (-2.97) |
| lnOWN | 0.1759 | 0.1903* | 0.1588 | 0.1544 | 0.1570 | 0.1590 |
| | 91.60 | (1.71) | (1.50) | (1.46) | (1.49) | (1.51) |
| lnSIZE | 0.2231** | 0.2656** | 0.1520 | 0.1604* | 0.1559 | 0.1485 |
| | (2.21) | (2.53) | (1.60) | (1.69) | (1.64) | (1.57) |

续表

| 解释变量 | 基准回归 | 替换 ln*EHC* | 替换 ln*IDI* | | | |
|---|---|---|---|---|---|---|
| | | ln*EHC* = ln*ENT* | ln*IDI* = ln*SIA* | ln*IDI* = ln*SIB* | ln*IDI* = ln*SIAB* | ln*IDI* = ln*TSI* |
| | (1) | (2) | (3) | (4) | (5) | (6) |
| ln*TI* | -0.1465*** | -0.1395*** | -0.1111*** | -0.1121*** | -0.1115*** | -0.1111*** |
| | (-3.74) | (-3.55) | (-2.85) | (-2.88) | (-2.84) | (-2.86) |
| ln*APR* | 1.4220 | 1.1004 | 2.4406 | 2.3046 | 2.3832 | 2.4948 |
| | (0.88) | (0.68) | (1.58) | (1.49) | (1.54) | (1.61) |
| ln*FCD* | -0.0836* | -0.0690 | -0.0894** | -0.0929** | -0.0908** | -0.0886** |
| | (-1.87) | (-1.55) | (-2.04) | (-2.12) | (-2.07) | (-2.03) |
| ln*FZL* | -0.0994 | -0.1042 | -0.1761 | -0.1692 | -0.1733 | -0.1777 |
| | (-0.41) | (-0.43) | (-0.74) | (-0.71) | (-0.73) | (-0.75) |
| ln*TAT* | -0.1565 | -0.0914 | -0.0186 | -0.0490 | -0.0321 | -0.0085 |
| | (-0.51) | (-0.30) | (-0.06) | (-0.16) | (-0.11) | (-0.03) |
| ln*TOT* | 0.2129 | 0.1178 | 0.4044 | 0.4243 | 0.4145 | 0.3976 |
| | (0.74) | (0.41) | (1.47) | (1.54) | (1.50) | (1.45) |
| ln*PH* | 0.5550* | 0.5911* | 0.7185** | 0.7328** | 0.7246** | 0.7169** |
| | (1.70) | (1.79) | (2.29) | (2.32) | (2.30) | (2.28) |
| ln*MP* | 0.0816 | 0.1051 | -0.1305 | -0.1322 | -0.1320 | -0.1305 |
| | (0.37) | (0.47) | (-0.62) | (-0.63) | (-0.63) | (-0.62) |
| *C* | -0.3749 | -0.8095 | -2.0206** | -2.0105** | -2.0193** | -2.0413** |
| | (-0.37) | (-0.80) | (-2.28) | (-2.27) | (-2.28) | (-2.30) |
| $R^2$ | 0.9237 | 0.9226 | 0.9272 | 0.9271 | 0.9272 | 0.9272 |
| $F_1$ | 175.58 | 172.82 | 184.61 | 184.43 | 184.56 | 184.79 |
| $F_2$ | 14.64 | 14.21 | 18.16 | 17.86 | 18.04 | 18.26 |
| *LM* | 547.73 | 535.62 | 713.49 | 710.44 | 711.96 | 713.46 |
| *Hausman* | 50.40 | 55.03 | 35.38 | 34.53 | 35.09 | 35.80 |
| *Model* | *FE* | *FE* | *FE* | *FE* | *FE* | *FE* |
| *Obs* | 527 | 527 | 527 | 527 | 527 | 527 |

注：***、**、*分别代表在1%、5%、10%的水平上显著。表中的系数估计值保留4位小数。参数估计结果下面的括号内数值为 *t* 统计量。为了避免混淆，本书设定 $F_1$ 是对回归方程的拟合结果的联合显著性检验的统计量，相当于 *OLS* 中的 *F* 统计量，$F_2$ 检验则用来识别是否存在固定效应，原假设是不存在固定效应。*LM* 检验是用来识别是否存在随机效应模型，原假设是不存在随机效应。*LM* 检验在使用随机效应估计后才能进行，为了便于分析，本书也将 *LM* 检验结果报告在固定效应模型结果中。*Hausman* 检验的原假设是随机效应模型设定正确。

如表7-12所示，列（1）分别以ln$EHC$、ln$IDI$衡量企业家精神水平和信息化程度作为基准回归，列（2）以ln$ENT$替换列（1）中的企业家精神指标（ln$EHC$），列（3）到列（6）分别以ln$SIA$、ln$SIB$、ln$SIAB$和ln$TSI$替换列（1）的信息化程度指标（ln$IDI$）进行稳健性分析。

从列（1）到列（6），信息化程度指标（ln$IDI$）的估计系数在绝大数情形下显著为负，而时间虚拟变量与信息化程度的交互项（$dY$×ln$IDI$）的估计系数均显著为正，且数值相对较大，这表明在国际金融危机前的2000—2007年，信息化程度的提高抑制了工业人均有效发明专利的增长，而在国际金融危机后的2008—2016年信息化进程的加快促进了专利的增长。随着信息化进入加速发展阶段，信息化与工业化深度融合，加快了技术扩散，促进了知识溢出，增强了信息技术的渗透效应，触发了企业大量互补性发明的链式反驱动，已经成为中国工业企业加速技术进步的新动能（郭家堂和骆品亮，2016；韩先锋等，2019）。

观察列（1）到列（6）中的（ln$EHC$×ln$IDI$）和（$dY$×ln$EHC$×ln$IDI$）的估计系数，发现前者均显著为正，后者在绝大多数情形下显著为负且数值较大，这表明，信息化程度的提高在国际金融危机发生前的2000—2007年显著增强了企业家精神的知识溢出效应，而在国际金融危机后的2008—2016年对企业家精神的知识溢出产生显著的负效应。这可能是因为，在国际金融危机后，要提高企业家精神的创新能力，单纯地依靠信息化的持续投入可能是不充分的，还需要企业家提高自身的组织管理能力，有效整合各类资源，促进信息化资源与企业的研发资源相互配合，开发新模式新业态，才能提高研发能力（汪淼军等，2006；董祺，2013）。

## 二 区域差异检验

一方面，全国各省份的信息化指标都具有明显的提高，表明信息化程度在全国所有省份都在提高，但是另一方面，各省份的信息化进程开始的先后、经济发展水平、信息基础设施、技术基础、人力资本等方面的不同导致信息化进程的推进表现出较大的区域差异，如第四章的表4-3所示，信息化发展程度高水平省份和中高水平省份主要分布在东部沿海地区，信息化发展程度中等、中低和低水平省份全部分布在中西部地区。因此，信息化程度在很大程度上对企业家精神知识溢出效应的调节效果在东部和中西部地区具有显著的区域差异。本书首先将全国分为东部和中西部地区，将中西部地区的 $dR$ 赋值为 0，将东部地区的 $dR$ 赋值为 1，并在式（7-1）中加入时间虚拟变量（$dR$）分别与企业家精神变量（$\ln EHC$）、信息化程度变量（$\ln IDI$）及其交互项的（复合）交互项（$dR\times\ln EHC\times\ln IDI$）进行估计。估计结果如表 7-13 所示。

表 7-13　　企业家精神、信息化程度与工业绩效：区域差异检验（被解释变量：$\ln APF$）

| 解释变量 | 基准回归 | 替换 $\ln EHC$ | 替换 $\ln IDI$ | | | |
|---|---|---|---|---|---|---|
| | | $\ln EHC=\ln ENT$ | $\ln IDI=\ln SIA$ | $\ln IDI=\ln SIB$ | $\ln IDI=\ln SIAB$ | $\ln IDI=\ln TSI$ |
| | (1) | (2) | (3) | (4) | (5) | (6) |
| $\ln EHC$ | 0.1803** | 0.5310*** | 0.1408** | 0.1440** | 0.1428*** | 0.1435** |
| | (2.24) | (3.63) | (2.27) | (2.38) | (2.33) | (2.28) |
| $\ln IDI$ | 0.0753 | -0.9802** | -0.2629*** | -0.2655*** | -0.2637*** | -0.2610*** |
| | (0.32) | (-2.52) | (-4.00) | (-4.03) | (-4.01) | (-4.02) |
| $\ln EHC\times\ln IDI$ | 0.1377** | 0.4705*** | 0.0960*** | 0.1002*** | 0.0983*** | 0.0950*** |
| | (2.13) | (3.58) | (4.28) | (4.60) | (4.43) | (4.20) |
| $dR\times\ln EHC$ | -0.4227*** | -0.8747*** | -0.3227*** | -0.3262*** | -0.3248*** | -0.3261*** |
| | (-4.91) | (-5.89) | (-4.97) | (-5.19) | (-5.08) | (-4.92) |
| $dR\times\ln IDI$ | 1.1475*** | 2.2958*** | 0.3535*** | 0.3616*** | 0.3578*** | 0.3543*** |
| | (5.45) | (5.06) | (4.59) | (4.79) | (4.68) | (4.55) |
| $dR\times\ln EHC\times\ln IDI$ | -0.2762*** | -0.5870*** | -0.0815*** | -0.0837*** | -0.0829*** | -0.0790** |
| | (-3.31) | (-3.49) | (-2.59) | (-2.75) | (-2.67) | (-2.48) |
| $\ln OWN$ | 0.3476*** | 0.3481*** | 0.2931*** | 0.2985*** | 0.2959*** | 0.2967*** |
| | (3.19) | (3.23) | (2.71) | (2.77) | (2.74) | (2.74) |
| $\ln SIZE$ | 0.3459*** | 0.4021*** | 0.3431*** | 0.3547*** | 0.3483*** | 0.3401*** |
| | (3.53) | (3.94) | (3.76) | (3.90) | (3.82) | (3.73) |
| $\ln TI$ | -0.1263*** | -0.1166*** | -0.1268*** | -0.1293*** | -0.1279*** | -0.1262*** |
| | (-3.15) | (-2.96) | (-3.16) | (-3.23) | (-3.19) | (-3.14) |
| $\ln APR$ | 0.1795 | 0.3001 | 1.3743 | 1.3821 | 1.3763 | 1.3649 |
| | (0.11) | (0.19) | (0.88) | (0.89) | (0.89) | (0.88) |
| $\ln FCD$ | -0.0645 | -0.0451 | -0.0886** | -0.0834** | -0.0863** | -0.0906** |
| | (-1.44) | (-1.03) | (-2.09) | (-1.97) | (-2.03) | (-2.14) |

续表

| 解释变量 | 基准回归 | 替换 ln*EHC* | 替换 ln*IDI* | | | |
|---|---|---|---|---|---|---|
| | | ln*EHC* = ln*ENT* | ln*IDI* = ln*SIA* | ln*IDI* = ln*SIB* | ln*IDI* = ln*SIAB* | ln*IDI* = ln*TSI* |
| | (1) | (2) | (3) | (4) | (5) | (6) |
| ln*FZL* | -0.1238 | -0.1649 | -0.2544 | -0.2374 | -0.2469 | -0.2584 |
| | (-0.53) | (-0.71) | (-1.07) | (-1.00) | (-1.04) | (-1.09) |
| ln*TAT* | -0.0581 | 0.1057 | 0.0613 | 0.0474 | 0.0552 | 0.0623 |
| | (0.19) | (0.35) | (0.19) | (0.15) | (0.17) | (0.20) |
| ln*TOT* | 0.0465 | 0.0313 | 0.0759 | 0.0910 | 0.0820 | 0.0751 |
| | (0.17) | (0.11) | (0.28) | (0.33) | (0.30) | (0.28) |
| ln*PH* | 0.6881** | 0.6439** | 0.4041 | 0.3934 | 0.3994 | 0.4018 |
| | (2.14) | (2.02) | (1.29) | (1.26) | (1.27) | (1.28) |
| ln*MP* | 0.0782 | 0.0630 | -0.0207 | -0.0286 | -0.0239 | -0.0150 |
| | (0.36) | (0.29) | (-0.10) | (-0.13) | (-0.11) | (-0.07) |
| C | 0.1158 | -0.3580 | -0.8514 | -0.8188 | -0.8349 | -0.8476 |
| | (0.12) | (-0.38) | (-0.98) | (-0.95) | (-0.96) | (-0.97) |
| $R^2$ | 0.9247 | 0.9264 | 0.9248 | 0.9253 | 0.9250 | 0.9247 |
| $F_1$ | 177.96 | 182.45 | 178.32 | 179.58 | 178.89 | 178.06 |
| $F_2$ | 16.66 | 16.49 | 17.08 | 16.73 | 16.93 | 17.27 |
| *LM* | 567.25 | 499.15 | 611.81 | 612.38 | 611.31 | 614.14 |
| *Hausman* | 65.98 | 76.31 | 48.85 | 46.15 | 47.78 | 50.01 |
| *Model* | *FE* | *FE* | *FE* | *FE* | *FE* | *FE* |
| *Obs* | 527 | 527 | 527 | 527 | 527 | 527 |

注：\*\*\*、\*\*、\*分别代表在1%、5%、10%的水平上显著。表中的系数估计值保留4位小数。参数估计结果下面的括号内数值为 $t$ 统计量。为了避免混淆，本书设定 $F_1$ 是对回归方程的拟合结果的联合显著性检验的统计量，相当于 *OLS* 中的 $F$ 统计量，$F_2$ 检验则用来识别是否存在固定效应，原假设是不存在固定效应。*LM* 检验是用来识别是否存在随机效应模型，原假设是不存在随机效应。*LM* 检验在使用随机效应估计后才能进行，为了便于分析，本书也将 *LM* 检验结果报告在固定效应模型结果中。*Hausman* 检验的原假设是随机效应模型设定正确。

在表7-13中，列（1）使用企业家精神指标（ln*EHC*）、信息化发展指标（ln*IDI*）进行基准回归，列（2）使用 ln*ENT* 替换列（1）中的企业家精神指标（ln*EHC*），列（3）到列（6）分别使用 ln*SIA*、ln*SIB*、ln*SIAB* 和 ln*TSI* 替换列（1）中（ln*IDI*）进行稳健性分析。

通过观察列（1）至列（6）发现，无论采用何种指标衡量企业家精神和信息化程度，信息化程度变量（ln*IDI*）的系数在绝大多数情形下显著为负，而区域虚拟变量与信息化程度变量的交互项（*dR*×ln*IDI*）的系数均为正，均通过了1%水平的显著性检验，数值较大，这表明信息化程度的提高在中西部地区反而显著抑制了专利的增长，在东部地区显著促进了专利的上升。这可能是因为中西部地区在经济发展潜力、技术创新能力等方面相对落后于东部地区，再加上中西部地区的信息化建设相对滞后，信息化程度相对较低，难以发挥信息化对企业创新的支撑作用，信息化的发展反而加剧了中西部与东部地区技术创新能力的差距，这也表明信息化的发展对促进中西部地区的技术创新还有很大的潜力（郑世林等，2014）。因此，中西部地区需要加快信息化建设，特别是信息基础设施建设，用先进的信息技术改造传统行业，激励技术创新，进一步释放信息化发展的创新效应。

表7-13的列（1）到列（6）还显示，无论采用何种企业家精神指标和信息化程度指标，企业家精神与信息化程度的交互项（ln*EHC*×ln*IDI*）的系数估计值在中西部地区均为正值，且在1%的水平上显著，区域虚拟变量与企业家精神变量和信息化程度变量的复合交互项（*dR*×ln*EHC*×ln*IDI*）的系数均显著为负，但在大多数情形下数值较小，这表明，无论在东部地区还是在中西部地区，信息化程度的提高均能够显著增强企业家精神的知识溢出效应，且这种正效应在中西部地区相对较大。这可能是因为，东部地区的企业信息化程度较高，单纯的信息化投入无法进一步增强企业的创新能力，可能还需要企业家进行管理创新，将信息技术的利用与企业其他资源（如研发资源等）深度融合才能实现进一步提高创新能力（董祺，2012）；在广大的中西部地区，经济发展相对落后，企业家更需要信息化改造传统的生产经营方式来促进企业的技术进步，信息化程度的提高增加了企业家职业的收益，促进更多的企业家致力于创新创业活动，因此信息化程度的提高在中西部对企业家精神的知识溢出效应的促进作用更大（韩先锋等，2019）。

## 第四节 信息化分项指标的影响

为了全面地考察信息化程度对企业家创新精神的影响，本书进一步考察信息化的五个分项指标即信息基础设施建设（INF）、产业技术（IST）、应用消费（IAC）、知识支撑（IKS）与发展效果（IDE）对企业家精神知识溢出效应的调节作用。从信息化五个分项指标对企业家创新绩效的调节作用的角度对新一轮信息化建设的方向和重点做出研判。

### 一 信息基础设施建设的影响

本书在式（7-1）中采用信息基础设施建设指标（INF）替换信息化发展指标（IDI），估计了信息基础设施建设及其与企业家精神交互项（lnEHC×lnINF）对工业创新绩效的影响，其他控制变量不变。估计结果如表7-14所示。在表7-14中，列（1）给出了式（7-1）中的基准回归结果。列（2）到列（4）分别使用人均发明专利（lnPIP）、SFA框架下计算的全要素生产率（lnTFP）、全员劳动生产率（lnTLP）代替列（1）中的人均有效发明专利（lnAPF），列（5）和列（6）分别采用各省份私营和个体层面的企业家精神（lnSBEA）、各省份私营层面的企业家精神（lnSBEB）替换列（1）中的企业家精神（lnEHC）做稳健性检验。[①]

表7-14 企业家精神与工业绩效：信息基础设施建设的影响

| 解释变量 | 基准回归 被解释变量 lnAPF | 替换 lnAPF lnAPF= lnPIP | 替换 lnAPF lnAPF= lnTFP | 替换 lnAPF lnAPF= lnTLP | 替换 lnEHC lnEHC= lnSBEA | 替换 lnEHC lnEHC= lnSBEB |
|---|---|---|---|---|---|---|
| | （1） | （2） | （3） | （4） | （5） | （6） |
| lnEHC | 0.4367*** (7.40) | 0.4768*** (9.88) | 0.2104*** (16.70) | 0.2082*** (10.93) | 0.5910*** (9.66) | 0.4902*** (10.97) |
| lnINF | 0.2207** (1.97) | 0.1890** (2.05) | 0.1039*** (4.32) | 0.1256*** (3.45) | 2.1274*** (9.22) | 1.8022*** (8.53) |

---

[①] 下文关于信息化发展其他四个分项指标产业技术（IST）、应用消费（IAC）、知识支撑（IKS）与发展效果（IDE）的分析与信息基础设施建设（INF）的处理类似，不再赘述。

续表

| 解释变量 | 基准回归 被解释变量 ln$APF$ | 替换 ln$APF$ ln$APF$ = ln$PIP$ | 替换 ln$APF$ ln$APF$ = ln$TFP$ | 替换 ln$APF$ ln$APF$ = ln$TLP$ | 替换 ln$EHC$ ln$EHC$ = ln$SBEA$ | 替换 ln$EHC$ ln$EHC$ = ln$SBEB$ |
|---|---|---|---|---|---|---|
|  | (1) | (2) | (3) | (4) | (5) | (6) |
| ln$EHC$×ln$INF$ | 0.1746*** | 0.2111*** | 0.0400*** | 0.0669*** | 0.2909*** | 0.1634*** |
|  | (5.28) | (7.78) | (5.65) | (6.24) | (7.56) | (7.40) |
| ln$OWN$ | -0.1746 | -0.0978 | -0.1521*** | -0.0616 | -0.0831 | -0.0680 |
|  | (-1.30) | (-0.89) | (-5.28) | (-1.41) | (-0.64) | (-0.54) |
| ln$SIZE$ | 0.9932*** | 0.7221*** | 0.3993*** | 0.4350*** | 0.7785*** | 0.6436*** |
|  | (12.48) | (11.05) | (23.40) | (16.86) | (9.61) | (7.95) |
| ln$TI$ | 0.0902* | 0.1033*** | 0.0490*** | 0.1294*** | 0.0251 | 0.0355 |
|  | (1.91) | (2.66) | (4.84) | (8.44) | (0.55) | (0.80) |
| ln$APR$ | -6.5309*** | -5.8688*** | -1.4424*** | -0.6738 | -5.5095*** | -6.2313*** |
|  | (-3.56) | (-3.89) | (-3.66) | (-1.13) | (-3.10) | (-3.61) |
| ln$FCD$ | -0.2097*** | -0.2021*** | -0.0007 | -0.0595*** | -0.1703*** | -0.1344*** |
|  | (-4.14) | (-4.86) | (-0.06) | (-3.62) | (-3.53) | (-2.86) |
| ln$FZL$ | -0.4415 | -0.3315 | 0.1437** | 0.1763* | -0.2153 | -0.3628 |
|  | (-1.43) | (-1.31) | (2.18) | (1.77) | (-0.73) | (-1.26) |
| ln$TAT$ | 0.4376 | 0.8705*** | 0.2494*** | 0.4244*** | 0.5076 | 0.2566 |
|  | (-1.20) | (2.90) | (3.18) | (3.58) | (1.45) | (0.74) |
| ln$TOT$ | -1.0349*** | -1.0984*** | -0.2648*** | 0.0696 | -0.1866 | -0.3795 |
|  | (-3.28) | (-4.24) | (-3.91) | (0.68) | (-0.62) | (-1.28) |
| ln$PH$ | 0.9585** | 0.8783*** | 0.1536* | -0.0209 | 0.6063 | 0.6122* |
|  | (2.52) | (2.81) | (1.88) | (-0.17) | (1.64) | (1.69) |
| ln$MP$ | 0.6306*** | 0.5854*** | 0.2059*** | 0.0993 | 0.3184 | 0.4079* |
|  | (2.68) | (3.03) | (4.07) | (1.30) | (1.41) | (1.83) |
| $C$ | 0.9423 | 0.8812 | 1.9901*** | 2.1469*** | 4.6605*** | 5.7025*** |
|  | (0.92) | (1.04) | (9.03) | (6.44) | (4.14) | (5.02) |
| $R^2$ | 0.8618 | 0.8786 | 0.9706 | 0.9517 | 0.8719 | 0.8780 |
| $F_1$ | 231.73 | 268.92 | 1228.49 | 731.94 | 252.80 | 267.29 |
| $F_2$ | 13.41 | 19.28 | 74.30 | 29.61 | 15.09 | 16.04 |
| $LM$ | 545.83 | 886.18 | 1586.93 | 951.69 | 654.22 | 641.61 |
| Hausman | 29.04 | 25.96 | 48.19 | 38.63 | 28.76 | 31.66 |

续表

| 解释变量 | 基准回归 | 替换 ln$APF$ | | | 替换 ln$EHC$ | |
|---|---|---|---|---|---|---|
| | 被解释变量 ln$APF$ | ln$APF$ = ln$PIP$ | ln$APF$ = ln$TFP$ | ln$APF$ = ln$TLP$ | ln$EHC$ = ln$SBEA$ | ln$EHC$ = ln$SBEB$ |
| | (1) | (2) | (3) | (4) | (5) | (6) |
| Model | FE | FE | FE | FE | FE | FE |
| Obs | 527 | 527 | 527 | 527 | 527 | 527 |

注：***、**、*分别代表在1%、5%、10%的水平上显著。表中的系数估计值保留4位小数。参数估计结果下面的括号内数值为 $t$ 统计量。为了避免混淆，本书设定 $F_1$ 是对回归方程的拟合结果的联合显著性检验的统计量，相当于 OLS 中的 $F$ 统计量，$F_2$ 检验则用来识别是否存在固定效应，原假设是不存在固定效应。LM 检验是用来识别是否存在随机效应模型，原假设是不存在随机效应。LM 检验在使用随机效应估计后才能进行，为了便于分析，本书也将 LM 检验结果报告在固定效应模型结果中。Hausman 检验的原假设是随机效应模型设定正确。

如表 7-14 所示，无论是替换人均有效发明专利（ln$APF$）的列（2）到列（4），还是替换企业家精神（ln$EHC$）的列（5）和列（6），信息基础设施建设指标（ln$INF$）及其与企业家精神的交互项（ln$EHC$×ln$INF$）的符号为正，且均通过了显著检验。这表明信息基础设施建设的改善不仅提高了企业的创新绩效，而且有利于企业家创新精神的发挥。信息基础设施是信息化推进的物质载体，一个地区信息基础设施的建设会降低企业家收集信息、搜寻服务的成本，拓宽获取知识信息的渠道，有助于企业家能准确地研发方向和重点，扩大交易范围，减少企业管理过程中的 X-非效率，有利于与高等院校、科研院所建立高效、协同的研发平台和网络，提高研发效率（孙早和徐远华，2018）。

### 二 产业技术发展的影响

如表 7-15 所示，无论是替换人均有效发明专利（ln$APF$）的列（2）到列（4），还是替换企业家精神（ln$EHC$）的列（5）和列（6），产业技术发展指标（ln$IST$）及其与企业家精神的交互项（ln$EHC$×ln$IST$）的系数均为正值，且都在 1% 的水平上高度显著。这表明产业技术的发展改善了企业家的创新绩效。产业技术指数在很大程度上决定了信息产业的发展水平，直接反映了信息化的进程，也影响到社会公众能够享受到信息化产品的质量。产业技术水平可以用人均电信业产值和发明专利申请量衡量。人均电信业产值的提高，意味着信息产业获得了迅速发展，这会加快知识信息在更大范围、更深层次的扩散速度从而提高企业创新绩效；

发明专利申请量的增加，意味着信息技术领域的研究成果不断涌现，这不但会增强企业家创新的技术基础，还会吸引企业家创建新企业，重新组合生产要素，加快发明专利商业化进程（Acs et al., 2012）。

表 7-15　　企业家精神与工业绩效：产业技术发展的影响

| 解释变量 | 基准回归 被解释变量 $\ln APF$ | 替换 $\ln APF$ $\ln APF=$ $\ln PIP$ | 替换 $\ln APF$ $\ln APF=$ $\ln TFP$ | 替换 $\ln APF$ $\ln APF=$ $\ln TLP$ | 替换 $\ln EHC$ $\ln EHC=$ $\ln SBEA$ | 替换 $\ln EHC$ $\ln EHC=$ $\ln SBEB$ |
|---|---|---|---|---|---|---|
|  | (1) | (2) | (3) | (4) | (5) | (6) |
| $\ln EHC$ | 0.2564*** | 0.2664*** | 0.1557*** | 0.1493*** | 0.3713*** | 0.3312*** |
|  | (5.42) | (6.92) | (15.56) | (9.69) | (7.21) | (7.57) |
| $\ln IST$ | 0.3633*** | 0.3624*** | 0.1431*** | 0.1297*** | 1.8440*** | 1.5377*** |
|  | (4.10) | (5.03) | (7.64) | (4.49) | (10.31) | (9.77) |
| $\ln EHC \times \ln IST$ | 0.1061*** | 0.1283*** | 0.0147*** | 0.0432*** | 0.2470*** | 0.1346*** |
|  | (3.98) | (5.91) | (2.61) | (4.98) | (7.69) | (7.90) |
| $\ln OWN$ | −0.0391 | 0.0458 | −0.1148*** | −0.0146 | 0.0272 | 0.0136 |
|  | (−0.29) | (0.42) | (−4.04) | (−0.33) | (0.21) | (0.11) |
| $\ln SIZE$ | 0.9703*** | 0.6950*** | 0.3912*** | 0.4429*** | 0.7804*** | 0.6692*** |
|  | (12.78) | (11.25) | (24.37) | (17.91) | (10.45) | (8.83) |
| $\ln TI$ | 0.0299 | 0.0364 | 0.0317*** | 0.1114*** | −0.0171 | 0.0054 |
|  | (0.63) | (0.95) | (3.17) | (7.25) | (−0.38) | (0.12) |
| $\ln APR$ | −6.8213*** | −6.2181*** | −1.5180*** | −0.8108 | −6.6086*** | −7.0763*** |
|  | (−3.80) | (−4.25) | (−3.99) | (−1.39) | (−3.87) | (−4.20) |
| $\ln FCD$ | −0.2034*** | −0.1994*** | −0.0025 | −0.0581*** | −0.1326*** | −0.1115** |
|  | (−4.12) | (−4.97) | (−0.24) | (−3.61) | (−2.82) | (−2.41) |
| $\ln FZL$ | −0.5989** | −0.5342** | 0.1074* | 0.1201 | −0.2368 | −0.3504 |
|  | (−2.02) | (−2.21) | (1.71) | (1.24) | (−0.83) | (−1.25) |
| $\ln TAT$ | 0.1456 | 0.5516* | 0.1734** | 0.3412*** | 0.2106 | 0.0938 |
|  | (0.40) | (1.87) | (2.27) | (2.89) | (0.61) | (0.28) |
| $\ln TOT$ | −0.8698*** | −0.9294*** | −0.2207*** | 0.1101 | −0.1030 | −0.2815 |
|  | (−2.80) | (−3.67) | (−3.36) | (1.09) | (−0.36) | (−0.97) |
| $\ln PH$ | 0.6125 | 0.5257* | 0.0424 | −0.1395 | 0.2355 | 0.4371 |
|  | (1.61) | (1.70) | (0.53) | (−1.13) | (0.65) | (1.22) |

续表

| 解释变量 | 基准回归 | 替换 ln$APF$ | | | 替换 ln$EHC$ | |
|---|---|---|---|---|---|---|
| | 被解释变量<br>ln$APF$ | ln$APF$ =<br>ln$PIP$ | ln$APF$ =<br>ln$TFP$ | ln$APF$ =<br>ln$TLP$ | ln$EHC$ =<br>ln$SBEA$ | ln$EHC$ =<br>ln$SBEB$ |
| | (1) | (2) | (3) | (4) | (5) | (6) |
| ln$MP$ | 0.7275*** | 0.6976*** | 0.2289*** | 0.1348* | 0.5664*** | 0.5765*** |
| | (3.15) | (3.71) | (4.69) | (1.79) | (2.62) | (2.68) |
| $C$ | 1.9655* | 1.9816** | 2.2859*** | 2.4415*** | 4.7110*** | 5.0311*** |
| | (1.91) | (2.37) | (10.52) | (7.29) | (4.34) | (4.53) |
| $R^2$ | 0.8672 | 0.8855 | 0.9762 | 0.9532 | 0.8804 | 0.8831 |
| $F_1$ | 242.63 | 287.33 | 1317.83 | 756.09 | 273.11 | 280.80 |
| $F_2$ | 13.39 | 17.69 | 72.35 | 28.66 | 14.07 | 13.90 |
| $LM$ | 488.03 | 721.67 | 1369.92 | 828.19 | 551.84 | 535.43 |
| Hausman | 37.52 | 31.03 | 55.27 | 48.05 | 25.40 | 23.38 |
| Model | FE | FE | FE | FE | FE | FE |
| Obs | 527 | 527 | 527 | 527 | 527 | 527 |

注：\*\*\*、\*\*、\*分别代表在1%、5%、10%的水平上显著。表中的系数估计值保留4位小数。参数估计结果下面的括号内数值为$t$统计量。为了避免混淆，本书设定$F_1$是对回归方程的拟合结果的联合显著性检验的统计量，相当于$OLS$中的$F$统计量，$F_2$检验则用来识别是否存在固定效应，原假设是不存在固定效应。$LM$检验是用来识别是否存在随机效应模型，原假设是不存在随机效应。$LM$检验在使用随机效应估计后才能进行，为了便于分析，本书也将$LM$检验结果报告在固定效应模型结果中。Hausman检验的原假设是随机效应模型设定正确。

### 三　应用消费升级的影响

如表7-16所示，无论是替换人均有效发明专利（ln$APF$）的列（2）到列（4），还是替换企业家精神（ln$EHC$）的列（5）和列（6），应用消费变量（ln$IAC$）的系数均为正值，且都在1%的水平上高度显著。应用消费升级指标（ln$IAC$）与企业家精神的交互项（ln$IAC$×ln$EHC$）的系数只有在列（3）中的估计值出现异常，包括基准结果的其余各列的估计值均在1%的水平上显著为正，这表明应用消费升级不仅对企业创新绩效的提高具有显著的积极作用，而且在整体上对企业家的创新产出起到了正向调节效应。应用消费指数的上升意味着互联网普及率及人均信息消费额的提高。随着互联网普及率的提高，企业会通过"互联网+"构建平台经济，发挥互联网的网络效应和渗透效应，促进企业自身的技术进步和创新发展（Koutroumpis，2009）。人们对信息产品极致化、差异化、个性化需求的提高不但会促进潜在的企业家开办新企业，配置各类资源，发现新市场，还会对在位企业家的创新方向提出新的要求，从而激励企业家增加研发投资（Hanoteau 和 Rosa，2019），这实际上反映了人们对信息消费的创新需求对企业家创新绩效的促进作用（孙早和刘李华，2019）。

表 7-16　企业家精神与工业绩效：应用消费升级的影响

| 解释变量 | 基准回归 被解释变量 ln*APF* | 替换 ln*APF* ln*APF* = ln*PIP* | 替换 ln*APF* ln*APF* = ln*TFP* | 替换 ln*APF* ln*APF* = ln*TLP* | 替换 ln*EHC* ln*EHC* = ln*SBEA* | 替换 ln*EHC* ln*EHC* = ln*SBEB* |
|---|---|---|---|---|---|---|
| | (1) | (2) | (3) | (4) | (5) | (6) |
| ln*EHC* | 0.1963*** | 0.2179*** | 0.0743*** | 0.0969*** | 0.4798*** | 0.4075*** |
| | (2.87) | (3.89) | (6.07) | (4.48) | (8.48) | (9.26) |
| ln*IAC* | 0.4990*** | 0.4957*** | 0.3196*** | 0.2579*** | 1.7379*** | 1.6323*** |
| | (4.53) | (5.48) | (16.22) | (7.40) | (10.81) | (11.05) |
| ln*EHC*×ln*IAC* | 0.0758*** | 0.0962*** | -0.0001 | 0.0257*** | 0.2182*** | 0.1407*** |
| | (2.99) | (4.63) | (-0.03) | (3.20) | (7.64) | (8.65) |
| ln*OWN* | 0.0318 | 0.1220 | -0.0515** | 0.0358 | 0.1016 | 0.0741 |
| | (0.29) | (1.07) | (-2.07) | (0.81) | (0.80) | (0.60) |
| ln*SIZE* | 0.8175*** | 0.5445*** | 0.2612*** | 0.3438*** | 0.6183*** | 0.5076*** |
| | (8.72) | (7.08) | (15.57) | (11.58) | (7.62) | (6.37) |
| ln*TI* | 0.0190 | 0.0270 | 0.0062 | 0.0954*** | -0.0499 | -0.0099 |
| | (0.39) | (0.68) | (0.71) | (6.20) | (-1.11) | (-0.23) |
| ln*APR* | -5.7039*** | -5.1393*** | -0.6824** | -0.1854 | -4.8007*** | -5.6679*** |
| | (-3.10) | (-3.40) | (-2.07) | (-0.32) | (-2.82) | (-3.43) |
| ln*FCD* | -0.2435*** | -0.2394*** | -0.0181** | -0.0747*** | -0.1752*** | -0.1363*** |
| | (-4.83) | (-5.78) | (-2.01) | (-4.68) | (-3.80) | (-3.02) |
| ln*FZL* | -0.7968*** | -0.7486*** | 0.0304 | 0.0318 | -0.5877** | -0.6853** |
| | (-2.66) | (-3.05) | (0.57) | (0.34) | (-2.10) | (-2.52) |
| ln*TAT* | 0.1746 | 0.5637* | 0.1410** | 0.3142*** | 0.0731 | -0.0828 |
| | (0.48) | (1.88) | (2.15) | (2.71) | (0.22) | (-0.25) |
| ln*TOT* | -0.6975** | -0.7436*** | -0.0682 | 0.2335** | 0.0510 | 0.0108 |
| | (-2.17) | (-2.81) | (-1.18) | (2.29) | (0.17) | (0.04) |

续表

| 解释变量 | 基准回归 被解释变量 ln$APF$ | 替换 ln$APF$ ln$APF$=ln$PIP$ | 替换 ln$APF$ ln$APF$=ln$TFP$ | 替换 ln$APF$ ln$APF$=ln$TLP$ | 替换 ln$EHC$ ln$EHC$=ln$SBEA$ | 替换 ln$EHC$ ln$EHC$=ln$SBEB$ |
|---|---|---|---|---|---|---|
|  | (1) | (2) | (3) | (4) | (5) | (6) |
| ln$PH$ | 1.0203*** (2.70) | 0.9373*** (3.03) | 0.1955*** (2.89) | 0.0121 (0.10) | 0.7176** (2.03) | 0.8378** (2.40) |
| ln$MP$ | 0.4864** (2.03) | 0.4616** (2.35) | 0.0749* (1.75) | 0.0126 (0.17) | 0.3164 (1.48) | 0.3473* (1.65) |
| $C$ | 0.7123 (0.71) | 0.7019 (0.85) | 1.8825*** (10.49) | 2.0082*** (6.33) | 3.6852*** (3.46) | 4.1114*** (3.76) |
| $R^2$ | 0.8648 | 0.8813 | 0.9800 | 0.9549 | 0.8829 | 0.8887 |
| $F_1$ | 237.60 | 275.95 | 1819.68 | 787.22 | 280.09 | 296.72 |
| $F_2$ | 12.09 | 16.89 | 101.23 | 31.07 | 13.34 | 13.62 |
| $LM$ | 431.45 | 742.88 | 1944.03 | 991.23 | 523.21 | 519.09 |
| $Hausman$ | 32.09 | 25.86 | 34.79 | 34.63 | 21.34 | 19.97 |
| $Model$ | $FE$ | $FE$ | $FE$ | $FE$ | $FE$ | $FE$ |
| $Obs$ | 527 | 527 | 527 | 527 | 527 | 527 |

注：***、**、*分别代表在1%、5%、10%的水平上显著。表中的系数估计值保留4位小数。参数估计结果下面的括号内数值为 $t$ 统计量。为了避免混淆，本书设定 $F_1$ 是对回归方程的拟合结果的联合显著性检验的统计量，相当于 OLS 中的 $F$ 统计量，$F_2$ 检验则用来识别是否存在固定效应，原假设是不存在固定效应。LM 检验是用来识别是否存在随机效应模型，原假设是不存在随机效应。LM 检验在使用随机效应估计后才能进行，为了便于分析，本书也将 LM 检验结果报告在固定效应模型结果中。Hausman 检验的原假设是随机效应模型设定正确。

### 四 知识支撑增强的影响

如表7-17所示，无论是替换人均有效发明专利（ln$APF$）的列（2）到列（4），还是替换企业家精神（ln$EHC$）的列（5）和列（6），知识支撑变量（ln$IKS$）的系数均为正值，且通过了显著性检验。知识支撑变量与企业家精神的交互项（ln$EHC$×ln$IKS$）的系数都为正，且均在1%的水平上显著为正，这表明知识支撑的增强不仅对企业创新绩效的提高具有显著的积极作用，而且促进了企业家创新精神的进一步发挥。知识支撑的增强表明信息产业从业人数的增加及教育指数的上升，即人力资本的提升。前者表明信息产业的不断扩张与延伸，加速信息技术向传统领域

(煤炭等）与高技术领域（生物医药等）企业的融合与渗透，提高企业生产的智能化和技术水平（孙早和徐远华，2018）。后者意味着人们更易于接受互联网思维方式，有利于信息技术应用能力的提高。高技能人才更能与 ICT 有效匹配强化 ICT 的生产率提升效应，因而这为企业家提供了坚实的人力资源基础（孙早和刘李华，2018；何小钢等，2019）。

表 7-17　　　　企业家精神与工业绩效：知识支撑增强的影响

| 解释变量 | 基准回归 被解释变量 $\ln APF$ | 替换 $\ln APF$ $\ln APF = \ln PIP$ | 替换 $\ln APF$ $\ln APF = \ln TFP$ | 替换 $\ln APF$ $\ln APF = \ln TLP$ | 替换 $\ln EHC$ $\ln EHC = \ln SBEA$ | 替换 $\ln EHC$ $\ln EHC = \ln SBEB$ |
|---|---|---|---|---|---|---|
|  | （1） | （2） | （3） | （4） | （5） | （6） |
| $\ln EHC$ | 0.3132*** | 0.3362*** | 0.1806*** | 0.1578*** | 0.5036*** | 0.4729*** |
|  | (6.78) | (9.09) | (17.94) | (10.45) | (8.37) | (11.05) |
| $\ln IKS$ | 0.4831* | 0.7212*** | 0.2123*** | 0.3226*** | 4.8157*** | 4.2821*** |
|  | (1.92) | (3.61) | (3.86) | (3.91) | (6.50) | (6.91) |
| $\ln EHC \times \ln IKS$ | 0.3733*** | 0.4903*** | 0.0644** | 0.1253*** | 0.7730*** | 0.4146*** |
|  | (3.25) | (5.24) | (2.57) | (3.33) | (5.54) | (5.64) |
| $\ln OWN$ | -0.2726** | -0.2442** | -0.1808*** | -0.1040** | -0.1576 | -0.1431 |
|  | (-2.00) | (-2.38) | (-6.10) | (-2.34) | (-1.16) | (-1.11) |
| $\ln SIZE$ | 1.0462*** | 0.7186*** | 0.4220*** | 0.4591*** | 0.8772*** | 0.6601*** |
|  | (13.98) | (12.92) | (25.88) | (18.77) | (11.11) | (8.21) |
| $\ln TI$ | 0.1045** | 0.1158*** | 0.0571*** | 0.1381*** | 0.0967** | 0.0701 |
|  | (2.22) | (3.14) | (5.57) | (8.99) | (2.10) | (1.58) |
| $\ln APR$ | -6.9485*** | -5.9072*** | -1.5605*** | -0.8426 | -6.11288** | -7.0524*** |
|  | (-3.71) | (-3.95) | (-3.83) | (-1.38) | (-3.32) | (-4.02) |
| $\ln FCD$ | -0.2606*** | -0.2015*** | -0.0174 | -0.0826*** | -0.1823*** | -0.1269*** |
|  | (-5.09) | (-5.29) | (-1.56) | (-4.93) | (-3.64) | (-2.62) |
| $\ln FZL$ | -0.3732 | -0.5048** | 0.1651** | 0.2165** | 0.1951 | -0.0663 |
|  | (-1.17) | (-2.07) | (2.37) | (2.07) | (0.61) | (-0.22) |
| $\ln TAT$ | 0.6504* | 1.2227*** | 0.3237*** | 0.5194*** | 0.7991** | 0.1913 |
|  | (1.77) | (4.30) | (4.03) | (4.32) | (2.24) | (0.55) |
| $\ln TOT$ | -1.2545*** | -1.5522*** | -0.3393*** | -0.0284 | -0.4749 | -0.6577** |
|  | (-3.95) | (-6.29) | (-4.90) | (-0.27) | (-1.54) | (-2.20) |

续表

| 解释变量 | 基准回归 | 替换 ln*APF* | | | 替换 ln*EHC* | |
|---|---|---|---|---|---|---|
| | 被解释变量 ln*APF* | ln*APF*= ln*PIP* | ln*APF*= ln*TFP* | ln*APF*= ln*TLP* | ln*EHC*= ln*SBEA* | ln*EHC*= ln*SBEB* |
| | (1) | (2) | (3) | (4) | (5) | (6) |
| ln*PH* | 1.1489*** | 1.1480*** | 0.2064** | 0.0557 | 0.9192** | 0.8005** |
| | (2.97) | (4.07) | (2.45) | (0.44) | (2.37) | (2.12) |
| ln*MP* | 0.6313*** | 0.5148*** | 0.2078*** | 0.1021 | 0.3308 | 0.5455** |
| | (2.62) | (2.71) | (3.96) | (1.30) | (1.42) | (2.42) |
| *C* | 0.4553 | 0.3307 | 1.8162*** | 1.9421*** | 3.2750*** | 5.4253*** |
| | (0.44) | (0.41) | (8.05) | (5.74) | (2.83) | (4.65) |
| $R^2$ | 0.8561 | 0.8713 | 0.9684 | 0.9488 | 0.8615 | 0.8734 |
| $F_1$ | 220.98 | 3254.83 | 1138.97 | 689.02 | 231.11 | 256.32 |
| $F_2$ | 12.61 | 17.14 | 74.12 | 29.52 | 15.97 | 17.83 |
| *LM* | 456.79 | 74.92 | 1445.94 | 881.22 | 610.18 | 616.24 |
| *Hausman* | 25.32 | 20.69 | 51.79 | 41.57 | 45.77 | 54.45 |
| *Model* | *FE* | *FE* | *FE* | *FE* | *FE* | *FE* |
| *Obs* | 527 | 527 | 527 | 527 | 527 | 527 |

注：\*\*\*、\*\*、\* 分别代表在1%、5%、10%的水平上显著。表中的系数估计值保留4位小数。参数估计结果下面的括号内数值为 *t* 统计量。为了避免混淆，本书设定 $F_1$ 是对回归方程的拟合结果的联合显著性检验的统计量，相当于 *OLS* 中的 *F* 统计量，$F_2$ 检验则用来识别是否存在固定效应，原假设是不存在固定效应。*LM* 检验是用来识别是否存在随机效应模型，原假设是不存在随机效应。*LM* 检验在使用随机效应估计后才能进行，为了便于分析，本书也将 *LM* 检验结果报告在固定效应模型结果中。*Hausman* 检验的原假设是随机效应模型设定正确。

## 五 发展效果改善的影响

如表7-18所示，无论是替换人均有效发明专利（ln*APF*）的列（2）到列（4），还是替换企业家精神（ln*EHC*）的列（5）和列（6），发展效果变量（ln*IDE*）及其与企业家精神的交互项（ln*EHC*×ln*IDE*）的系数均为正值，且都在1%的水平上高度显著。这表明发展效果的改善不仅增加了企业的创新产出，而且提升企业家的创新绩效。发展效果指标可以用信息产业增加值比重、信息产业研发经费比重和人均国内生产总值衡量。信息产业增加值比重的上升也反映了信息技术领域的不断推陈出新，也反映了经济结构的不断优化，通过前后向关联推动企业的技术进步（韩先锋等，2014）。信息产业研发经费比重的提高反映了支撑信息化发展的创新投入的增加，才能不断推出新的信息产品，提高企业生产经营的智能化程度，加快各类知识、信息、技术的扩散、交流、共享及创造，缩短新知识、新技术的导入过程，优化企业员工的知识结构，有利于企业家的知识溢出效应的发挥（Yunis et al., 2018）。人均国内生产总值的增长反映了经济发展水平的提高，反过来促进信息消费的增长与升级（如对信息化产品的个性化等需求不断增强），迫切需要企业家适应、引领这种需求，增加创新投入，开发新产品，显然，这个过程也是企业家创业创新精神发挥的过程（徐远华，2019）。

表 7-18　　企业家精神与工业绩效：发展效果改善的影响

| 解释变量 | 基准回归 被解释变量 $\ln APF$ | 替换 $\ln APF$ $\ln APF =$ $\ln PIP$ | 替换 $\ln APF$ $\ln APF =$ $\ln TFP$ | 替换 $\ln APF$ $\ln APF =$ $\ln TLP$ | 替换 $\ln EHC$ $\ln EHC =$ $\ln SBEA$ | 替换 $\ln EHC$ $\ln EHC =$ $\ln SBEB$ |
|---|---|---|---|---|---|---|
| | (1) | (2) | (3) | (4) | (5) | (6) |
| $\ln EHC$ | 0.2994*** | 0.3855*** | 0.1454*** | 0.1512*** | 0.5208*** | 0.4300*** |
| | (4.94) | (8.21) | (11.93) | (7.63) | (8.94) | (9.68) |
| $\ln IDE$ | 0.7790*** | 0.5667*** | 0.3875*** | 0.3200*** | 3.4212*** | 2.9555*** |
| | (4.23) | (4.08) | (10.46) | (5.32) | (10.51) | (10.48) |
| $\ln EHC \times \ln IDE$ | 0.2070*** | 0.2847*** | 0.0290*** | 0.0699*** | 0.4330*** | 0.2514*** |
| | (4.23) | (7.21) | (2.94) | (4.36) | (7.57) | (8.20) |
| $\ln OWN$ | -0.0562 | -0.0814 | -0.0929*** | -0.0190 | 0.0080 | -0.0145 |
| | (-0.41) | (-0.81) | (-2.39) | (-0.43) | (0.06) | (-0.12) |
| $\ln SIZE$ | 0.8774*** | 0.6001*** | 0.3385*** | 0.3994*** | 0.6441*** | 0.5412*** |
| | (10.50) | (9.47) | (20.12) | (14.61) | (8.08) | (6.84) |
| $\ln TI$ | 0.0879* | 0.0998*** | 0.0496*** | 0.1323*** | 0.0404 | 0.0531 |
| | (1.93) | (2.79) | (5.41) | (8.89) | (0.94) | (1.26) |
| $\ln APR$ | -6.2432*** | -5.6170*** | -1.1875*** | -0.5670 | -5.6609*** | -6.4592*** |
| | (-3.44) | (-3.89) | (-3.25) | (-0.95) | (-3.32) | (-3.87) |
| $\ln FCD$ | -0.2394*** | -0.1714*** | -0.0148 | -0.0762*** | -0.1914*** | -0.1492*** |
| | (-4.84) | (-4.63) | (-1.49) | (-4.71) | (-4.13) | (-3.27) |
| $\ln FZL$ | -0.7208** | -0.7476*** | 0.0249 | 0.0595 | -0.5253* | -0.6033** |
| | (-2.37) | (-3.25) | (0.41) | (0.60) | (-1.84) | (-2.16) |

续表

| 解释变量 | 基准回归<br>被解释变量<br>ln*APF* | 替换 ln*APF* | | | 替换 ln*EHC* | |
|---|---|---|---|---|---|---|
| | | ln*APF* =<br>ln*PIP* | ln*APF* =<br>ln*TFP* | ln*APF* =<br>ln*TLP* | ln*EHC* =<br>ln*SBEA* | ln*EHC* =<br>ln*SBEB* |
| | (1) | (2) | (3) | (4) | (5) | (6) |
| ln*TAT* | 0.4115<br>(1.15) | 1.0367***<br>(3.75) | 0.2419***<br>(3.36) | 0.4423***<br>(3.78) | 0.4287<br>(1.28) | 0.2117<br>(0.64) |
| ln*TOT* | -0.8222***<br>(-2.60) | -1.2159***<br>(-4.97) | -0.1598**<br>(-2.51) | 0.1314<br>(1.27) | -0.1044<br>(-0.36) | -0.2179<br>(-0.76) |
| ln*PH* | 0.9934***<br>(2.65) | 1.0696***<br>(3.93) | 0.1684**<br>(2.23) | 0.0073<br>(0.06) | 0.7910**<br>(2.22) | 0.8970**<br>(2.54) |
| ln*MP* | 0.4347*<br>(1.83) | 0.4059**<br>(2.19) | 0.1009**<br>(2.11) | 0.0169<br>(0.22) | 0.2074<br>(0.97) | 0.2901<br>(1.36) |
| *C* | 0.5404<br>(0.54) | 0.3161<br>(0.41) | 1.7927***<br>(8.95) | 1.8983***<br>(5.83) | 3.5402***<br>(3.30) | 4.1777***<br>(3.77) |
| $R^2$ | 0.8660 | 0.8802 | 0.9749 | 0.9523 | 0.8811 | 0.8862 |
| $F_1$ | 240.12 | 3554.23 | 1443.84 | 741.75 | 275.41 | 289.19 |
| $F_2$ | 12.24 | 17.33 | 89.35 | 30.12 | 14.41 | 15.57 |
| *LM* | 270.06 | 821.03 | 1667.86 | 929.53 | 561.43 | 567.30 |
| *Hausman* | 24.71 | 18.24 | 43.24 | 34.44 | 32.62 | 36.32 |
| *Model* | FE | FE | FE | FE | FE | FE |
| *Obs* | 527 | 527 | 527 | 527 | 527 | 527 |

注：\*\*\*、\*\*、\*分别代表在1%、5%、10%的水平上显著。表中的系数估计值保留4位小数。参数估计结果下面的括号内数值为 t 统计量。为了避免混淆，本书设定 $F_1$ 是对回归方程的拟合结果的联合显著性检验的统计量，相当于 OLS 中的 F 统计量，$F_2$ 检验则用来识别是否存在固定效应，原假设是不存在固定效应。LM 检验是用来识别是否存在随机效应模型，原假设是不存在随机效应。LM 检验在使用随机效应估计后才能进行，为了便于分析，本书也将 LM 检验结果报告在固定效应模型结果中。Hausman 检验的原假设是随机效应模型设定正确。

可见，信息化五项分指标不仅自身均显著促进了创新绩效的提升，而且显著增强了企业家精神创新效应的提升效果。通过信息化五项指标对企业家精神创新效应的调节作用的估计系数的符号、显著性、数值大小进行综合比较，整体来看，发现知识支撑、发展效果、信息基础设施建设、产业技术、应用消费对企业家精神工业绩效提升效果的调节作用依次减弱。应用消费的优化升级作为最终需求侧是信息化和信息技术发展的强大动力，产业技术在很大程度上决定了信息产业和信息通信技术的发展水平，也影响到社会公众是否能够享受到高质量的信息化成果，信息基础设施是信息化发展的基本物质条件（研究组，2011）信息化的后三项分指标本应在信息化建设中发挥着重要作用，但实证结论却表明三者对企业家精神知识溢出的正向调节作用相对较弱，因此，本书建议应该将优先推动信息应用消费优化升级、支持信息技术跨越式发展、进一步加快信息基础设施建设作为新时代信息化建设的重点。

## 第五节　小结

本书通过设定一个含有企业家精神、信息化程度及其交互作用的工业创新生产方程，使用中国31个省份2000—2016年的面板数据从经验层面考察信息化程度及其与企业家精神的交互作用的创新效应，在省级面板数据下进行了分时间和分区域考察，并进一步考察市场化的五个分项指标即政信息基础设施建设水平的提高、产业技术的发展、应用消费的升级、知识支撑的增强以及发展效果的改善对工业创新产出的影响和对企业家精神的知识溢出效应的调节作用。

经过检验和分析，本书得出以下基本结论：第一，中国的信息化进程大体经历了快速发展阶段（2000—2004年）、相对平稳发展阶段（2005—2013年）和加速发展阶段（2014—2016年），还表现出显著的地域差异性，信息化发展高水平和中高水平区域主要分布在东部沿海地区，信息化发展中等、中低和低水平区域全部分布在中西部地区。

第二，信息化程度的提高对中国工业绩效的增长具有显著的正效应，并且强化了企业家精神的知识溢出效应，结论不因遗漏变量控制、变量替换和内生性处理而发生系统性改变，具有相当的稳健性。

第三，分时间检验结果表明，信息化建设对中国工业绩效的作用存在时期差异。在国际金融危机前的2000—2007年，信息化程度的提高抑制了中国工业绩效的增长，而在国际金融危机后的2008—2016年信息化程度的提高促进了中国工业绩效的增长；信息化进程的加快在国际金融危机发生前的2000—2007年显著增强了企业家精神的知识溢出效应，而

第七章　企业家精神、信息化程度影响工业绩效的实证研究 ┃ 223

在国际金融危机后的 2008—2016 年对企业家精神的知识溢出产生显著的负效应。

第四，分区域检验结果表明，信息化建设对企业家精神的知识溢出的影响存在着区域差异。信息化程度的提高在中西部地区反而显著抑制了中国工业绩效的增长，在东部地区显著促进了中国工业绩效的上升；无论在东部还是在中西部，信息化程度的提高均能够显著增强企业家精神的知识溢出效应，且这种正效应在中西部地区相对较大。

第五，信息化分项指标对企业家精神的创新效应的调节作用的检验表明，信息基础设施建设、产业技术的发展、应用消费升级、知识支撑增强与发展效果改善均显著增强了企业家精神的知识溢出效应。整体来看，发现知识支撑增强、发展效果改善、信息基础设施建设、产业技术的发展、应用消费升级对企业家精神工业绩效提升效果的调节作用依次减弱。

# 第八章 基本结论与研究展望

## 第一节 基本结论

企业家是开展创新创业活动、提高工业绩效的主导力量。特别是进入 21 世纪，企业家阶层快速壮大，一大批优秀企业家在市场竞争中迅速成长，具有核心竞争力的企业不断涌现，为积累社会财富、创造就业岗位、增强综合国力做出了重要贡献。营造企业家健康成长环境，进一步发挥企业家创新创业精神，对激发市场活力、深化供给侧结构性改革、推进经济高质量发展具有重要意义。在同一时期企业生存和成长所依赖的创新环境发生了巨大变化，反过来又深刻地影响着企业家的创新创业行为，进而影响工业绩效。专业人力资本、市场化进程、信息化程度分别构成了企业家经营的人力资源环境、制度环境和技术环境。本书借鉴哈佛学派提出的市场结构—市场行为—市场绩效（Structure-Conduct-Performance，SCP）的分析范式，将企业家精神、专业人力资本、市场化化程度、信息化程度纳入系统的理论分析框架，提出创新环境—企业精神—工业绩效（Environment-Entrepreneurship-Performance，EEP）的理论视角，认为创新环境决定企业家精神，企业家精神决定工业绩效。本书借鉴相关研究，构造了企业家精神分别与专业人力资本、市场化进程、信息化程度影响工业绩效的理论模型，提出若干个有待检验的基本假说，并采用中国 31 个省份为样本建立计量模型进行实证检验，得到一系列可解释、有价值的可靠性结论。

第一，通过典型事实分析，本书可以得到：（1）企业家创业活动日趋活跃，创新投入和产出持续增加，工业绩效不断提高。企业家创新创业精神在各区域的配置均表现出极端不平衡，东部沿海地区是企业精神的高度活跃地区；中西部地区特别是西部地区是企业家创业精神的相对沉寂地区；企业家精神在中部、西部地区的配置差异相对较小，且变化趋势大体相似；中西部特别中部地区的创新创业环境在逐渐改善。（2）企业家创新创业面临的创新环境总体上在显著优化。从业人员的人均受教育年限大幅度增长，企业家创新创业依赖的人力资源环境在显著改善，但存在显著的地域差异性，东中西依次递减；市场化指数总体上呈现出快速的上升趋势，市场化程度在不断提高，企业家所面临的制度环境在不断优化，但存在着强烈的区域不平衡，东中西三大地区依次降低；信息化程度显示出明显的上升态势，企业家所面临的技术环境在趋于优化，但也存在着明显的地域差异性，东部高于中西部，中西部比较接近。（3）中国工业总体及三大区域的 $TFP$ 和 $APF$（人均有效发明专利）整体上在快速增长，表明中国工业绩效整体上在迅速提高，内生创新动力在快速增强，各地区的比较优势得到进一步发挥，分工合理、优势互补、协同创新、高质量发展的区域经济发展格局正加快形成。对于 $TFP$，东部高于中西部，西部高于中部；对于 $APF$，东部高于中西部，中西部的差异相对较小，在国际金融危机前，中西部几乎没有差别，但是在金融危机后，中部开始高于西部，这表明中部地区的技术创新能力正迎头赶上。（4）企业家精神与中国工业的 $TFP$ 和 $APF$ 的散点图及拟合线表明总体上两者具有明显的正相关关系，两者在国际金融危机前是正相关关系，在国际金融危机后转变为负相关关系，两者在三大区域也均呈现正相关关系，在不同指标为代表的创新环境下两者仍然保持正相关关系，专业人力资本水平的提升、市场化进程的加快和信息化程度的提高均与中国工业绩效的增长具有正相关关系，但仅凭散点图及拟合线，本书无法准确地判断和比较斜率的大小。

第二，企业家精神、专业人力资本均显著促进了中国工业绩效的增长，二者在促进工业绩效增长具有显著的替代效应，并且结论不因折旧率的取值、变量指标的替换和内生性处理而发生系统性改变，显示出相当的稳健性。具体结果显示，企业家精神平均每提高一个百分点，将会促进中国工业绩效增长提升 0.12%—0.17%。（1）分时期检验表明，企业家精神、专业人力资本及二者交互作用的创新效应表现出明显的时期差异。在国际金融危机发生前后，企业家精神的成长、专业人力资本的提高均能够显著促进中国工业绩效的增长，但是在国际金融危机后，二者的促进作用更大。企业家精神和专业人力资本对中国工业绩效增长均表现出显著的替代效应。（2）区域差异检验表明，企业家精神、专业人力资本及二者交互作用的创新效应表现出明显的区域差异。在中西部地区，企业家精神的成长显著抑制了工业绩效的提升，专业人力资本水平的提高对工业绩效增长的促进作用缺乏稳健性。在东部地区，企业家精神、专业人力资本均显著促进了工业绩效的改善。企业家精神与专业人力资本对工业绩效增长的交互作用存在区域差异，在中西部表现为互补作用，在东部地区表现为替代作用。（3）基于地区工业特征的异质性检验结果表明，在国有产权比重较低、经济外向度较高、技术依存度较低的省份，企业家精神、专业人力资本促进工业绩效增长的作用均更大，但是二者对工业绩效增长的替代作用也更大。在平均企业规模较大的省份，企业家精神的知识溢出效应更小，专业人力资本促进工业绩效增长的作用相对较大，二者对促进工业绩效增长的替代作用相对较弱。

第三，市场化程度的提高对中国工业绩效的提升具有显著的正效应，并且促进了企业家精神的知识溢出，结论不因遗漏变量控制、变量替换和内生性处理而发生系统性改变，显示出相当的稳健性。（1）中国的市场化进程大体经历了快速推进阶段（2000—2007年）、略微退步阶段（2008—2011年）和继续推进阶段（2012—2016年），还表现出显著的地域差异性，市场化程度最高的5个省份全部是东部省区，最低的5个省份全部在西部地区。（2）分时间检验结果表明，市场化改革对中国工业绩效增长的作用具有显著的时间差异。无论在国际金融危机发生前还是在国际金融危机发生后，市场化程度的提高均能够显著促进中国工业绩效的增长，而且这种促进作用在国际金融危机后更大；市场化程度的提高对企业家精神的创新能力起着显著的正向调节作用，而且这种正向调节作用在金融危机发生后趋于增强。（3）分区域检验结果表明，市场化改革对中国工业绩效增长的作用存在着明显的区域差异。无论在东部，还是在中西部，市场化进程的加快推进对中国工业绩效的增长均具有显著的正效应，而且这种正效应在东部地区大于中西部地区；市场程度的提高强化了东部和中西部地区企业家精神的知识溢出效应，且对东部企业家精神的知识溢出效应的正向调节作用大于中西部。（4）市场化分项指标对企业家精神促进工业绩效改善的调节作用的检验表明，政府与市场的关系、非国有经济的发展、产品市场的发育程度、市场中介组织的发育和法律制度环境的改善均对企业家精神的创新效应起着显著的正向调节作用，要素市场的发育程度虽然起到正向调节作用，但是不显著。

第四，信息化程度的提高显著促进了中国工业绩效的改善，并且强化了企业家精神的知识溢出效应，结论不因遗漏变量控制、变量替换和内生性处理而发生系统性改变，具有相当的稳健性。（1）中国的信息化进程大体经历了快速发展阶段（2000—2004年）、相对平稳发展阶段（2005—2013年）和加速发展阶段（2014—2016年），还表现出显著的地域差异性，信息化发展的高和中高水平区域主要分布在东部沿海地区，信息化发展的中等、中低和低水平区域全部分布在中西部地区。（2）分时间检验结果表明，信息化建设对中国工业绩效的作用存在着显著的时期差异。在国际金融危机前的2000—2007年，信息化程度的提高抑制了中国工业绩效的增长，而在国际金融危机后的2008—2016年，信息化程度的提高促进了中国工业绩效的增长；信息化进程的加快在金融危机发生前的2000—2007年显著增强了企业家精神的知识溢出效应，而在国际金融危机后的2008—2016年对企业家精神的知识溢出产生显著的负效应。（3）分区域检验结果表明，信息化建设对中国工业绩效的影响存在着明显的区域差异。信息化程度的提高在中西部地区反而显著抑制了中国工业绩效的增长，在东部地区显著促进了中国工业绩效的上升；无论在东部地区还是在中西部地区，信息化程度的提高均能够显著增强企业家精神的知识溢出效应，且这种正效应在中西部地区相对较大。（4）信息化分项指标对企业家精神的创新效应的调节作用的检验表明，信息基础设施建设、产业技术的发展、应用消费升级、知识支撑增强与发展效果改善均显著增强了企业家精神的知识溢出效应。通过比较信息化五项指标对企业家精神创新效应的提升效果的大小进行比较，整体来看，发现知识支撑增强、发展效果改善、信息基础设施建设、产业技术的发展、应用消费升级对企业家精神工业绩效提升效果的调节作用依次减弱。

## 第二节 政策建议

近年来中国本土企业的创新能力滞后于现实发展的需要，以至于被来自发达国家技术先进的企业所"俘获",从而被锁定在代工依赖→微利化→低自主能力的低端循环路径。随着中国经济进入新常态,中国工业正处于要素成本不断上升、资源环境约束逐渐硬化、发达国家再工业化与后发国家追赶等导致的艰难困境,现阶段过度依赖要素投入驱动的工业经济增长方式已经难以为继,通过产业创新来提升生产效率已是非常必要。这迫切期待企业家创新精神的进一步发挥以推动企业真正成为技术创新的主体,提升工业增长的质量和效益。随着个体受教育程度的提高、市场化改革和信息化建设的推进,企业家面临的人力资源环境、制度环境和技术环境等创新环境发生了显著的变化,探讨创新环境的变化对企业家精神对中国工业绩效改善的促进作用的影响具有重要的理论和现实意义。本书在理论研究和经验检验的基础上,并结合中国工业转型升级的现实背景,围绕着如何促进企业家创新创业,进一步发挥企业家作用等提出了一个更为全面、更有针对性、更具操作性的政策支撑体系。

第一,进一步弘扬企业家精神,提高企业家的能力和素质,培育优秀企业家。本书的经验研究表明,企业家精神的成长能够显著提高中国工业的全要素生产率增长,具有较强的知识溢出效应,并且随时间推移在逐渐增强。因此,不断发现、挖掘企业家精神的创新潜能,促进企业家精神的成长对于一个区域提高全要素生产率是至关重要的。事实上,如何精心营造一个适宜企业家精神的形成与发展的环境是一个区域需要考虑的重大问题。在此前提下,广泛发展职业教育,提高一般人力资本的劳动技能,兴办高等教育,促进专业人力资本形成,才真正具有重要意义。否则在企业家精神严重稀缺的环境下,即使形成高技能的一般人力资本和高水平的专业人力资本,由于缺乏自身价值释放的空间和机遇,必然的后果就是人力资本外流。

依法保护企业家创新权益和企业家自主经营权,健全企业家诚信经营激励约束机制。依法保护企业家拓展创新空间,持续推进产品创新、技术创新、商业模式创新、管理创新、制度创新,将创新作为终身追求,增强创新自信。支持企业家敏锐捕捉市场机遇,鼓励企业家追求卓越,争创一流企业、一流管理、一流产品、一流服务和一流企业文化,提供具有竞争力的产品和服务,培育壮大更多具有国际影响力的领军企业。

企业家精神与专业人力资本对中国工业绩效增长具有显著的替代效应,这表明企业家应该明确自己的角色,不断提高自身的能力素质,比如凭借一流的战略决策能力、组织领导能力、沟通协调能力、公关能力、资源配置能力、较高的人格魅力等，有效整合和团结带领各类创新人才，形成推动创新的共同体，提高协同创新能力。培育优秀企业家，规划引领企业家队伍建设，加强企业家教育培训，支持高等学校、科研院所与行业协会商会、知名企业合作，总结富有中国特色、顺应时代潮流的企业家成长规律，发挥优秀企业家示范带动作用。

第二，普及高等教育，大力发展职业教育，提高专业人力资本质量。必须大力实施人才强国战略和科教兴国战略，培养造就数以亿计的高素质劳动者、数以千万的专业技术人才和拔尖创新人才，将我国的人口优势转化为人力资源优势。树立正确的人才观，营造人人皆可成才、人人尽展其才的良好环境，弘扬劳动光荣、技能宝贵、创造伟大的社会风尚。大力发展职业教育，坚持产教结合、校企结合，引导行业积极支持职业教育，加大对农村地区、民族地区、贫困地区的职业教育支持力度，努力让每个人都有出彩的机会。高等教育要注重内涵发展，大力实施通识教育，深化专业教育改革，培养出高层次尖端人才。要坚持创新驱动发展，将经济增长转移到主要依靠人力资本质量和技术进步的轨道上来，放弃赶超战略下的资本优先发展决策，提高人力资本投资收益。企业不仅对高技能人才进行培训，还需要对低技能人才进行培训。

第三，继续推进市场化改革，进一步优化企业家创新创业活动的制度环境。本书的经验研究表明，市场化进程的推进增强了企业家精神的知识溢出效应。改善制度环境，完善市场在资源配置中起决定性作用的体制机制，打破垄断，健全要素市场，使价格机制真正引导资源配置，促使企业家更加敏锐更加快速地发现更大的盈利空间，把握好盈利机会。深化行政管理体制改革，在更大范围、更深层次上简政放权、放管结合，优化服务。建设廉洁高效的服务型政府，减少市场干预，提高寻租成本，倒逼企业家引导R&D资源投入技术创新中去。创新政企互动机制，完善企业家正向激励机制，增强企业家创新创业活力。

本书的研究还表明，市场化总指数的五个分项指标即政府与市场的关系、非国有经济的发展、产品市场的发育程度、市场中介组织的发育和法律制度环境的改善均显著改善了企业家精神的创新绩效，要素市场的发育程度虽然能起到正向调节作用，但是不显著。因此，未来市场化改革的重要方向是继续推进要素市场的发展，构建更加完善的要素市场化配置体制机制。进一步发展资本市场，提高当前直接融资和间接融资之间的结构，加快发展中小商业银行和债券市场，发展普惠金融、互联网金融，构建企业高技术研发的风险投资体系，也要引导金融机构为企业家创新创业提供资金支持，探索建立创业保险、担保和风险分担制度。必须加快户籍制度改革，破除妨碍劳动力、人才社会性流动的体制机制弊端，为企业家创新精神的发挥提供良好的人力资源环境。

第四，继续推进信息化建设，加快信息化和工业化深度融合步伐。本书的一个重要结论表明，信息化程度的提高对中国工业创新绩效的提升具有显著的正效应，并且改善了企业家精神的创新绩效。加快信息技术在经济和社会各领域的应用向更广和更深层次拓展。使用信息技术改造传统产业，推动传统工业企业与信息企业的合作，提高企业的信息化水平，促进企业信息化应用向综合集成和产业链协同演进，长链条供应链管理成为深度融合的重点；政策引导与技术改造双管齐下，信息化促进工业节能减排取得显著效果，提高企业的生产效率和创新能力。

本书的研究结论还表明，知识支撑、发展效果、信息基础设施建设、产业技术、应用消费五个分项指标均显著增强了企业家精神的知识溢出效应且作用大小依次减弱。应用消费的优化升级是信息技术发展的强大动力，产业技术在很大程度上决定了信息产业的发展水平，人们因而能够享受到高质量的信息化成果，信息基础设施是信息化发展的物质条件（研究组，2011）。三者本应在信息化建设中发挥着重要作用，但对企业家精神知识溢出的正向调节作用相对较弱，因此应该将优先推动信息应用消费优化升级、支持信息技术跨越式发展、进一步加快信息基础设施建设作为新时代信息化建设的重点。

（1）加强信息消费环境建设，培育信息消费需求。信息消费环境是信息消费的基础和保障，一方面，大力推进身份认证、网站认证和电子签名等网络信任服务，构建安全可信的信息消费环境基础；另一方面，依法加强信息产品和服务的检测和认证，鼓励企业开发技术先进、性能可靠的信息技术产品，支持建立第三方安全评估与监测机制，提升信息安全保障能力。

（2）大力发展信息技术，支持信息技术跨越式发展，抢占信息技术制高点。一方面准确追踪甚至引领信息产业领域的高新技术的发展。调整信息技术发展战略，瞄准新时代亟须发展的信息技术，如云计算、大数据、平台经济、高性能计算等领域取得突破，实现信息技术产业在规模领先的基础上加速"质"的赶超，部分领域跻身世界前列，从跟随、并肩到跨越式发展。完善市场机制，鼓励企业家加大信息高技术领域的研发投入，吸引高层次人才。另一方面，加快信息技术与传统领域融合渗透，发挥产业前后关联产生的溢出效应。大力推进新一代信息技术在智慧城市建设中的应用，实现信息化与工业化、城镇化深度融合，实现精细化和动态管理，提高城镇化质量，提升城市管理成效。

（3）进一步加大信息基础设施建设。构建融合、安全的下一代国家信息基础设施，加快宽带网络基础设施升级改造。努力形成市场驱动下的以政府为主导，企业为主体的信息基础设施投资新格局。大力推进电子政务发展，降低政府与企业家之间的信息不对称程度，提高政府支持企业家创新创业的水平和效果。

第五，要准确把握和科学引导行业特征的变化对企业家精神的创新效应所产生的异质性影响。本书的行业异质传导机制检验结果证实，在国有产权比重较低、平均企业规模较小、经济外向度较高、技术依存度较低的省份，企业家精神的成长促进企业创新绩效提高的作用更大。（1）加快新一轮工业所有制改革，深化国企国资改革，加快形成有效制衡的公司法人治理结构、灵活高效的市场化经营机制。（2）不要盲目扩大企业规模，企业家也要提高管理水平和决策效率，提高企业整体组织效能。（3）进一步扩大对外开放的深度和广度，增强学习效应，积极开拓海外市场，统筹调配国内外资源，立足国情和企业面临的实际情形，吸纳海外先进技术和新的管理模式，利用对外开放的力量来引导、激发企业家投入创新活动。（4）技术引进有助于促进相对落后国家的技术进步和生产率增长，但是本书的经验研究却表明，技术依存度的提高却没有增强企业家的创新效应，这可能还需要企业家在引进高技术的过程中，还要结合企业的技术基础和研究能力，提高企业的再创新能力。

## 第三节　可能的创新点

与现有研究相比，本书可能的创新之处集中体现在以下四个方面。

第一，在研究视角方面，基于传统产业组织理论中的 SCP 分析范式，本书尝试从创新环境—企业家精神—工业绩效（Environment-Entrepreneurship-Performance，EEP）的研究视角入手，从而为人们进一步理解企业家精神对中国工业绩效的影响机理提供了新的视角。在产业组织理论中，哈佛学派认为市场结构决定市场行为，市场行为又决定市场绩效，进而提出市场结构—市场行为—市场绩效（SCP）的分析范式。SCP分析范式以发达国家为研究对象，单纯地将市场行为和市场绩效的决定因素归结于市场结构，这显然对解释现阶段中国的创新环境的改变对企业家行为和创新绩效的影响具有很大的局限性，如要素市场扭曲导致资源错配进而降低企业家创新绩效的现象。在中国转型背景下，专业技术人员的受教育程度大幅度提高，同时企业家多由专业技术人员转变而来，因而专业人力资本水平的变化塑造着企业家创新精神发挥的人力资源环境；市场化进程构成企业家开展创新创业活动的市场化环境，因而是企业家创新的制度环境的重要组成部分；信息化程度影响着企业家精神成长的信息化环境，后者是企业家创新的技术环境的重要组成部分。因此，本书将人力资源环境、市场化环境和信息化环境归并为影响企业家精神成长的创新环境，并认为创新环境决定企业家精神，企业家精神决定工业绩效，进而提出创新环境—企业家精神—工业绩效（Environment-Entrepreneurship-Performance，EEP）这一新的研究视角考察转型期在不同创新环境变迁下企业家精神对中国工业绩效的影响机理。

第二，在理论框架方面，本书借鉴内生增长理论构建了一般均衡理论框架，不仅揭示了企业家精神影响工业绩效的传导机制，同时刻画了创新环境的变迁对企业家精神创新效应的调节机制，从而拓展了创新环境影响企业家创新效应的相关理论研究。这在一定程度上为新时代营造有利于企业家创新创业的营商环境、完善供给侧结构性改革、推动经济发展实现三大变革奠定了理论基础。理论分析表明，企业家主要通过促进知识溢出改善工业绩效，并且只有企业家具有优秀的企业家才能，专业人力资本的提升才能增强企业家精神对工业绩效增长的积极作用；市场化程度的提高为企业家提供了一个自我尝试、社会发现的"显化"途径，促使企业家精神从非生产性活动转移到生产性活动特别是研发活动中去，进而提高工业绩效；信息化程度的提高主要通过弱化市场风险、降低研发成本、提高企业家决策效率等途径推动企业家创新创业。

第三，在构建企业家精神指标方面，与以往文献关注企业家精神所形成的数量效应不同，本书还考虑了企业家精神所形成的经济社会效应，因为后者才是企业家精神创新创业成功的重要标准。目前的文献往往使用自我雇用比率、从业人员人均（民营）企业单位数、TEA（Total Entrepreneurial Activity，总体创业活动）、新增（民营）企业数量、企业所有权比率、企业进入率和退出率等来间接衡量企业家精神发展水平，这些研究的共同特征是侧重于企业家精神所形成的数量效应，可以捕捉到企业家精神的直接效应，因此本书也采纳这样的方法测算企业家精神发展水平。另一方面，这种方法衡量企业家精神会无法有效识别企业家创新创业活动的结果从而可能会将一些无效甚至多余的部分纳入进来，进而导致对企业家精神发展水平的高估。因此，本书认为对企业家精神的量化不能止步于关注企业家创新创业进程中所形成的数量效应，还有必要考察企业发展过程中所创造的经济社会效应，而后者是企业家否成功的重要标准。本书尝试采用各省份规模以上私营、新建企业所带来的数量效应及其伴随的就业效应的乘积等方法来测度企业家精神发展水平。

第四，在政策建议方面，与以往研究相比，本书在理论与实证研究的基础上提出了进一步促进企业家创新创业的更为全面、更具操作性的政策支撑体系。本书提出了改善企业家面临的人力资源环境、市场化环境、信息化环境等不同维度的创新环境的建议，如提高专业人力资本质量、继续推进市场化改革、加快信息化建设等。本书进一步对市场化进程的五个分项指标对企业家精神的绩效提升效果的调节作用的研究结果表明，要素市场的发育程度虽然能起到正向调节作用，但是不显著，其他四个分项指标均具有显著的正向调节作用。因此应该选择深化要素市场的改革、完善要素价格形成机制作为新一轮市场化改革的着力点。信息化程度的五个分项指标对企业家精神的绩效提升效果的调节作用的检验结果表明，知识支撑增强、发展效果改善、信息基础设施建设、产业技术的发展、应用消费升级均显著增强了企业家精神的创新效应，并且这种积极作用依次减弱。信息基础设施建设、产业技术的发展、应用消费升级本应在信息化建设中发挥着重要作用，但三者对企业家精神知识溢出的正向调节作用却相对较弱，因此应该将优先推动信息应用消费优化升级、支持信息技术跨越式发展、进一步加快信息基础设施建设作为新时代信息化建设的重点。

可以认为，无论是政府制定和实施营造企业家健康成长的营商环境发挥企业家更大作用的政策，还是企业家作为技术创新的主导力量做出创新决策，抑或是后来者开展企业家精神创新理论等领域的相关研究，本书的研究都具有重要的借鉴意义和较高的参考价值。

## 第四节　不足之处与研究展望

尽管本书对围绕着不同创新环境下对企业家精神创新效应的影响机理进行全面的文献述评、严谨的理论模型推导以及大量的经验检验。可是，由于一些短期内客观条件的限制，本书的研究仍然存在一些不足之处，需要在今后做进一步的深入研究。

第一，受数据资料所限，本书只能将不同类型的企业家同等对待，未能对不同创新环境下不同类型的企业家对中国工业绩效的提升效果展开理论与实证研究，如生存型企业家和机会型企业家、模仿型企业家和创新型企业家等。本书也未能对企业家的能力异质性和领导风格异质性对工业绩效的影响进行研究，而只能将各省份的企业家视为一个整体。因此，这是本书今后努力的基本方向。

第二，由于客观物质条件的限制，本书未能像中国企业家调查系统那样对具有企业家精神的个体在现实经济实践中所扮演的主要角色，比如企业的董事长和总经理等进行采访和问卷调查，更不用说使用需要花费数十年进行问卷追踪调查获得的企业家精神成长和创新的原始数据来考察不同创新环境变迁下企业家精神的知识溢出效应。

第三，受数据来源的限制，本书未能使用工业企业数据库之类的大样本数据，但是为了确保本书基本结论的可靠性，本书花费了较大的篇幅从不同角度进行了大量的稳健性检验。因此本书将使用大样本微观面板数据，尽可能增加样本量作为未来进一步研究的一个重要方向。

可见，本书的创作不仅有新颖的选题，高超的建模技术与艺术，较强的规范性与严谨性，还尽力突破客观条件的限制，获取更加丰富翔实的数据资料，将研究引向深入。

# 参考文献

白俊红：《中国政府的 R&D 资助有效吗？来自大中型工业企业的经验证据》，《经济学（季刊）》2011 年第 4 期。

白俊红、卞元超：《要素市场扭曲与中国创新生产的效率损失》，《中国工业经济》2016 年第 11 期。

蔡昉：《未来的人口红利——中国经济增长源泉的开拓》，《中国人口科学》2009 年第 1 期。

蔡昉：《中国经济增长如何转向全要素生产率驱动型》，《中国社会科学》2013 年第 1 期。

蔡昉：《经济学如何迎接新技术革命？》，《劳动经济研究》2019 年第 2 期。

蔡红星、倪骁然、赵盼：《企业集团对创新产出的影响：来自制造业上市公司的经验证据》，《中国工业经济》2019 年第 1 期。

蔡跃洲、张钧南：《信息通信技术对中国经济增长的替代效应与渗透效应》，《经济研究》2015 年第 12 期。

茶洪旺、左鹏飞：《信息化对中国产业结构升级影响分析》，《经济评论》2017 年第 1 期。

陈斌开、林毅夫：《发展战略、城市化与中国城乡收入差距》，《中国社会科学》2013 年第 4 期。

陈刚：《管制与创业——来自中国的微观证据》，《管理世界》2015 年第 5 期。

陈强远、林思彤、张醒：《中国技术创新激励政策：激励了数量还是质量》，《中国工业经济》2020 年第 4 期。

陈剑：《基于经济增长的人力资本结构模式与调整》，《科学·经济·社会》2006 年第 3 期。

程俊杰：《制度变迁、企业家精神与民营经济发展》，《经济管理》

2016 年第 8 期。

程名望、贾晓佳、仇焕广:《中国经济增长 (1978—2015): 灵感还是汗水?》,《经济研究》2019 年第 7 期。

戴魁早、刘友金:《市场化进程对创新效率的影响及行业差异——基于中国高技术产业的实证检验》,《财经研究》2013 年第 5 期。

戴魁早、刘友金:《要素市场扭曲、区域差异与 R&D 投入——来自中国高技术产业与门槛模型的经验证据》,《数量经济与技术经济研究》2015 年第 9 期。

戴魁早、刘友金:《要素市场扭曲与创新效率——对中国高技术产业发展的经验分析》,《经济研究》2016 年第 7 期。

戴觅、余淼杰、Madhura Maitra:《中国出口企业生产率之谜: 加工贸易的作用》,《经济学 (季刊)》2014 年第 2 期。

董祺:《中国企业信息化创新之路有多远?——基于电子信息企业面板数据的实证研究》,《管理世界》2013 年第 7 期。

樊纲、王小鲁、马光荣:《中国市场化进程对经济增长的贡献》,《经济研究》2011 年第 9 期。

樊纲、王小鲁、张立文、朱恒鹏:《中国各地区市场化相对进程报告》,《经济研究》2003 年第 3 期。

樊纲、王小鲁、朱恒鹏:《中国市场化指数——各地区市场化相对进程 2011 报告》,经济科学出版社 2011 版。

冯根福、刘军虎、徐志霖:《中国工业部门研发效率及其影响因素实证分析》,《中国工业经济》2006 年第 11 期。

盖庆恩、朱喜、程名望、史清华:《要素市场扭曲、垄断势力与全要素生产率》,《经济研究》2015 年第 5 期。

高鸿业:《西方经济学 (第五版)》, 中国人民大学出版社 2011 版。

郭家堂、骆品亮:《互联网对中国全要素生产率有促进作用吗?》,《管理世界》2016 年第 10 期。

国家统计局统计科研所信息化统计评价研究组:《信息化发展指数优化研究报告》,《管理世界》2011 年第 12 期。

韩先锋、惠宁、宋文飞:《信息化能提高中国工业部门技术创新效率吗》,《中国工业经济》2014 年第 12 期。

韩先锋、宋文飞、李勃昕:《互联网能成为中国区域创新效率提升的新动能吗》,《中国工业经济》2019 年第 7 期。

何小钢、梁权熙、王善骝:《信息技术、劳动力结构与企业生产率——破解"信息技术生产率悖论"之谜》,《管理世界》2019 年第 9 期。

何光辉、杨咸月:《融资约束对企业生产率的影响——基于系统 GMM 方法的国企与民企差异检验》,《数量经济技术经济研究》2012 年第 5 期。

何轩、马骏、朱丽娜、李新春:《腐败对企业家活动配置的扭曲》,《中国工业经济》2016 年第 12 期。

黄先海、金泽成、余林徽:《要素流动与全要素生产率增长:来自国有部门改革的经验证据》,《经济研究》2017 年第 12 期。

黄燕萍、刘榆、吴一群、李文溥:《中国地区经济增长差异:基于分级教育的效应》,《经济研究》2013 年第 4 期。

洪银兴:《科技创新中的企业家及其创新行为——兼论企业为主体的技术创新体系》,《中国工业经济》2012 年第 6 期。

胡永刚、石崇:《扭曲、企业家精神与中国经济增长》,《经济研究》2016 年第 7 期。

蒋含明、李非:《企业家精神、生产性公共支出与经济增长》,《经济管理》2013 年第 1 期。

焦斌龙、冯文荣:《企业家转型与经济增长方式转变》,《当代经济研究》2007 年第 2 期。

金碚:《中国工业改革开放 30 年》,《中国工业经济》2008 年第 5 期。

金星晔、管汉晖、李稻葵、BROADBERRY Stephen·《中国在世界经济中相对地位的演变(公元 1000—2017 年)——对麦迪逊估算的修正》,《经济研究》2019 年第 7 期。

赖明勇、包群、彭水军、张新:《外商直接投资与技术外溢:基于吸收能力的研究》,《经济研究》2005 年第 8 期。

赖明勇、张新、彭水军、包群:《经济增长的源泉:人力资本、研究开发与技术外溢》,《中国社会科学》2005 年第 2 期。

李光泗、沈坤荣:《中国技术引进、自主研发与创新绩效研究》,《财经研究》2011 年第 11 期。

李宏彬、李杏、姚先国、张海峰、张俊森：《企业家的创业与创新精神对中国经济增长的影响》，《经济研究》2009年第10期。

李坤望、邵文波、王永进：《信息化密度、信息基础设施与企业出口绩效——基于企业异质性的理论与实证分析》，《管理世界》2015年第4期。

李强、陈宇琳、刘精明：《中国城镇化"推进模式"研究》，《中国社会科学》2012年第7期。

李小平、李小克：《企业家精神与地区出口比较优势》，《经济管理》2017年第9期。

李约瑟：《中国科学技术史》，科学出版社1990版。

林毅夫：《李约瑟之谜、韦伯疑问和中国的奇迹——自宋以来的长期经济发展》，《北京大学学报》（哲学社会科学版）2007年第4期。

林毅夫、李志赟：《政策性负担、道德风险与预算软约束》，《经济研究》2004年第2期。

林毅夫、苏剑：《论我国经济增长方式的转换》，《管理世界》2007年第11期。

刘航、孙早：《城镇化动因扭曲与制造业产能过剩——基于2001—2012中国省级面板数据的经验分析》，《中国工业经济》2014年第11期。

刘穷志：《税收竞争、资本外流与投资环境改善——经济增长与收入公平分配并行路径研究》，《经济研究》2017年第3期。

刘生龙、胡鞍钢：《基础设施的外部性在中国的检验：1988—2007》，《经济研究》2010第3期。

刘榆、刘忠璐、周杰峰：《地区经济增长差异的原因分析——基于人力资本结构视角》，《厦门大学学报》（哲学社会科学版）2015年第3期。

平新乔等：《外商直接投资对中国企业的溢出效应分析：来自中国第一次全国经济普查数据的报告》，《世界经济》2007年第8期。

阮荣平、郑风田：《"教育抽水机"假说及其检验》，《中国人口科学》2009年第5期。

孙琳琳、郑海涛、任若恩：《信息化对中国经济增长的贡献：行业面板数据的经验证据》，《世界经济》2012年第2期。

孙早、刘李华：《信息化提高了经济的全要素生产率吗——来自中国1979—2014年分行业面板数据的证据》，《经济理论与经济管理》2018年第 5 期。

孙早、刘李华：《社会保障、企业家精神与内生经济增长》，《统计研究》2019 年第 1 期。

孙早、刘李华、孙亚政：《市场化程度、地方保护主义与 R&D 的溢出效应——来自中国工业的经验证据》，《管理世界》2014 年第 8 期。

孙早、刘庆岩：《市场环境、企业家能力与企业的绩效表现——转型期中国民营企业绩效表现影响因素的实证研究》，《南开经济研究》2006 年第 2 期。

孙早、宋炜：《企业 R&D 投入对产业创新绩效的影响——来自中国制造业的经验证》，《数量经济技术经济研究》，2012 年第 4 期。

孙早、宋炜：《战略性新兴产业自主创新能力评测——以企业为主体的产业创新指标体系构建》，《经济管理》2012 年第 8 期。

孙早、宋炜、孙亚政：《母国特征与投资动机——新时期的中国需要怎样的外商直接投资》，《中国工业经济》2014 年第 2 期。

孙早、王文：《产业所有制结构变化对工业绩效的影响——来自中国工业的经验证据》，《管理世界》2011 年第 8 期。

孙早、徐远华：《信息基础设施建设能提高中国高技术产业的创新效率吗？——基于 2002—2013 年高技术 17 个细分行业面板数据的经验分析》，《南开经济研究》2018 年第 2 期。

苏东水：《产业经济学（第三版）》，高等教育出版社 2010 版。

唐飞鹏：《省际财政竞争、政府治理能力与企业迁移》，《世界经济》2016 年第 10 期。

唐末兵、傅元海、王展祥：《技术创新、技术引进与经济增长方式转变》，《经济研究》2014 年第 7 期。

汪淼军、张维迎、周黎安：《信息技术、组织变革与生产绩效——关于企业信息化阶段性互补机制的实证研究》，《经济研究》2006 年第 1 期。

王文、孙早：《基础研究还是应用研究：谁更能促进 TFP 增长》，当代经济科学 2016 年第 6 期。

王小鲁、樊纲、刘鹏：《中国经济增长方式转换和增长可持续性》，《经济研究》2009 年第 1 期。

王小鲁、樊纲、余静文：《中国分省份市场化指数报告（2016）》，社会科学文献出版社 2017 年版。

韦倩、王安、王杰：《中国沿海地区的崛起：市场的力量》，《经济研究》2014 年第 8 期。

温军、冯根福：《异质机构、企业性质与自主创新》，《经济研究》2012 第 3 期。

吴超鹏、唐菂：《知识产权保护执法力度、技术创新与企业绩效——来自中国上市公司的证据》，《经济研究》2016 年第 11 期。

吴延兵：《国有企业双重效率损失研究》，《经济研究》2012 年第 2 期。

吴延兵：《中国哪种所有制类型企业最具创新性?》，《世界经济》2012 年第 6 期。

吴延兵：《中国式分权下的偏向性投资》，《经济研究》2017 年第 6 期。

夏良科：《人力资本与 R&D 如何影响全要素生产率——基于中国大中型工业企业的经验分析》，《数量经济技术经济研究》2010 年第 4 期。

谢康、肖静华、周先波、乌家培：《中国工业化与信息化融合质量：理论与实证》，《经济研究》2012 年第 1 期。

徐长生：《信息化时代的工业化问题——兼论发展经济学的主题》，《经济学动态》2001 年第 2 期。

徐远华：《企业家精神、行业异质性与中国工业的全要素生产率》，《南开管理评论》2019 年第 5 期。

阎大颖：《市场化的创新测度方法——兼对 2000—2005 年中国市场化区域发展特征探析》，《财经研究》2007 年第 8 期。

杨德明、毕建琴：《"互联网+"、企业家对外投资与公司估值》，《中国工业经济》2019 年第 6 期。

杨贵军、周亚梦、孙玲莉：《基于 Benford-Logistic 模型的企业财务风险预警方法》，《数量经济技术经济研究》2019 年第 10 期。

余明桂、回雅甫、潘红波：《政治联系、寻租与地方政府财政补贴有效性》，《经济研究》2010 年第 3 期。

曾铖、郭兵、罗守贵：《企业家精神与经济增长方式转变关系的文献述评》，《上海经济研究》2015 年第 2 期。

曾铖、李元旭、周瑛：《我国地方政府规模对异质性企业家精神的影响分析——基于省级面板数据的实证分析》，《研究与发展管理》2017年第6期。

张维迎、盛斌：《论企业家：经济增长的国王》，生活·读书·新知三联书店2004版。

张杰、何晔：《人口老龄化削弱了中国制造业低成本优势了吗？》，《南京大学学报》（哲学·人文科学·社会科学）2014年第3期。

张杰、李克、刘志彪：《市场化转型与企业生产效率——中国的经验研究》，《经济学（季刊）》2011年第2期。

张杰、芦哲、郑文平、陈志远：《融资约束、融资渠道与企业R&D投入》，《世界经济》2012年第10期。

张杰、郑文平、翟福昕：《竞争如何影响创新：中国情景的新检验》，《中国工业经济》2014年第11期。

张杰、周晓艳、李勇：《要素市场扭曲抑制了中国企业R&D？》，《经济研究》2011年第8期。

张小蒂、姚瑶：《全球化中民营企业家人力资本对我国区域创新及全要素生产率的影响研究——基于东部九省市面板数据的经验分析》，《浙江大学学报》（人文社会科学版）2011年第5期。

张小蒂、赵榄：《企业家人力资本结构与地区居民富裕程度差异研究》，《中国工业经济》2009年第12期。

张璇、刘贝贝、汪婷等：《信贷寻租、融资约束与企业创新》，《经济研究》2017年第5期。

张玉鹏、王茜：《人力资本构成、生产率差距与全要素生产率——基于中国省级面板数据的分析》，《经济理论与经济管理》2011年第12期。

郑世林、周黎安、何维达：《电信基础设施与中国经济增长》，《经济研究》2014年第5期。

赵文军、于津平：《市场化进程与我国经济增长方式——基于省际面板数据的实证研究》，《南开经济研究》2014年第3期。

中国企业家调查系统：《中国企业家成长20年：能力、责任与精神——2013·中国企业家队伍成长20年调查综合报告》，《管理世界》2014年第6期。

中国企业家调查系统：《企业经营者对宏观形势及企业经营状况的判

断、问题和建议——2015·中国企业经营者问卷跟踪调查报告》,《管理世界》2015 年第 12 期。

中国企业家调查系统:《企业进入创新活跃期:来自中国企业创新动向指数的报告——2016·中国企业家成长与发展专题调查报告》,《管理世界》2016 年第 6 期。

庄子银:《创新、企业家活动配置与长期经济增长》,《经济研究》2007 年第 8 期。

周方召、刘文革:《宏观视角下的企业家精神差异化配置与经济增长——一个文献述评》,《金融研究》2013 年第 12 期。

周黎安:《中国地方官员的晋升锦标赛模式研究》,《经济研究》2007 年第 7 期。

周黎安、罗凯:《企业规模与创新:来自中国省级水平的经验证据》,《经济学(季刊)》2005 年第 2 期。

邹薇、代谦:《技术模仿、人力资本积累与经济赶超》,《中国社会科学》2003 年第 5 期。

Adalmir Oliveira Gomes, Simone Tiêssa Alves, Jéssica Traguetto Silva, "Effects of Investment in Information and Communication Technologies on Productivity of Courts in Brazil", *Government Information Quarterly*, Vol. 35, No. 3, 2018.

Adam Smith, *An Inquiry into the Nature and Causes of the Wealth of Nations*, 1776, New York: Random House, 1937.

Alfred Marshall, *Principles of Economics*, London and New york: Macmillan and Co., 1890.

Ana M. Fernandes, "Trade Policy, Trade Volumes and Plant-level Productivity in Colombian Manufacturing Industries", *Journal of International Economics*, Vol. 7, No. 1, 2007.

André van Stel, Sander Wennekers, Gerard Scholman, "Solo Self-employed versus Employer Entrepreneurs: Determinants and Macro-Economic Effects in OECD Countries", *Eurasian Business Review*, Vol. 4, No. 1, 2014.

Barton H. Hamilton, Jack A. Nickerson, Hideo Owan, "Team Incentives and Worker Heterogeneity: An Empirical Analysis of the Impact of Teams on Productivity and Participation", *Journal of Political Economy*, Vol. 111, No. 3,

2003.

Beata Smarzynska Javorcik, "Does Foreign Direct Investment Increase the Productivity of Domestic Firms? In Search of Spillovers Through Backward Linkages", *The American Economic Review*, Vol. 94, No. 3, 2004.

Bernhard Dachs, Bernd Ebersberger, Hans Lööf, "The Innovative Performance of Foreign-owned Enterprises in Small Open Economies", *The Journal of Technology Transfer*, Vol. 33, No. 4, 2008.

Birinder Singh Sandhawalia, Darren Dalcher, "Developing Knowledge Management Capabilities: A Structured Approach", *Journal of Knowledge Management*, Vol. 15, No. 2, 2011.

Richard Blundell, Stephen Bond, Frank Windmeijer, "Estimation in Dynamic Panel Data Models: Improving on the Performance of the Standard GMM Estimator", *IFS Working Papers*, No. W00/12, Institute for Fiscal Studies, 2000.

Boyan Jovanovic, "Misallocation and Growth", *The American Economic Review*, Vol. 104, No. 4, 2014.

Brian Whitacre, Roberto Gallardo, Sharon Strover, "Broadband's Contribution to Economic Growth in Rural Areas: Moving towards a Causal Relationship", *Telecommunications Policy*, Vol. 38, No. 11, 2014.

Canfei He, Jiangyong Lu, Haifeng Qian, "Entrepreneurship in China", *Small Business Economics*, Vol. 52, No. 3, 2019.

Carol Corrado, Jonathan Haskel, Cecilia Jona-Lasinio, "Knowledge Spillovers、ICT and Productivity Growth", *Oxford Bulletin of Economics & Statistics*, Vol. 79, No. 4, 2017.

Carlo Milana, Jinmin Wang, "Fostering Entrepreneurship in China: A Survey of the Economic Literature", *Strategic Change*, Vol. 22, No. 7-8, 2013.

Chadwick C. Curtis, "Economic Reforms and the Evolution of China's Total Factor Productivity", *Review of Economic Dynamics*, Vol. 21, 2016.

Chang-Tai Hsieh, Peter J. Klenow, "Misallocation and Manufacturing TFP in China and India", *The Quarterly Journal of Economics*, Vol. 124, No. 4, 2009.

Ching-Fu Chang, Ping Wang, Jin-Tan Liu, "Knowledge Spillovers, Human Capital and Productivity", *Journal of Macroeconomics*, Vol. 47, 2016.

Chiraz Feki, Sirine Mnif, "Entrepreneurship, Technological Innovation, and Economic Growth: Empirical Analysis of Panel Data", *Journal of the Knowledge Economy*, Vol. 7, No. 4, 2016.

Christian Bjørnskov, "Nicolai Foss, How Strategic Entrepreneurship and The Institutional Context Drive Economic Growth", *Strategic Entrepreneurship Journal*, Vol. 7, No. 1, 2013.

Christos N. Pitelis, David J. Teece, "Cross-border Market Co-creation, Dynamic Capabilities and the Entrepreneurial Theory of the Multinational Enterprise", *Industrial and Corporate Change*, Vol. 19, No. 4, 2010.

Claudio Michelacci, "Low Returns in R&D due to the Lack of Entrepreneurial Skills", *The Economic Journal*, Vol. 113, No. 484, 2003.

Claudiu Tiberiu Albulescu, Matei Tămăşilă, "The Impact of FDI on Entrepreneurship in the European Countries", *Procedia - Social and Behavioral Sciences*, Vol. 124, 2004.

Claustre Bajona, Luis Locay, "Entrepreneurship and Productivity: The Slow Growth of the Planned Economies", *Review of Economic Dynamics*, Vol. 12, No. 3, 2009.

Cuiping Ma, Jibao Gu, Hefu Liu, "Entrepreneurs' Passion and New Venture Performance in China", *International Entrepreneurship and Management Journal*, Vol. 13, No. 4, 2017.

Dale T. Mortensen, Rasmus Lentz, "Productivity Growth and Worker Reallocation", *International Economic Review*, Vol. 46, No. 3, 2005.

Dale W. Jorgenson, Mun S. Ho, Jon Samuels, Kevin J. Stiroh, "The Industry Origins of the American Productivity Resurgence", *Economic Systems Research*, Vol. 19, No. 3, 2007.

Daniel Bell, *The Coming of Post-industrial Society: A Venture in Social Forecasting*, New york: Basic books, 1973.

Daniel Lederman, Andre's Rodrı'guez-Clare, Daniel Yi Xu, "Entrepreneurship and the Extensive Margin in Export Growth: A Microeconomic Accounting of Costa Rica's Export Growth during 1997-2007", *The World Bank Economic Reviewp*, Vol. 25, No. 3, 2011.

Daron Acemoglu, Egorov Georgy, Sonin Konstantin, "Political Economy in a Changing World", *Journal of Political Economy*, Vol. 123, No. 5, 2005.

Daron Acemoglu, Gino Gancia, Fabrizio Zilibotti. , "Competing Engines of Growth: Innovation and Standardization", *Journal of Economic Theory*, Vol. 147, No. 2, 2012.

Daron Acemoglu, Philippe Aghion, Claire Lelarge, John Van Reenen, Fabrizio Zilibotti, "Technology, Information, and the Decentralization of the Firm", *The Quarterly Journal of Economics*, Vol. 122, No. 4, 2007.

Daron Acemoglu, Simon Johnson, "Unbundling Institutions", *Journal of Political Economy*, Vol. 113, No. 5, 2005.

David B. Audretsch, "Entrepreneurship Capital and Economic Growth", *Oxford Review of Economic Policy*, Vol. 23, No. 1, 2007.

David B. Audretsch, A. Roy Thurik, "Capitalism and Democracy in the 21st Century: From the Managed to the Entrepreneurial Economy", *Journal of Evolutionary Economics*, Vol. 10, No. 1-2, 2000.

David B. Audretsch, Maksim Belitski, Sameeksha Desai, "Entrepreneurship and Economic Development in Cities", *The Annals of Regional Science*, Vol. 55, No. 1, 2015.

David B. Audretsch, Max Keilbach, "Entrepreneurship and Regional Growth: An Evolutionary Interpretation", *Journal of Evolutionary Economics*, Vol. 14, No. 5, 2004.

David B. Audretsch, Max Keilbach, "Resolving the Knowledge Paradox: Knowledge-spillover Entrepreneurship and Economic Growth", *Research Policy*, Vol. 37, No. 10, 2008.

David B. Audretsch, Werner Bönte, Max Keilbach, "Entrepreneurship Capital and Its Impact on Knowledge Diffusion and Economic Performance", *Journal of Business Venturing*, Vol. 23, No. 6, 2008.

David G. Blanchflower, "Self-employment in OECD countries", Labour Economics, Vol. 7, No. 5, 2000.

David Greasley, Jakob B. Madsen, "Curse and Boon: Natural Resources and Long-Run Growth in Currently Rich Economies", *Economic Record*, Vol. 86, No. 274, 2010.

David Ricardo, *On the Principles of Political Economy and Taxation*, Cambridge: Cambridge University Press, 1817.

David Urbano, Sebastian Aparicio, David Audretsch (a), "Twenty-five Years of Research on Institutions, Entrepreneurship and Economic Growth: What Has Been Learned?", Small business economics, Vol. 53, No. 1, 2019.

David Urbano, Sebastian Aparicio, David Audretsch (b), *Institutions, Entrepreneurship, and Economic Performance*, Switzerland: Springer, 2019.

Denis Collins, "The Ethical Superiority and Inevitabihty of Participatory Management as an Organizational System", *Organization Science*, Vol. 8, No. 5, 1997.

Devin Michelle Bunten, Stephan Weiler, Eric Thompson, Sammy Zahran, "Entrepreneurship, Information, and Growth", *Journal of Regional Science*, Vol. 55, No. 4, 2015.

Dirk Czarnitzki, Hanna Hottenrott, "R&D Investment and Financing Constraints of Small and Medium-sized Firms", *Small Business Economics*, Vol. 36, No. 1, 2011.

Douglas Cumming, Sofia Johan, Minjie Zhang, "The Economic Impact of Entrepreneurship: Comparing International Datasets", *Corporate Governance An International Review*, Vol. 22, No. 2, 2014.

Edward P. Lazear, "Balanced Skills and Entrepreneurship", *The American Economic Review*, Vol. 94, No. 2, 1968.

Edward P. Lazear, "Entrepreneurship", *Journal of Labor Economics*, Vol. 23, No. 4, 2005.

Erik E. Lehmann, Thorsten V. Braun, Sebastian Krispin, "Entrepreneurial Human Capital, Complementary Assets, and Takeover Probability", *The Journal of Technology Transfer*, Vol. 37, No. 5, 2012.

Esteban Lafuente, László Szerb, Zoltan J. Acs, "Country Level Efficiency and National Systems of Entrepreneurship: A Data Envelopment Analysis Approach", *The Journal of Technology Transfer*, Vol. 41, No. 6, 2016.

Esteban Lafuente, Zoltan J. Acs, Mark Sanders, László Szerb, "The Global Technology Frontier: Productivity Growth and the Relevance of Kirznerian and Schumpeterian Entrepreneurship", *Small Business Economics*, Vol. 52,

No. 3, 2019.

Fabio Schiantarelli, Alessandro Sembenelli, "The Maturity Structure of Debt: Determinants and Effects on Firms' Performance: Evidence from the United Kingdom and Italy", *The World Bank, Policy Research Working Paper*, No. 1699, 1997.

Federico S. Mandelman, Gabriel V. Montes-Rojas, "Is Self-employment and Micro-entrepreneurship a Desired Outcome?", *World Development*, Vol. 37, No. 12, 2009.

Federico Vegetti, Dragoş Adăscăliţei, "The Impact of the Economic Crisis on Latent and Early Entrepreneurship in Europe", *International Entrepreneurship and Management Journal*, Vol. 13, No. 4, 2017.

Feng Helen Liang, "Does Foreign Direct Investment Improve the Productivity of Domestic Firms? Technology Spillovers, Industry Linkages, and Firm Capabilities", *Research Policy*, Vol. 46, No. 1, 2017.

Florian Noseleit, "Entrepreneurship, Structural Change, and Economic Growth", *Journal of Evolutionary Economics*, Vol. 23, No. 4, 2013.

Francine Lafontaine, Kathryn Shaw, "Serial Entrepreneurship: Learning By Doing?", *NBER Working Paper*, No. 20312, 2014.

Frank Hyneman Knight, *Risk, Uncertainty and Profit*, New York: Houghton-Mifflin, 1921.

G. E. Battese, T. J. Coelli, "Frontier Functions, Technical Efficiency and Panel Date: With Application to Paddy Farmers in India", *Journal of Production Analysis*, Vol. 3, No. 1, 1992.

G. Steven Olley, Ariel Pakes, "The Dynamics of Productivity in the Telecommunications Equipment Industry", *Econometrica*, Vol. 64, No. 6, 1996.

Haifeng Qian, Zoltan J. Acs, Roger R. Stough, "Regional Systems of Entrepreneurship: The Nexus of Human Capital, Knowledge and New Firm Formation", *Journal of Economic Geography*, Vol. 13, No. 4, 2013.

Hanny N. Nasution, Felix T. Mavondo, Margaret Jekanyika Matanda, Nelson Oly Ndubisi, "Entrepreneurship: Its Relationship with Market Orientation and Learning Orientation and as Antecedents to Innovation and Customer Value", *Industrial Marketing Management*, Vol. 40, No. 3, 2011.

Hans Lööf, Pardis Nabavi, "Survival, Productivity and Growth of New Ventures across Locations", *Small Business Economics*, Vol. 43, No. 2, 2014.

Harald Edquist, Magnus Henrekson, "Do R&D and ICT Affect Total Factor Productivity Growth Differently?", *Telecommunications Policy*, Vol. 41, No. 2, 2017.

Harvey Leibenstein, "Entrepreneurship and Development", *The American Economic Review*, Vol. 58, No. 2, 1968.

Heather M. Stephens, Mark D. Partridge, "Do Entrepreneurs Enhance Economic Growth in Lagging Regions?", *Growth & Change*, Vol. 42, No. 4, 2011.

Heather M. Stephens, Mark D. Partridge, Alessandra Faggian, "Innovation, Entrepreneurship and Economic Growth in Lagging Regions", *Journal of Regional Science*, Vol. 53, No. 5, 2013.

Hongbin Li, Zheyu Yang, Xianguo Yao, Haifeng Zhang, Junsen Zhang, "Entrepreneurship, Private Economy and Growth: Evidence from China", *China Economic Review*, Vol. 23, No. 4, 2012.

Hugo Erken, Piet Donselaar, Roy Thurik, "Total Factor Productivity and the Role of Entrepreneurship", *Journal of Technology Transfer*, Vol. 43, No. 6, 2018.

Hugo J. Fuentes, "Emili Grifell-Tatjé, Sergio Perelman, A Parametric Distance Function Approach for Malmquist Productivity Index Estimation", *Journal of Productivity Analysis*, Vol. 15, No. 2, 2001.

Hyeok Jeong, Robert M. Townsend, "Sources of TFP Growth: Occupational Choice and Financial Deepening", *Economic Theory*, Vol. 32, No. 1, 2007.

Ingrid Verheul, Martin Carree, Roy Thurik, "Allocation and Productivity of Time in New Ventures of Female and Male Entrepreneurs", *Small Business Economics*, Vol. 33, No. 3, 2009.

Ioannis Giotopoulos, Nikolaos Vettas, "Economic Crisis and Export-oriented Entrepreneurship: Evidence from Greece", *Journal of Regional Science*, Vol. 39, No. 8, 2018.

Isaac Ehrlich, Dunli Li, Zhiqiang Liu, "The Role of Entrepreneurial

Human Capital as a Driver of Endogenous Economic Growth", *NBER Working Paper*, No. 23728, 2017.

Isaac Ehrlich, Georges Gallais-Hamonno, Zhiqiang Liu, Randall Lutter, "Productivity Growth and Firm Ownership: An Analytical and Empirical Investigation", *Journal of Political Economy*, Vol. 102, No. 5, 1994.

James A. Schmitz, Jr, "Imitation, Entrepreneurship, and Long-Run Growth", *Journal of Political Economy*, Vol. 97, No. 3, 1989.

James Jondrow, C. A. Knox Lovell, Ivan S. Materov, Peter Schmidt, "On Estimation of Technical Inefficiency in the Stochastic Frontier Production Functions Model", *Journal of Econometrics*, Vol. 19, No. 2, 1982.

James Levinsohn, Amil Petrin, "Estimating Production Functions Using Inputs to Control for Unobservables", *The Review of Economic Studies*, Vol. 70, No. 2, 2007.

James Liang, Hui Wang, Edward P. Lazear, "Demographics and Entrepreneurship", *NBER Working Paper*, No. 20506, 2014.

Jean-Baptiste Say, *A Treatise on Political Economy or the Production, Distribution and Consumption of Wealth*, New York: Auguestus M. Kelley, 1964.

Jens M. Arnold, Beata S. Javorcik, Aaditya Mattoo, "Does Services Liberalization Benefit Manufacturing Firms? Evidence from the Czech Republic", *Journal of International Economics*, Vol. 85, No. 1, 2011.

Jens M. Unger, Andreas Rauch, Michael Frese, Nina Rosenbusch, "Human Capital and Entrepreneurial Success: A Meta-analytical Review", *Journal of Business Venturing*, Vol. 26, No. 3, 2011.

Jean-Pascal Bénassy, Elise S. Brezis, "Brain Drain and Development Traps", *Journal of Development Economics*, Vol. 102, 2013.

Jérôme Vandenbussche, Philippe Aghion, Costas Meghir, "Growth, Distance to Frontier and Composition of Human Capital", *Journal of Economic Growth*, Vol. 11, No. 2, 2006.

Jie Wu, Shuaihe Zhuo, Zefu Wu, "National Innovation System, Social Entrepreneurship, and Rural Economic Growth in China", *Technological Forecasting & Social Change*, Vol. 121, 2017.

Jingqi Wang, Hyoduk Shin, "The Impact of Contracts and Competition on Upstream Innovation in a Supply Chain", *Production and Operations Management*, Vol. 24, No. 1, 2015.

Joel M. David, Hugo A. Hopenhayn, Venky Venkateswaran, "Information, Misallocation and Aggregate Productivity", *NBER Working Paper*, No. 20340, 2014.

Joern Hendrich Block, Marcus Wagner, "Necessity and Opportunity Entrepreneurs in Germany: Characteristics and Earnings Differentials", *Schmalenbach Business Review*, Vol. 62, No. 2, 2010.

Joilson Dias, John McDermott, "Institutions, Education, and Development: The Role of Entrepreneurs", *Journal of Development Economics*, Vol. 80, No. 2, 2006.

Jonas Debrulle, Johan Maes, "Start-ups' Internationalization: The Impact of Business Owners' Management Experience, Start-up Experience and Professional Network on Export Intensity", *European Management Review*, Vol. 12, No. 3, 2015.

Jose M. Plehn-Dujowic, "Endogenous Growth and Adverse Selection in Entrepreneurship", Journal of Economic Dynamics & Control, Vol. 33, No. 7, 2009.

Joseph Alois Schumpeter, *Business Cycles: A Theoretical, Historical and Statistical Analysis of the Capitalist Process*, New York and London: McGraw-Hill, 1939.

Joseph Alois Schumpeter, *Capitalism, Socialism and Democracy*, New York: Harper, 1942.

Joseph Alois Schumpeter, *The Theory of Economic Development*, Cambridge, MA: Harvard University Press, 1912.

Julian Baumann, Alexander S. Kritikos, "The Link between R&D, Innovation and Productivity: Are Microfirms Different?", Journal of Business Venturing, 2016, 45 (6).

Julien Hanoteau, Jean-Jacques Rosa, "Information Technologies and Entrepreneurship", *Managerial and Decision Economics*, Vol. 40, No. 2, 2019.

Jun Wang, "Will Entrepreneurship Promote Productivity Growth in China?", *China & World Economy*, Vol. 27, No. 5, 2019.

Jürgen Peters, Wolfgang Becker, "Vertical Corporate Networks in the German Automotive Industry: Structure, Efficiency, and R&D Spillovers", *International Studies of Management & Organization*, Vol. 27, No. 4, 1997-1998.

Kevin M. Murphy, Andrei Shleifer, Robert W. Vishny, "The Allocation of Talent: Implications for Growth", *The Quarterly Journal of Economics*, Vol. 106, No. 2, 1991.

Kirzner L M, *Competition and Entrepreneurship*, Chicago and London: University of Chicago Press, 1973.

Lars-Hendrik Roller, Leonard Waverman, "Telecommunications Infrastucture and Economic Development: A Simultaneous Approach", *The American Economic Review*, Vol. 91, No. 4, 2001.

Luca Colombo, Herbert Dawid, "Complementary Assets, Start-ups and Incentives to Innovate", *International Journal of Industrial Organization*, Vol. 44, 2016.

Ludwig von Mises, *Huamn Action: A Treatise on Economics*, New Haven: Yale University Press, 1949.

Luigi Guiso, Fabiano Schivardi, "What Determines Entrepreneurial Clusters?", *Journal of the European Economic Association*, Vol. 9, No. 1, 2011.

Magnus Hoppe, "Policy and Entrepreneurship Education", *Small Business Economics*, Vol. 46, No. 1, 2016.

Manal Yunis, Abbas Tarhini, Abdulnasser Kassar, "The Role of ICT and Innovation in Enhancing Organizational Performance: The Catalysing effect of Corporate Entrepreneurship", *Journal of Business Research*", Vol. 88, 2018.

Manuel Acosta, Daniel Coronado, Carlos Romero, "Linking Public Support, R&D, Innovation and Productivity: New Evidence from the Spanish Food Industry", *Food Policy*, Vol. 57, 2012.

Maria Callejón, Agustí Segarra, "Business Dynamics and Efficiency in Industries and Regions: The Case of Spain", *Small Business Economics*, Vol. 13, No. 4, 1999.

Martin Carree, André van Stel, Roy Thurik, Sander Wennekers, "Economic Development and Business Ownership: An Analysis Using Data of 23 OECDCountries in the Period 1976-1996", *Small Business Economics*, Vol. 19, No. 3, 2002.

María J. Angulo-Guerrero, Salvador Pérez-Moreno, Isabel M. Abad-Guerrero, "How Economic Freedom Affects Opportunity and Necessity Entrepreneurship in the OECD Countries", *Journal of Business Research*, Vol. 73, No. 4, 2017.

Maria Jakubik, "Experiencing Collaborative Knowledge Creation Processes", *The Learning Organization*, Vol. 15, No. 1, 2008.

Maria Minniti, Moren Lévesque, "Entrepreneurial Types and Economic Growth", *Journal of Business Venturing*, Vol. 25, No. 3, 2010.

Mariana Viollaz, "Information and Communication Technology Adoption in Micro and Small Firms: Can Internet Access Improve Labour Productivity?", *Development Policy Review*, Vol. 37, No. 5, 2019.

Martin Carree, Roy Thurik, "The Lag Structure of the Impact of Business Ownership on Economic Performance in OECDCountries", *Small Business Economics*, Vol. 30, No. 1, 2008.

Masoje Oghenerobaro Mamuzo Akpor-Robaro, "The Impact of Globalization on Entrepreneurship Development in Developing Economies: A Theoretical Analysis of the Nigerian Experience in the Manufacturing Industry", *Management Science and Engineering*, Vol. 6, No. 2, 2012.

McGuirk H, Lenihan H, Hart M., "Measuring the Impact of Innovative Human Capital on Small Firms' Propensity to Innovate", Research Policy, Vol. 44, No. 4, 2011.

Meghana Ayyagari, Renáta Kosová, "Does FDI Facilitate Domestic Entry? Evidence from the Czech Republic", *Review of International Economics*, Vol. 18, No. 1, 2010.

Michael Fritsch, Javier Changoluisa, "New Business Formation and the Productivity of Manufacturing Incumbents: Effects and Mechanisms", *Journal of Business Venturing*, Vol. 32, No. 3, 2017.

Michael Hoy, John Livernois, Chris Mckenna, Ray Rees, Thanasis Stengos. *Mathematics for Economics (The Third Edition)*, Cambridge: The

MIT Press, 2011.

Michael R. Ward, Zheng Shilin, "Substitution between Mobile and Fixed Telephone Service in China", *Telecommunications Policy*, Vol. 36, No. 5, 2012.

Murat F. Iyigun, Ann L. Owen, "Entrepreneurs, Professionals, and Growth", *Journal of Economic Growth*, Vol. 4, No. 2, 1999.

Naudé Wim, Siegel Melissa, Marchand Katrin, "Migration, Entrepreneurship and Development: Critical Questions", *IZA Journal of Migration*, Vol. 6, No. 1, 2017.

Nicholas Bloom, Raffaella Sadun, John Van Reenen, "Americans Do IT Better: US Multinationals and the Productivity Miracle", *The American Economic Review*", Vol. 102, No. 1, 2012.

Niels Bosma, Erik Stam, Veronique Schutjens, "Creative Destruction and Regional Productivity Growth: Evidence from the Dutch Manufacturing and Services Industries", *Small Business Economics*, Vol. 36, No. 4, 2011.

Niels Bosma, Jeroen Content, Mark Sanders, Erik Stam, "Institutions, Entrepreneurship, and Economic Growth in Europe", *Small Business Economics*, Vol. 51, No. 2, 2018.

Nikolaj Malchow-Møller, Bertel Schjerning, Anders Sørensen, "Entrepreneurship, Job Creation and Wage Growth", Small Business Economics, Vol. 36, No. 1, 2011.

Nina Czernich, Oliver Falck, Tobias Kretschmer, Ludger Woessmann, "Broadband Infrastructure and Economic Growth", *The Economic Journal*, Vol. 121, No. 552, 2011.

Nurmalia, Djoni Hartono, Irfani Fithria Ummul Muzayanah, "The Roles of Entrepreneurship on Regional Economic Growth in Indonesia", *Journal of the Knowledge Economy*, Vol. 11, 2020.

Otaghsara Seyed Hossein T, Hosseini Aboalhassan, "The Effect of Entrepreneurial Orientation on the Exports: Evidence from Exporting Companies", *International Journal of Economic Perspectives*, Vol. 11, No. 4, 2017.

Panagiotis Ganotakis, James H. Love, "Export Propensity, Export Intensity and Firm Performance: The Role of the Entrepreneurial Founding Team", *Journal of International Business Studies*, Vol. 43, No. 8, 2012.

Panagiotis Liargovas, Spyridon Repousis, "Development Paths in the Knowledge Economy: Innovation and Entrepreneurship in Greece", *Journal of the Knowledge Economy*, Vol. 6, No. 4, 2015.

Pantelis Koutroumpis, "The Economic Impact of Broadband on Growth: A Simultaneous Approach", *Telecommunications Policy*, Vol. 33, No. 9, 2009.

Pantelis Koutroumpis, Aija Leiponen, Llewellyn D. W. Thomas, "Small Is Big in ICT: The Impact of R&D on Productivity", *Telecommunications Policy*, Vol. 44, No. 1, 2020.

Paola Perez-Aleman, Marion Sandilands, "Building Value at the Top and the Bottom of the Global Supply Chain: MNC-NGO Partnerships", *California Management Review*, Vol. 51, No. 1, 2008.

Paul J. A. Robson, Charles K. Akuette, Paul Westhead, Mike Wright, "Exporting Intensity, Human Capital and Business Ownership Experience", *International Small Business Journal*, Vol. 30, No. 4, 2012.

Paul M. Romer, "Endogenous Technological Change", *Journal of Political Economy*, Vol. 98, No. 5, 1990.

Peter J. Lane, Balaji R. Koka, Seemantini Pathak, "The Reification of Absorptive Capacity: A Critical Review and Rejuvenation of the Construct", *The Academy of Management Review*, Vol. 31, No. 4, 2006.

Philippe Aghion, Evguenia Bessonova, "On Entry and Growth: Theory and Evidence", *Revue OFCE*, Vol. 97, No. 5, 2006.

Philippe Aghion, Peter Howitt, "A Model of Growth Through Creative Destruction", *Econometrica*, Vol. 60, No. 2, 1992.

Philippe Aghion, Richard Blundell, Rachel Griffith, Peter Howitt, Susanne Prantl, "Entry and Productivity Growth: Evidence from Microlevel Panel Data", *Journal of the European Economic Association*, Vol. 2, No. 2-3, 2004.

Pontus Braunerhjelm, Magnus Henrekson, "Entrepreneurship, Institutions, and Economic Dynamism: Lessons from a Comparison of the United States and Sweden", *Industrial and Corporate Change*, Vol. 22, No. 1, 2013.

Pontus Braunerhjelm, Zoltan J. Acs, David B. Audretsch, Bo Carlsson, "The Missing Link: Knowledge Diffusion and Entrepreneurship in Endogenous

Growth", *Small Business Economics*, Vol. 34, No. 2, 2010.

Rajshree Agarwal, David Audretsch, M. B. Sarkar, "The Process of Creative Construction: Knowledge Spillovers, Entrepreneurship, and Economic Growth", *Strategic Entrepreneurship Journal*, Vol. 1, No. 3-4, 2007.

Rasha H. A. Mostafa, Colin Wheeler, Marian V. Jones, "Entrepreneurial Orientation, Commitment to the Internet and Export Performance in Small and Medium Sized Exporting Firms", *Journal of International Entrepreneurship*, Vol. 3, No. 4, 2006.

Richard Cantillon, *Essai sur la nature du commerce en général (Essay on the Nature of Commerce in General)*, London: Macmillan, 1755.

Rita Almeida, "Ana Margarida Fernandes. Openness and Technological Innovations in Developing Countries: Evidence from Firm-Level Surveys", *The Journal of Development Studies*, Vol. 44, No. 5, 2008.

Robert J Barro, Xavier Sala-i-marti, *Economic Growth (Second Edition)*, Cambridge: The MIT Press, 2004.

Robert F. Hebert, Albert Link, "Historical Perspectives on the Entrepreneur", *Foundations and Trends in Entrepreneurship*, Vol. 2, No. 4, 2007.

Robert G King, Ross Levine, "Finance, Entrepreneurship, and Growth: Theory and Evidence", *Journal of Monetary Economics*, Vol. 32, No. 3, 1993.

Robert Huggins, Piers Thompson, "Entrepreneurship, Innovation and Regional Growth: A Network Theory", *Journal of Knowledge Management*, Vol. 45, No. 1, 2015.

Roger J Calantone, S. Tamer Cavusgil, Yushan Zhao, "Learning Orientation, Firm Innovation Capability, and Firm Performance", *Industrial Marketing Management*, Vol. 31, No. 6, 2002.

Robert E. Lucas Jr., "On The Mechanics of Economic Development", Journal of Monetary Economics, Vol. 22, No. 1, 1989.

Robert M. Solow, "Technical Change and the Aggregate Production Function", *The Review of Economics and Statistics*, Vol. 39, No. 3, 1957.

Ronald H. Coase, "The Market for Goods and the Market for Ideas", *The American Economic Review*, Vol. 64, No. 2, 1974.

Ross Garnaut, Ligang Song, Yang Yao, Xiaolu Wang, *Private Enterprise in China*, Canberra: ANU E Press, 2012.

Rui Baptista, Murat Karaöz, Joana Mendonça, "The Impact of Human Capital on the Early Success of Necessity Versus Opportunity-Based Entrepreneurs", *Small Business Economics*, Vol. 42, No. 4, 2014.

Saqib Amin, "Does the Entrepreneurial Human Capital Is Important for Organizational Performance?", *Business and Economics Journal*, Vol. 9, No. 2, 2018.

Sebastian Aparicio, David Urbano, David Audretsch, "Institutional Factors, Opportunity Entrepreneurship and Economic Growth: Panel Data Evidence", *Technological Forecasting & Social Change*, Vol. 102, 2016.

Sergey Anokhin, Joakim Wincent, "Start-up Rates and Innovation: A Cross-Country Examination", *Journal of International Business Studies*, Vol. 43, No. 1, 2012.

Shaker A. Zahra, "Organizational Learning and Entrepreneurship in Family Firms: Exploring the Moderating Effect of Ownership and Cohesion", *Small Business Economics*, Vol. 38, No. 1, 2012.

Shenggen Fan, Xiaobo Zhang, "Infrastructure and Regional Economic Development in Rural China", *China Economic Review*, Vol. 15, No. 2, 2004.

Simeon Djankov, Yingyi Qian, Gérard Roland, Ekaterina Zhuravskaya, "Who Are China's Entrepreneurs?", *The American Economic Review*, Vol. 96, No. 2, 2006.

Sophie Osotimehin, "Aggregate Productivity and the Allocation of Resources over the Business Cycle", *Review of Economic Dynamics*, Vol. 32, No. 10, 2019.

Soumodip Sarkar, "Grassroots Entrepreneurs and Social Change at The Bottom of The Pyramid: The Role of Bricolage", *Entrepreneurship & Regional Development*, Vol. 30, No. 3-4, 2018.

Stefanie A. Haller, Seán Lyons, "Broadband Adoption and Firm Productivity: Evidence from Irish Manufacturing Firms", *Telecommunications Policy*, Vol. 39, No. 1, 2015.

Subal C. Kumbhakar, C. A. Knox Lovell, *Stochastic Frontier Analysis*, New York: Cambridge University Press, 2000.

Suela Bylykbashi, Khalil Assala, Gilles Roehrich, "Entrepreneurship and Innovation in a Competition Context", *Journal of the Operational Research Society*, Vol. 2, No. 2, 2016.

Sungjoo Lee, Moon-Soo Kim, Yongtae Park, "ICT Co-evolution and Korean ICT Strategy—An Analysis Based on Patent Data", *Telecommunications Policy*, Vol. 33, No. 5, 2009.

Supot Tiarawut, "Mobile Technology: Opportunity for Entrepreneurship", *Journal of Business Research*, Vol. 69, No. 3, 2013.

Sylvie Démurger, "Infrastructure Development and Economic Growth: An Explanation for Regional Disparities in China?", *Journal of Comparative Economics*, Vol. 29, No. 1, 2001.

Takaaki Morimoto, "Occupational Choice and Entrepreneurship: Effects of R&D Subsidies on Economic Growth", *Journal of Economics*, Vol. 123, No. 2, 2018.

Tessa Conroy, Stephan Weiler, "Does Gender Matter for Job Creation? Business Ownership and Employment Growth", *Small Business Economics*, Vol. 47, No. 2, 2016.

Theodore W. Schultz, "Investment in Entrepreneurial Ability", *Scandinavian Journal of Economics*, Vol. 82, No. 4, 1980.

Theodore W. Schultz, "Investment in Human Capital", *The American Economic Review*, Vol. 51, No. 1, 1961.

Thomas Gries, Wim Naudé, "Entrepreneurship and Structural Economic Transformation", *Small Business Economics*, Vol. 34, No. 1, 2010.

Tim Coelli, "A Multi-stage Methodology for the Solution of Orientated DEA Models", *Operations Research Letters*, Vol. 23, No. 3, 1998.

Titan Alona, David Berger, Robert Dent, Benjamin Pugsley, "Older and Slower: The Startup Deficit's Lasting Effects on Aggregate Productivity Growth", *Journal of Monetary Economics*, Vol. 93, No. 10, 2018.

Veland Ramadani, Hyrije Abazi-Alili, Léo-Paul Dana, Gadaf Rexhepi, Sadudin Ibraimi, "The Impact of Knowledge Spillovers and Innovation on Firm-performance: Findings from the Balkans Countries", *Research Policy*, Vol. 13, No. 1, 2017.

Wei Ha, Junjian Yi, Junsen Zhang, "Brain Drain, Brain Gain, and Economic Growth in China", *China Economic Review*, Vol. 38, No. 1, 2016.

Weiying Zhang, W. W. Cooper, Honghui Deng, Barnett R. Parker, Timothy W. Ruefli, "Entrepreneurial Talent and Economic Development in China", *Socio-Economic Planning Sciences*, Vol. 44, No. 4, 2010.

Werner Bönte, Lars Wiethaus, "Knowledge Disclosure and Transmission in Buyer-Supplier Relationships", *Review of Industrial Organization*, Vol. 31, No. 4, 2007.

William A. Barnett, Mingzhi Hu, Xue Wang, "Does The Utilization of Information Communication Technology Promote Entrepreneurship: Evidence from Rural China", *Technological Forecasting & Social Change*, Vol. 141, 2019.

William J. Baumol, "Entrepreneurship: Productive, Unproductive, and Destructive", *Journal of Political Economy*, Vol. 98, No. 5, 1990.

William J. Baumol, "Small Enterprises, Large Firms, Productivity Growth and Wages", *Journal of Policy Modeling*, Vol. 30, No. 4, 2008.

William Kerr, Ramana Nanda, "Financing Constraints and Entrepreneurship", *NBER Working Paper*, No. 15498, 2009.

Xiaolan Fu, "Foreign Direct Investment and Managerial Knowledge Spillovers through the Diffusion of Management Practices", *Journal of Management Studies*, Vol. 49, No. 5, 2012.

Yang Chen, Yi Wang, Saggi Nevo, Jose Benitez-Amado, Gang Kou, "IT Capabilities and Product Industrial Environment: The Roles of Corporate Entrepreneurship and Competitive Intensity", *Information & Management*, Vol. 52, No. 2, 2015.

Yasemin Y. Kor, Joseph T. Mahoney, "How Dynamics, Management, and Governance of Resource Deployments Influence Firm-Level Performance", *Strategic Management Journal*, Vol. 26, No. 5, 2005.

Ying Lu, K. Ramamurthy, "Understanding the Link Between Information Technology Capability and Organizational Agility: An Empirical Examination", *MIS Quarterly*, Vol. 35, No. 4, 2011.

Yiwei Dou, Ole-Kristian Hope, Wayne B. Thomas, "Relationship-Specificity, Contract Enforceability, and Income Smoothing", *The Accounting Review*, Vol. 88, No. 5, 2013.

Yongqiang Chu, Xuan Tian, Wenyu Wang, "Corporate Innovation Along the Supply Chain", *Management Science*, Vol. 65, No. 6, 2015.

Zeki Simsek, Michael H. Lubatkin, John F. Veiga, Richard N. Dino, "The Role of an Entrepreneurially Alert Information System in Promoting Corporate Entrepreneurship", *Journal of Business Research*, Vol. 62, No. 8, 2009.

Zheng Song, Kjetil Storesletten, Fabrizio Zilibotti, "Growing like China", *The American Economic Review*, Vol. 101, No. 1, 2001.

Zoltán J. ács, Attila Varga, "Entrepreneurship, Agglomeration and Technological Change", *Small Business Economics*, Vol. 24, No. 3, 2005.

Zoltan J. Acs, David B. Audretsch, Maryann P. Feldman, "R&D Spillovers and Recipient Firm Size", *The Review of Economics and Statistics*, Vol. 76, No. 2, 1994.

Zoltan J. Acs, David B. Audretsch, Pontus Braunerhjelm, Bo Carlsson, "Growth and Entrepreneurship", *Small Business Economics*, Vol. 39, No. 2, 2012.

Zoltan J. Acs, Mark Sanders, "Patents, Knowledge Spillovers, and Entrepreneurship", *Small Business Economics*, Vol. 39, No. 4, 2012.

Zoltan J. Acs, Mark W. J. L, "Sanders, Knowledge Spillover Entrepreneurship in an Endogenous Growth Model", *Small Business Economics*, Vol. 41, No. 4, 2013.